Esperanto moral

Sin fronteras

PAUL CLITEUR

Esperanto moral

Por una ética laica

Traducción de Marta Arguilé Bernal

los libros del lince

Este libro ha sido publicado con la ayuda de la Fundación para la Producción y Traducción de la Literatura Holandesa (Nederlands Literair Productie-en Vertalingenfonds)

Título original: *Moreel Esperanto. Naar een autonom ethiek*

Diseño de colección y cubierta: Lucrecia Demaestri

Primera edición: marzo de 2009
© Paul Cliteur / De Arbeiderspers., 2007
© Marta Arguilé Bernal, 2009, de la traducción
© Los libros del lince, s.l., 2009
Gran Via de les Corts Catalanes, 465, principal 2.ª
08015 Barcelona
www.loslibrosdellince.com
info@loslibrosdellince.com

ISBN: 978-84-937038-1-3
Depósito legal: B. 11.635-2009

Pronto, amigo, lo vamos a saber mejor. Reflexiona sobre lo siguiente. ¿Acaso lo piadoso es querido por los dioses porque es piadoso, o es piadoso porque es querido por los dioses?

Sócrates en el *Eutifrón* de Platón (10a)

ÍNDICE

PREFACIO

El 20 de febrero de 2006, en Lucknow, capital del estado indio de Uttar Pradesh, un tribunal islámico dictó una fetua (decreto religioso) por la cual eran condenados a muerte los doce dibujantes daneses autores de las viñetas de Mahoma. El responsable religioso del tribunal, el muftí Abul Irfan, declaró: «La muerte es la única sentencia posible para los responsables de las caricaturas sacrílegas del profeta»,[1] y añadió que el cumplimiento de la sentencia era vinculante para todos los musulmanes, dondequiera que viviesen.[2]

Una semana antes, en Pakistán, ya se había puesto precio a la cabeza de los caricaturistas. Un erudito musulmán pakistaní había ofrecido 8.400 dólares de recompensa para quien consiguiese dar muerte a uno de ellos, mientras que dos de sus seguidores aumentaron la cantidad a un millón de dólares y a 16.800 dólares y un automóvil, respectivamente. Una situación insólita, especialmente porque fue necesario estimular el deber sagrado de matar a los enemigos del profeta con algo tan profano como un coche.

Son tiempos confusos. Jamás habíamos asistido a un choque tan frontal entre valores morales fundamentados en la religión y una moral no religiosa. Pero esta oposición no es el único problema. Los comentaristas tampoco se ponen de acuerdo sobre cómo se debe actuar frente a esta situación. ¿Hay que responder a la violencia religiosa haciendo un llamamiento al «diálogo»? ¿Serviría de algo que moderásemos nuestras críticas a las religiones? ¿Hay que acusar a «Occidente» de arrogante, y la clave para mejorar el entendimiento entre unos y otros consiste en que los «occidentales» adopten una actitud más humilde? Lo último parece evidente a juzgar por los mensajes que nos llegan de parte de los terroristas religiosos, quienes insisten en que se sienten humillados.[3] ¿O acaso esas reacciones podrían resultar contraproducentes? ¿Quizá reconocer nuestra culpa (aun cuando no estemos convencidos de ella) no haga sino exacerbar los sentimientos de odio? ¿No dirán los radicales entonces: «¿Lo veis? Ellos mismos lo reconocen. Nos han humillado y luchamos por una causa justa»? ¿Deberíamos tal vez defender con mayor ahínco unos valores universales como la libertad de expresión y la prohibición de que la gente se tome la justicia por su mano? Y ¿no estaremos pagando ahora las consecuencias por haber tardado tanto en reaccionar y haber permitido que esta situación se prolongara durante demasiado tiempo?

Jamás se había ejercido tanta presión como hoy en día sobre valores fundamentales como la libertad de culto, la libertad de expresión y la prohibición del uso de la violencia como vía para resolver diferencias. ¿Es posible que los fervientes adeptos de una religión puedan convivir en paz con practicantes de otras confesiones o, incluso, con individuos que no profesen culto alguno? Y, en caso afirmativo, ¿cómo?

Es sabido que la religión puede ser un factor de cohesión para los miembros de un determinado grupo.[4] Sin embargo, se insiste menos en que puede constituir también un factor de discrepancia y enfrentamiento entre grupos distintos.

Este libro asume que muchas de las sociedades actuales son multirreligiosas, una circunstancia que, si bien ofrece aspectos interesantes, conlleva también no pocos problemas. Unos problemas que se ponen especialmente de manifiesto cuando creyentes y no creyentes sustentan opiniones muy dispares sobre temas como las relaciones entre hombres y mujeres, la homosexualidad, los símbolos religiosos en el dominio público, la libertad de crítica a las religiones, las medidas que deben tomarse frente al terrorismo actual y otros asuntos de importancia.

No cabe duda de que la pluriformidad enriquece nuestra sociedad y nuestra vida. ¿Quién querría habitar un mundo donde todos pensasen igual, se vistiesen igual, comiesen lo mismo y tuviesen los mismos gustos musicales? Con todo, hay un límite a esa pluriformidad ideal, pues toda sociedad necesita un consenso básico sobre determinadas premisas. A los pluralistas no les gustará oírlo, pero con la moral pública sucede lo mismo que con el tráfico. La luz roja no puede ser interpretada por unos conductores como la señal de que deben seguir circulando mientras que para otros significa que deben detenerse. Es de vital importancia que todos respeten la convención de que los vehículos que vienen por la derecha tienen prioridad. Debemos discutir las ideas de esos inconformistas que se quejan de la existencia de estas normas opresoras.

Esta analogía con las señales de tráfico tiene una significación más amplia. Supongamos que unos desean eliminar el delito de «blasfemia» del código penal mientras que otros pretenden que sea castigado con la pena de muerte. De darse esta circunstancia, ambos planteamientos serían tan antagónicos que resultarían irreconciliables. Supongamos que unos consideran el aborto un derecho elemental de la mujer, mientras que otros están dispuestos a matar al médico que lo practica o hacer volar por los aires la clínica que tolera «la muerte de inocentes vidas nonatas». En tales casos, el Estado tiene la obligación de actuar.

Me gustaría abordar todos estos problemas desde el punto de vista de la ética. A lo largo de las siguientes páginas intentaré explicar que el hecho de que la ética esté basada o no en la religión supone una gran diferencia. A la ética no religiosa la llamaré *ética autónoma*. Muchos filósofos han defendido este modelo de ética, por lo que bien podríamos denominarla *ética filosófica*. Sin embargo, esta expresión podría dar pie a equívocos, pues también ha habido filósofos que la han rechazado.

El presente libro quiere ofrecer un panorama de la ética tomando como hilo conductor la oposición entre la ética religiosa y la ética autónoma. Para ello pasaremos revista al pensamiento de los principales teóricos que se han ocupado del tema: Immanuel Kant, Jeremy Bentham, John Stuart Mill y Voltaire, entre otros.

El equivalente político-filosófico de la ética autónoma es el ideal del Estado religiosamente neutral, llamado también Estado secular o laico, que ha sido defendido por filósofos políticos como

James Madison y Thomas Jefferson. En el último capítulo analizaremos más en detalle la obra de estos Padres Fundadores de la República de los Estados Unidos.

Partiendo de una perspectiva ética y siguiendo el ejemplo de mis libros anteriores, intentaré aportar mi propia contribución al debate sobre la sociedad multicultural (o, mejor dicho, multirreligiosa). Argumentaré que para que una sociedad multirreligiosa funcione se requiere un consenso mínimo sobre determinadas cuestiones morales. No sólo sobre aquellos valores en los que las tradiciones religiosas ya coinciden casualmente, sino que, según razonaré, se precisa asimismo un entendimiento en la forma en la que se habla de moral o, mejor, en la forma en la que se justifica esa moral. Y, como intentaré defender aquí, ese entendimiento es mayor cuando no se vincula la moral a la religión. Es decir, cuando se acepta que para debatir sobre el bien y el mal lo más oportuno es recurrir a una «lengua» que resulte inteligible para todos. Esa lengua franca sería la ética autónoma. En otras palabras: la ética autónoma es una suerte de «esperanto moral».

También las personas que conceden importancia a la religión en general o a una confesión en particular serían capaces de comunicarse en ese esperanto moral.

Por consiguiente, no debería tomarse este libro como un alegato en favor del «ateísmo», ni tampoco como un ataque a la religión sí misma. A diferencia de Daniel Dennet, no pretendo romper «el hechizo de la religión».[5] Y espero que mis ideas no sean rebatidas con el pretexto de que «no otorgo importancia a la religión» o de que pretendo trivializarla o «no tomarla en serio». Nadie escribe un libro sobre un tema que no le parece importante. Muchas de las personas que defienden la moral autónoma y la neutralidad del Estado en materia religiosa lo hacen precisamente movidos por el convencimiento de la enorme repercusión que la religión tiene en la vida de mucha gente.

Deseo asimismo que mis consideraciones en favor de una ética autónoma no sean recibidas como un intento malintencionado de «contrarrestar» la influencia de la religión o, peor aún, de negar a los demás el derecho a profesar una religión determinada. Lo único que pretendo defender aquí es que una ética autónoma facilita que personas de diferentes confesiones puedan hablar entre sí del bien y del mal, lo cual es esencial para el buen funcionamiento de una sociedad multicultural. Eso redundaría en beneficio tanto de las religiones como de los no creyentes. Pues no sólo la ética debe ser liberada de la religión, también la religión debe ser protegida de las inoportunas pretensiones de quienes quieren cargarla con la moral. En suma, la moral puede prescindir de la religión, y la religión, de la moral.

Dicho esto, soy de la opinión de que, separando moral y religión, se bosqueja un panorama que favorece tanto a creyentes como a no creyentes. Con relación a los primeros, creo que cristianos, judíos, musulmanes, budistas, hinduistas y todos los que profesan algún culto tienen mucho que ganar si liberamos la religión de la moral y la moral de la religión.

El libro consta de tres partes. En la primera intento analizar la ideología que subyace en la estrecha vinculación entre moral y religión. En este apartado destaca la teoría del mandato divino de la moral. Ésta postula que el bien es equiparable a la voluntad de Dios, mientras que el mal coincide con lo que Dios prohíbe. Intentaré demostrar que esta teoría guarda relación con determinados elementos de la tradición de las tres religiones teístas (judaísmo, cristianismo e islam), y que, con todo, sería deseable que las religiones teístas abandonasen la teoría del mandato divino y se orientasen hacia la llamada ética autónoma.

En la segunda parte, esbozo una alternativa para la teoría del mandato divino, que no es otra que la ética autónoma. En principio, la ética autónoma o ética filosófica (pese a que algunos filósofos defienden una ética no filosófica) debería reemplazar a la ética teónoma (Dios, *theós* es quien sienta la *nómos* o ley) o ética religiosa. Al denominarla *autónoma* no se pretende negar la influencia que ejercen sobre ella factores como la educación, la cultura, la religión, etcétera. La sociología, la psicología y otras ciencias pueden iluminarnos sobre las numerosas formas en las que la moral ha sido influida por toda suerte de factores ajenos a la propia moral. La ética autónoma remite por tanto a un ideal, que ojalá se cumpla en un futuro no muy lejano: la liberación de la influencia de la teoría del mandato divino. Del mismo modo que no podemos afirmar que un juicio moral es aceptable sólo porque coincide con las enseñanzas de nuestros padres, tampoco es posible, desde el punto de vista de la ética autónoma, justificar unos valores morales amparándonos en la propia tradición religiosa de cada cual. Lo mejor sería que las personas optasen por emplear de forma libre y voluntaria un esperanto moral para comunicarse entre sí o, lo que es lo mismo, se inclinasen por la ética autónoma.

Espero ilustrar la relevancia social de la ética autónoma partiendo de los graves enfrentamientos habidos entre la religiosidad fundamentalista y lo que podríamos llamar el mundo moderno. Me refiero concretamente a la violencia motivada por creencias religiosas y, en especial, al terrorismo religioso. En las postrimerías del siglo xx hemos tenido que enfrentarnos a terroristas que legitimaban sus actos violentos invocando la voluntad de Dios. En las páginas siguientes mostraré que se trata de un problema del que Europa ya tiene experiencia. La forma en la que el ayatolá Jomeini declaró proscrito a un escritor británico en 1989 no dista mucho de la forma en la que el rey español Felipe II ordenó matar a un príncipe holandés en 1584. La forma en la que algunos religiosos radicales han puesto precio a la cabeza de los dibujantes daneses se parece a la forma en la que el papa de Roma pretendió en 1570 incitar a los católicos británicos en contra de su reina, Isabel I. Pero en la Europa del siglo xvi no sólo hallamos algunos paralelismos con nuestros problemas actuales, sino que atisbamos también indicios para sus soluciones.

Esas soluciones consisten en difundir la autonomía moral y adoptar un modelo de Estado religiosamente neutral.

En la tercera y última parte del libro intento delinear el equivalente político-filosófico de la ética autónoma: el Estado aconfesional. No pretendo describir aquí una realidad empírica. No afirmo que el Estado siempre se manifieste o actúe de forma neutral. Por consiguiente, quien proteste arguyendo que la separación de la Iglesia y el Estado «nunca se ha llevado a la práctica de forma completa» no ha captado la esencia de mi afirmación. Lo interesante sería que dijese que la neutralidad del Estado no debería ser en absoluto la norma. Porque ahí está, para mí, el quid de la cuestión: en la norma. El Estado debería ser tan aconfesional como le sea posible. Y, para el asunto que nos ocupa, eso significa que el Estado debe dirigirse a sus ciudadanos en tanto que ciudadanos, y no por su pertenencia a determinado grupo étnico o religioso. Por esa razón, este libro no tiene una orientación «multiculturalista» sino «universalista». Defenderé que las sociedades multiculturales (algo que considero una realidad) se gobiernan mejor mediante la ética autónoma junto con un Estado neutral.

En estas páginas espero haber cumplido la exhortación que el padre de la filosofía, Sócrates, hace a su interlocutor en el diálogo de Eutifrón para que reflexione sobre la cuestión de si lo piadoso es querido por los dioses porque es piadoso, o es piadoso porque es querido por los dioses. No se me ha ocurrido respuesta más breve que este libro.

Probablemente ahora debería expresar mi agradecimiento a las numerosas personas que me han inspirado y enseñado, pero sería una lista interminable. Por eso me limitaré a citar a los amigos que me han ayudado en la última fase de revisión de este manuscrito: Thierry Baudet, Floris van den Berg y Afshin Ellian. Deseo dedicárselo a dos lectores de mi obra con los que he mantenido conversaciones tan estimulantes como alentadoras y que me han hecho confiar en el éxito de una sociedad multicultural, siempre y cuando su organización descanse en los principios adecuados: Bashir Azizi y Ali Chakioglou.

Leiden,
mayo de 2008

PRIMERA PARTE
LA ÉTICA RELIGIOSA

I
LA TEORÍA DEL MANDATO DIVINO

De niño solía oír una curiosa expresión en mi casa. Si yo había hecho algo que a mi madre le parecía improcedente, ella exclamaba indignada: «¿Es que Dios te ha dejado de su mano?».

Dejado de la mano de Dios. Todavía sigo empleando esa expresión, aunque con cierta ironía. Mi madre aprendió el refrán de sus padres y, pese a que en nuestra casa no éramos muy religiosos, frases como ésta delataban su educación cristiana.

Ese bagaje religioso se percibe también en la expresión neerlandesa «mandar algo a los filisteos», que significa estropearlo o cargárselo. Si me había entretenido desmontando una radio y luego intentaba en vano recomponerla, «la había mandado a los filisteos».

Aquí no me interesan tanto los filisteos como lo de estar «dejado de la mano de Dios». Según parece, se presupone que alguien que no crea en Dios, o sea, que «esté dejado de Su mano», está abocado a llevar una vida inmoral. Al fin y al cabo, moral y religión están inextricablemente unidas. A los que están dejados de la mano de Dios más les vale volver cuanto antes a Él, por su propio bien y por el del resto de la sociedad.

Esa opinión se observa también en determinados círculos políticos. Algunos jefes de gobierno como en su momento G. W. Bush y Tony Blair parecen convencidos de que la moral y la política están basadas en la religión. Y lo mismo puede decirse del actual primer ministro de mi país, Holanda, el demócrata-cristiano Jan Peter Balkenende. El 11 de junio de 2005, Balkenende asistió a un evento de jóvenes organizado por una emisora evangélica. Según una noticia aparecida en la prensa, Balkenende fue recibido con una gran ovación. Tras finalizar el acto, le preguntaron al primer ministro su opinión sobre lo que había observado allí, y Balkenende contestó: «Es fantástico ver a tantos jóvenes que aseguran tener una brújula en sus vidas.»[1]

¿A qué se refería con eso? Una brújula sirve para marcar la dirección. El que tiene una brújula sabe adónde se dirige mientras que quien carece de ella no lo tiene tan claro. Probablemente, el primer ministro quiso decir que quien posee la brújula de la fe sabe actuar en la vida con responsabilidad moral.

Balkenende no es el único que expresa este convencimiento.

1. MORAL Y RELIGIÓN

La relación entre moral y religión es un tema extraordinariamente complejo. No porque sea más difícil que otras cuestiones del campo de la ética, sino porque despierta en la gente tantas emociones que les impide pensar de forma crítica y libre de prejuicios. Nuestras pasiones y nuestros miedos, nuestras convicciones más profundas se ven implicadas y eso altera nuestra imagen de la realidad, escribe el filósofo Kai Nielsen.[2] Los cristianos ortodoxos no son los únicos convencidos de que la moral y la religión están estrechamente unidas.

Al hablar de moral y religión debemos ser especialmente cuidadosos con la semántica: ¿qué entendemos por *religión* y qué entendemos por *moral*? Porque sucede con frecuencia que muchas de las definiciones empleadas presentan los dos fenómenos como si fueran prácticamente intercambiables.

El pensamiento de Mahatma Gandhi (1869-1948), por ejemplo, pone de manifiesto lo confuso que puede llegar a ser el tema. En 1922, Gandhi escribió un breve ensayo con el que se proponía elucidar la relación entre moral y religión. Empezaba diciendo que la religión no puede existir sin la moral.[3] Se trata a primera vista de una afirmación inequívoca, pero si abundamos un poco en ella, veremos que no está nada claro lo que su autor quiso expresar. Una interpretación posible de la sentencia sería: «Muchas creencias religiosas establecen un vínculo entre moral y religión».

Y obviamente eso es cierto. El filósofo alemán Nicolaï Hartmann (1882-1950) también se hace eco de esa idea y la expresa así: «El mito y la religión son siempre portadores de una determinada moral. Contienen los testimonios más antiguos y venerables de las tendencias morales del género humano».[4] No obstante, esta definición deja sin contestar algunos de los principales interrogantes. ¿Es cierto que la religión no puede existir sin la moral y viceversa?

Gandhi sabe que muchos teóricos defienden la posibilidad de una moral sin religión y cita a algunos de sus contemporáneos que tanto en Europa como en Estados Unidos se oponen categóricamente a cualquier forma de religiosidad y le achacan buena parte de los males que aquejan al mundo.[5] Gandhi no está en absoluto de acuerdo y se alegra de que algunas personas que consideran la religión indispensable para la moral hayan refutado la tesis mencionada. Temen que el mundo se vea abocado a la destrucción si la religión deja de influir en la mente de las personas.[6]

Gandhi parece un defensor de la visión clásica que toma la religión como fundamento de la moral. Sin embargo, ésa es una conclusión prematura. Nos damos cuenta de ello en cuanto examinamos más detenidamente lo que él entiende por *religión* y por *moral*. La interpretación que Gandhi hace del término *religión* resulta algo excéntrica, pues no se refiere a las grandes religiones mundiales, las primeras que nos acuden a la mente cuando oímos la palabra *religión* en nuestro lenguaje cotidiano,[7] sino a otra clase de creencia. Gandhi es un defensor de lo que él llama «la religión ética», una ideología formada por una serie de principios morales que son eternamente vinculantes para todas las personas.[8] Por consiguiente, todos los que creen en la existencia de unos principios morales eternamente vinculantes son, según la terminología de Gandhi, seres «religiosos».

Se trata de un planteamiento harto desconcertante, dado que en filosofía se emplea una semántica totalmente distinta y a los que creen en unos valores y normas universales se los llama «universalistas». Un universalista considera que desde el punto de vista moral todas las personas son iguales, es decir, que el hecho de que un individuo forme parte de una determinada tribu, clase, nación o raza no justifica un trato distinto de los demás.[9] En este sentido, la doctrina del derecho natural sería una forma de pensamiento universalista, y lo mismo puede afirmarse de la tradición de los derechos humanos.[10] También el utilitarismo, una corriente de la ética que aspira a lograr la máxima felicidad para el mayor número de personas (y acaso también de los animales), es una doctrina universalista.[11] En la segunda parte del libro trataré de este asunto con mayor detalle.

Gandhi hace algunos malabarismos con el concepto de *religión*. Por una parte, parece defender la idea de que la religión y la moral están necesariamente unidas. Sin embargo, debemos tener presente que Gandhi emplea un lenguaje muy personal para referirse al concepto de *religión*. Si profundizamos en lo que Gandhi quiere decir con sus conceptos, resulta que también la moral posee una base autónoma. La moral no tiene por qué estar forzosamente vinculada a una de las religiones mundiales.

Cabría preguntarse por qué me detengo en una postura que no comparto. Gandhi emplea una terminología distinta en relación con el concepto *religión*. Bien, ¿y qué? ¿Acaso no es frecuente que muchos científicos describan a su manera determinados conceptos? Es cierto, pero en el caso de la religión se trata de malentendidos tan pertinaces que haremos bien mostrándonos precavidos. Muchos escritores manejan definiciones de *religión* muy personales y después, al igual que Gandhi, vinculan tranquilamente religión y moral.

El conocido historiador Arnold Toynbee (1889-1975) habla de la religión en los siguientes términos: «Para mí, la religión es la relación de un ser humano con la realidad última que hay detrás y más allá de los fenómenos [...]».[12] No me corresponde a mí decir lo que significan estas palabras, si es que significan algo, pero en cualquier caso debe quedar claro que no tiene nada que ver con nuestro objeto de estudio. Otros afirman que la religión no es sino el «amor de Dios».[13] Suena bien, pero mientras no se aclare lo que debemos entender por *Dios*, no nos dice gran cosa. Matthew Arnold (1822-1888) describió la religión como una ética enriquecida por el sentimiento.[14] En este caso, pues, la religión se identificaría con la ética.

Son asimismo populares las definiciones que vinculan la religión con la poesía. En uno de sus ensayos, titulado *Interpretaciones de la poesía y la religión* (1900), el filósofo y crítico estadounidense George Santayana (1863-1952) dice que religión y poesía son, en esencia, idénticas, y sólo difieren entre sí en la forma en la que se relacionan con la vida.[15]

No me detendré aquí a valorar ese planteamiento, por muy popular que sea hoy en día. Sólo quiero puntualizar que cuando en este libro trato sobre la relación entre moral y religión, ésta no tiene nada que ver con la clase de religión a la que se refieren Santayana, Matthew Arnold, Toynbee y Gandhi. Hablo de la relación entre la moral y una clase específica de religión. Hablo de la religión en el sentido que dicha palabra tiene para las grandes religiones mundiales y, más concretamente, para el judaísmo, el cristianismo y el islam. Me interesan las denominadas «religiones del libro» y su relación con la moral.

Desde mi punto de vista, esta limitación está justificada por dos razones. En primer lugar, porque las tres religiones mencionadas son importantes para Europa. La segunda razón es que judaísmo, cristianismo e islam comparten algunas características que hacen presuponer la existencia de un vínculo entre moral y religión. Esa noción se aprecia con mayor claridad en cuanto profundizamos en el concepto de Dios común a las tres confesiones.

2. EL CONCEPTO TEÍSTA DE DIOS

¿Cuál es ese concepto de Dios? Judíos, cristianos y musulmanes, adeptos de las llamadas religiones teístas, creen en un dios poseedor de determinados atributos, que citaré a continuación:

Unidad El dios de las grandes religiones teístas es uno. Contrasta así con el politeísmo de la Antigüedad clásica y con el de otras culturas del mundo.[16] Por consiguiente es innecesario (por redundante) hablar de monoteísmo. El dios teísta es por definición singular.

Autoexistente   Dios existe por sí mismo y no es causado por ninguna otra cosa. Dios es su propia causa: *causa sui*.

Eterno   Dios está fuera del tiempo. Siempre ha sido y siempre será. No puede morir. En consecuencia, la famosa descripción que hace Nietzsche de la muerte de Dios sólo es válida como metáfora.[17]

Creador   Dios es el creador de todas las cosas y permite su existencia. El dios teísta crea el mundo de la nada.

Trascendente   Dios se diferencia de su creación. El mundo no es idéntico a Dios. Eduard von Hartmann escribe que no se puede mantener ninguna relación religiosa con una idea puramente inmanente que se sabe que no se corresponde con ningún correlato realista trascendental.[18]

Omnipotente   Dios es el creador y ordenador del universo y puede hacer su entera voluntad. Existe un debate entre teólogos y filósofos sobre si Dios es capaz de hacer cosas contradictorias. ¿Puede crear un círculo cuadrado? Leibniz sostenía que no. Sin embargo, eso no significa que haya limitación alguna para Dios todopoderoso, dado que la omnipotencia se refiere a la capacidad de hacer cosas que no son contradictorias en sí mismas.

Omnisciente   Dios es también omnisciente. Conoce todo lo que ha sido y todo lo que será. No hay secretos para él; es capaz de penetrar en nuestros pensamientos más íntimos.

Personal   Al igual que los seres humanos, Dios es un ser con intelecto y voluntad. Pero, a la vez, está por encima de las categorías biológicas. Así, no es ni hombre ni mujer (aunque se le llame *padre*).

Suma bondad   Dios es suma bondad y fuente de toda moral. A pesar de que las personas quizá no siempre lo entiendan, Él siempre actúa movido por el bien.

Santo   Dios es santo y merecedor de nuestra adoración.

Intervencionista en la historia   Las religiones teístas suelen afirmar que Dios interviene en la historia.[19]

Juez, que castiga y recompensa   Dios también es presentado como el juez supremo que castiga a los injustos y premia a los justos.

Judaísmo, cristianismo e islam difieren entre sí en algunos puntos, pero ninguna de estas diferencias empaña el aspecto fundamental que las tres religiones tienen en común y que hace referencia al concepto de Dios. Las tres «religiones del libro» no disienten en su noción de Dios. «En el corazón del islam la realidad de Dios, el Uno, el Absoluto, el Infinito e infinitamente Bueno y Piadoso, el Uno que es trascendente e inmanente, más grande que todo lo que nos podamos representar o imaginar y que, sin embargo, como se refiere en el Corán, la sagrada escritura del islam, está más cerca de nosotros que nuestra propia yugular.»[20]

Cualquier autor musulmán diría que el párrafo anterior es propio del islam. Sin embargo, no es específico del islam, pues lo mismo podría decirse del dios del judaísmo y del dios del cristianismo. La imagen de dios aquí descrita es la del dios teísta.[21]

Por razones que explicaremos a continuación, es importante destacar que cristianismo, judaísmo e islam se conocen también como las «religiones abrahámicas», dado que las tres ven en Abraham a uno de sus patriarcas. Se las llama asimismo religiones teístas porque las tres defienden el teísmo, esto es, la creencia en un solo dios *(theós)* que posee los atributos mencionados anteriormente.

La cuestión es: ¿qué efecto tiene el teísmo, la esencia de las tres grandes religiones de Europa, en el fundamento de la moral? ¿Está el teísmo vinculado con una ética determinada? En tal caso, ¿con cuál? La mejor forma de ilustrar esta cuestión es narrando la historia del padre de las religiones abrahámicas, el propio Abraham.

3. EL BIEN ES CUMPLIR CON LA VOLUNTAD DE DIOS

La teoría ética que mejor armoniza con la ideología teísta es la que se conoce con el nombre de teoría del mandato divino o teoría del mandato divino de la moral (en inglés, *Divine Command Theory*), que sostiene que el bien moral es idéntico a lo que Dios ordena, dicta y dispone, en tanto que el mal moral es equiparable a lo que Dios prohíbe. Lo «moralmente malo» equivale así a lo «prohibido por Dios», mientras que lo «moralmente bueno» sería lo que «Dios manda».[22]

Algunos filósofos éticos se refieren a la teoría del mandato divino como «supernaturalismo». El profesor de lógica y filosofía Harry Gensler lo describe en los siguientes términos: «El supernaturalismo sostiene que los juicios morales constituyen una descripción de la voluntad de Dios. Decir que algo es «bueno» significa que es conforme a la voluntad de Dios. La ética está basada en la religión».[23]

Una de las personas que abogan actualmente por la teoría del mandato divino, Janine Marie Idziak, lo formula así: «En términos generales se puede afirmar que un defensor de la teoría del mandato divino es aquel que considera que el contenido de la moral (es decir, lo bueno y lo malo, lo justo y lo injusto, etcétera) depende directa y exclusivamente de los preceptos y las prohibiciones de Dios».[24] El filósofo ético James Rachels añade: «La teoría del mandato divino se distingue por considerar a Dios el legislador que decreta las leyes que nosotros, los humanos, debemos obedecer».[25]

El filósofo Louis Pojman sostiene que la teoría del mandato divino de la moral se basa en tres presupuestos:

1. La moral tiene su origen en Dios.
2. Lo moralmente bueno significa sencillamente lo «que Dios quiere», en tanto que lo moralmente malo equivale a lo que va «contra la voluntad de Dios».
3. Dado que la moral se basa sustancialmente en la voluntad divina, es imposible aportar razones ajenas a Dios que justifiquen que algo sea obligado o esté prohibido desde el punto de vista moral.[26]

La teoría del mandato divino puede defender postulados que resultarían difícilmente justificables desde cualquier otro planteamiento (el de la moral autónoma). El ejemplo clásico es la historia de Abraham, que recibió el mandato divino de sacrificar a su hijo.[27]

La historia aparece recogida en el Antiguo Testamento, por lo que es importante tanto para el judaísmo como para el cristianis-

mo. Pero también está incluida en el Corán. En primer lugar referiré el episodio tal como aparece en la Biblia.*

Después de todo esto quiso probar Dios a Abraham y llamándole
dijo: «Abraham». Y éste contestó: «Heme aquí». Y le dijo Dios:
«Anda, coge a tu hijo, a tu unigénito, a quien tanto amas, a Isaac, ve
a la tierra de Moriah, y ofrécemelo allí en holocausto en uno de los
montes que yo te indicaré». Se levantó, pues, Abraham de mañana,
aparejó su asno, y, tomando consigo dos mozos y a Isaac, su hijo,
partió la leña para el holocausto, y se puso en camino para el lugar
que le había dicho Dios. Al tercer día alzó Abraham los ojos, y vio de
lejos el lugar. Dijo a sus dos mozos: «Quedaos aquí con el asno; yo y
el niño iremos hasta allí, y después de haber adorado, volveremos a
vosotros». Y tomando Abraham la leña para el holocausto, se la cargó a Isaac, su hijo; tomó él en su mano el fuego y el cuchillo, y siguieron ambos juntos. Dijo Isaac a Abraham, su padre: «Padre mío».
«¿Qué quieres, hijo mío?», le contestó. Y él dijo: «Aquí llevamos el
fuego y la leña, pero la res para el holocausto, ¿dónde está?». Y Abraham le contestó: «Dios se proveerá de res para el holocausto, hijo
mío»; y siguieron juntos los dos.
Llegados al lugar que le dijo Dios, alzó allí Abraham el altar y dispuso sobre él la leña, ató a su hijo y le puso sobre el altar, encima de
la leña. Cogió el cuchillo y tendió luego su brazo para degollar a su
hijo. Pero le gritó desde los cielos el ángel de Yavé, diciéndole: «Abraham, Abraham». Y éste contestó: «Heme aquí». «No extiendas tu
brazo sobre el niño —le dijo— y no le hagas nada, porque ahora he
visto que en verdad temes a Dios, pues por mí no has perdonado a tu
hijo, a tu unigénito». Alzó Abraham los ojos y vio tras de sí un carnero enredado por los cuernos en la espesura, y cogió el carnero y lo
ofreció en holocausto en vez de su hijo. [28]

Es un relato sobrecogedor, elogiado por algunos como «una
obra maestra de concisión, profundidad psicológica y sutileza ar-
tística». [29] Abraham recibe de Dios la orden de sacrificar a su propio hijo. El efecto dramático del relato se ve acrecentado por la con-

* Ofrecemos las citas bíblicas según la traducción Nácar-Colunga, BAC,
Madrid. *(N. del ed.)*

versación entre padre e hijo, de la que se desprende que Abraham
quiere ocultarle a su hijo el terrible propósito de su misión hasta el
último momento.[30] Cuando Isaac pregunta dónde está el animal
que van a sacrificar, Abraham recurre a la evasiva de que Dios mismo lo proveerá.

La historia aparece también narrada en el Corán, sólo que allí
Abraham recibe el nombre de Ibrahim. Otra pequeña diferencia es
que en las escrituras coránicas no es Isaac el hijo que debe ser sacri-
ficado, sino Ismael.[31] El relato aparece asimismo contado de otra
forma. Llama la atención la resolución con la que Ibrahim da a conocer a su hijo la noticia del sacrificio:

> ¡Hijito!
> He soñado
> que te inmolaba.

El hijo se hace cargo del problema y de inmediato se presta vo-
luntariamente a cumplir los designios divinos:

> ¡Padre! ¡Haz lo que se te ordena!
> Encontrarás, si Alá quiere,
> que soy de los pacientes.

El texto continúa así:

> ¡Ibrahim!
> Has realizado el sueño. Así
> retribuimos a quienes hacen el bien.
> Sí, ésta era la prueba manifiesta.
> Le rescatamos mediante un
> espléndido sacrificio
> y perpetuamos su recuerdo en la
> posteridad.
> ¡Paz sobre Ibrahim!
> Así retribuimos a quienes hacen
> el bien.
> Es uno de nuestros siervos
> creyentes.

El tenor de este sura no es muy distinto del que hallamos en el relato bíblico. Es un panegírico de los «siervos creyentes» que, en el caso del Corán, no sólo se refiere al padre dispuesto a ejecutar el sacrificio, sino también al hijo que acata su destino. Un autor como Thomas Carlyle (1795-1881), que siente cierta simpatía por el islam, dice que esta fe exige «la sumisión a Dios».[32] El deber sagrado del creyente consiste en no someter a discusión el mandato divino, sino obedecerlo ciegamente.[33]

Abraham goza de buena reputación en la tradición teísta, no sólo en la islámica, sino también en la judeocristiana. Después de todo, Abraham demostró su confianza en Dios.[34] «Abraham creyó a Dios, y Dios se lo tomó en cuenta y le reconoció como justo. Por lo tanto, debéis saber que los verdaderos descendientes de Abraham son los que tienen fe.»[35]

Aparece aquí el verbo *creer*. El teólogo alemán Hans Küng afirma que lo que caracteriza la valoración positiva de Abraham en la tradición teísta es que cree en Dios.[36] Abraham es el arquetipo y el prototipo *(Ur— und Vorbild)* de alguien que cree en Dios de forma incondicional, alguien que consigue pasar la prueba más dura: el sacrificio de su amado hijo.[37] Küng, no obstante, se limita a describir el episodio, sin ofrecer ningún tipo de juicio o valoración al respecto.

¿Es que nadie se rebela contra la odiosa idea de tener que sacrificar a un hijo? Chaim Potok sí lo hace: califica de «acto de fe horripilante» *(a chilling act of faith)*[38] la decisión de Abraham de ofrecer a su hijo. En su libro dedicado al concepto de justicia en el Génesis, el jurista estadounidense de origen judío Alan Dershowitz titula su capítulo dedicado a Abraham: «Abraham comete un intento de asesinato y se le elogia por ello».[39]

También en el islam se conoce al menos un caso de protesta: la que oímos de boca del diablo. Durante la peregrinación anual a la ciudad santa de La Meca *(Hadj)*, los peregrinos siguen arrojando piedras a tres pilares que simbolizan el diablo y que están situados en el lugar donde éste intentó convencer a Abraham e Ismael de que desobedecieran a Dios.[40]

4. DIOS COMO FUNDAMENTO
Y DIOS COMO SANCIÓN DE LA MORAL

A tenor de la imagen de Dios que acabamos de esbozar, resulta evidente que existe una relación entre Dios y moral. Dios y religión por una parte, y la moral por otra, permiten construir dos posibles relaciones. La primera relación es conocida: Dios (o la religión) proporciona una sanción (o legitimación) para la moral. La segunda establece que Dios es un fundamento para la misma.

Empezaré por hablar de Dios como sanción de la moral.[41] Antes que nada debo apuntar que la religión teísta parte del supuesto de que Dios no permite que los crímenes permanezcan impunes, sino que castiga después de la muerte a los criminales que hayan eludido la justicia terrena.

Todos nosotros hemos sido educados en una tradición teísta cuya idea de un dios que impone castigos nos parece natural, pero no lo es. Pensemos en los dioses griegos, que, según Epicuro, no interfieren en los asuntos mundanos. Del mismo modo, Dios podría haber pensado: «¿Por qué habría de preocuparme de los humanos? Que resuelvan ellos solos sus problemas». Sin embargo, ésa no es la actitud del dios teísta. Desde la perspectiva terrena, Dios constituye una gran ayuda para la justicia en este mundo. Los dominadores siempre han utilizado el miedo al castigo, especialmente al castigo eterno, para someter al pueblo. El escritor, socialista y librepensador de origen irlandés George Bernard Shaw (1856-1950) es un elocuente defensor de esta idea, que expresa en relación con la doctrina musulmana. Shaw escribe que Mahoma, al que califica de «ser humano excepcional y árabe inteligente», controlaba a los suyos recurriendo a la amenaza del castigo. Y no los amenazaba con un castigo cualquiera, sino con el infierno después de la muerte, que creó especialmente para ese propósito.[42] Shaw opina que estos castigos resultan muy útiles. Y, de ese modo, Dios y la religión funcionan como sanciones de la moral.

Dios y la religión también son importantes para la moral en otro sentido, esto es, como legitimación o justificación de esa moral. Uno puede remitirse a la religión para conocer qué acciones son moralmente reprobables y cuál es el castigo que merecen. A la pregunta «¿Qué es digno de castigo?» seguiría la respuesta «Lo que dictan las Sagradas Escrituras». A la pregunta «¿Qué está permitido?» seguiría la respuesta «Lo que no está prohibido en las Sagradas Escrituras».

Así, los defensores de esta postura creen haber hallado un criterio firme y sólido para determinar lo punible. Los códigos penales corrientes presentan unos fundamentos muy precarios: el consenso democrático sobre lo que es o no digno de castigo. Si sólo nos basamos en eso, resulta que únicamente tenemos en cuenta la voluntad de la mayoría democrática que ha redactado dicho código penal. Una sentencia jurídica se sustenta asimismo en la arbitrariedad, dado que en un tribunal también se vota y en consecuencia, como bien apunta un crítico, logramos las «voces de la infalibilidad» por «una ajustada mayoría».[43] ¿No sería la voluntad revelada de Dios un criterio más fiable para determinar lo que merece ser castigado y lo que no? De esta forma, contaríamos con una base verdaderamente sólida, opinan los fundamentalistas.

Con esta opción, los creyentes no sólo han hallado una justificación para una forma de derecho que, en su opinión, está por encima de la arbitrariedad democrática, sino que cuentan también con un fundamento cuyo contenido puede ser establecido. Los textos sagrados como la Biblia y el Corán recogen innumerables tropelías y delitos morales, según el criterio de creyentes y representantes religiosos, y establecen qué sanción debe ser aplicada en cada caso, a veces con bastante precisión.

Las tesis que acabamos de citar no han quedado en absoluto obsoletas, sino que siguen contando con el respaldo de prominentes teóricos, tanto en el mundo musulmán como en el cristiano. Así, Karl Barth (1886-1968), considerado por muchos el teólogo más influyente del siglo xx, habla de la «función de guardiana mundial» ejercida por la Iglesia. Barth sostiene que la Iglesia demuestra tener un juicio legal humano más elevado que el de las instituciones mundanas.[44]

5. LOS DIEZ MANDAMIENTOS

Ya nos hemos referido a la historia de Abraham e Isaac recogida en el Génesis. Otro conocido pasaje bíblico que contiene la esencia de la teoría del mandato divino es el de los Diez Mandamientos, revelados a Moisés en lo alto del monte Sinaí. En el libro del Éxodo 20, 1-17,[45] leemos cómo sucedió:

> Y habló Dios todo esto, diciendo:
> «Yo soy Yavé, tu Dios, que te ha sacado de la tierra de Egipto, de la casa de la servidumbre. No tendrás otro Dios que a mí. No te harás esculturas ni imagen alguna de lo que hay en lo alto de los cielos, ni de lo que hay abajo sobre la tierra, ni de lo que hay en las aguas debajo de la tierra. No te postrarás ante ellas, y no las servirás, porque yo soy Yavé, tu Dios, un Dios celoso, que castiga en los hijos las iniquidades de los padres hasta la tercera y cuarta generación de los que me odian, y hago misericordia hasta mil generaciones de los que me aman y guardan mis mandamientos.
> No tomarás en falso el nombre de Yavé, tu Dios, porque no dejará Yavé sin castigo al que tome en falso su nombre.
> Acuérdate del día del sábado para santificarlo. Seis días trabajarás y harás tus obras, pero el séptimo día es día de descanso, consagrado a Yavé, tu Dios, y no harás trabajo alguno, ni tú ni tu hijo, ni tu hija, ni tu siervo, ni tu sierva, ni tu ganado, ni el extranjero que esté dentro de tus puertas; pues en seis días hizo Yavé los cielos y la tierra, el mar y cuanto en ellos se contiene, y el séptimo descansó; por eso bendijo Yavé el día del sábado y lo santificó.
> Honra a tu padre y a tu madre, para que vivas largos años en la tierra que Yavé, tu Dios, te da.
> No matarás.
> No adulterarás.
> No robarás.
> No testificarás contra tu prójimo falso testimonio.
> No desearás la casa de tu prójimo, ni la mujer de tu prójimo, ni su siervo, ni su sierva, ni su buey, ni su asno, ni nada de cuanto le pertenece».

También reconocemos en este pasaje una manifestación de la teoría del mandato divino.

A Moisés se le llama a menudo «legislador», aunque acto seguido se especifique que en realidad no fue más que un mero «transmisor de la ley», pues los mandamientos le fueron revelados por Dios.[46] Dios es aquí la autoridad mandatoria, y la historia de Moisés, como la de Abraham, constituye un buen ejemplo de la teoría del mandato divino.

Examinemos con mayor detenimiento esta teoría. ¿Qué explica la gran aceptación que ha suscitado a lo largo de los siglos? Su atractivo reside en que dota a la ética de una base sólida. La ética no es una cuestión de arbitrariedad individual sino de seguridad divina.

Muchas de las personas que suponen la existencia de una relación entre moral y religión lo hacen convencidas de que la moral que no cuenta con el respaldo de la religión es «arbitraria» o «subjetiva». Ésa es precisamente la tesis del apologista cristiano y profesor de literatura C. S. Lewis (1898-1963). Lewis empieza por constatar que las personas tienen criterios distintos en lo referente a las cuestiones morales. Y la diversidad de criterios presupone una norma. «A esa Ley o Regla sobre el Bien y el Mal se la solía llamar ley natural.»[47] Sobre esa «ley natural» hay más consenso de lo que muchos creen y demuestran, dice Lewis, que sostiene asimismo que hay valores absolutos y universales. Lewis cree también en la existencia de una fuerza imperativa fuera del universo que intenta transmitirnos esos valores y normas. Si estamos atentos, percibiremos también esa fuerza «en nuestro interior como una influencia o un mandato que nos induce a comportarnos de una determinada manera».[48]

Tenemos por tanto un «mandato», una orden. Dios se dirige a nosotros por medio de determinadas órdenes. Nosotros podemos desoírlas: el ser humano disfruta de libre albedrío, pero desoír esas órdenes es moralmente censurable. Después de todo, hacer el bien significa actuar conforme a la voluntad de Dios.

Dejemos a Lewis por ahora.

De la historia de los Diez Mandamientos y el relato de Abraham nos interesan tanto sus diferencias como sus semejanzas. Dios le transmite directamente a Abraham su voluntad divina: «Dirigiéndose a él le dice: 'Abraham'». Y Abraham responde: «Heme aquí». Y vemos que Dios hace algo parecido con Moisés: «Yo soy Yavé, tu Dios, que te ha sacado de la tierra de Egipto, de la casa de la servidumbre», y, a continuación, le dicta los Diez Mandamientos que nos han sido dados a conocer posteriormente a través de la Biblia. Así pues, si andamos buscando una directriz que guíe nuestro comportamiento no tenemos que esperar a que Dios nos la revele de forma directa, sino que podemos encontrarla en las Sagradas Escrituras, que recogen la voluntad de Dios. En otras palabras: Dios ha escrito un libro que nosotros podemos leer. Moisés fue el secretario de Dios.

6. LA TEORÍA DEL MANDATO DIVINO: MÍSTICA, PROTESTANTE Y CATÓLICA

En la teoría del mandato divino podríamos distinguir tres variantes que denominaré mística, protestante o islámica y católica.

Por «teoría del mandato divino mística» entiendo aquella doctrina que cree conocer la voluntad divina porque Dios se dirige directamente al creyente revelándole lo que quiere de él. Podríamos definir la mística como una aprehensión directa de lo divino por medio de la mente o el alma.[49] Los protestantes suelen rechazar la mística porque en ésta lo más importante es el conocimiento natural de Dios que puede obtenerse al margen de las escrituras.[50] La mística cuenta con más simpatizantes en el seno de la tradición católica. Algunos de sus máximos exponentes son Teresa de Ávila (1515-1582) y Juan de la Cruz (1542-1591). También a Abraham se le podría considerar hasta cierto punto un místico, pues cumplió con la voluntad de Dios, que no le fue revelada leyendo un pasaje de las Sagradas Escrituras, ni tampoco le fue transmitida por un santo. No, Abraham creía tener contacto directo con Dios. El Señor se dirigía directamente a él, transmitiéndole su voluntad. Y lo que Dios le decía era «bueno» (al menos, desde la perspectiva de la teoría del mandato divino de la moral).

Y lo mismo ocurre con el ejemplo de Moisés, que recibió de Dios los Diez Mandamientos. ¿Por qué creyó Moisés que los Diez

Mandamientos establecían una norma? Porque procedían de Dios, y Moisés estaba convencido de que Dios tenía contacto directo con él. Sin embargo, con Moisés llegamos a la segunda variante de la teoría del mandato divino. Al fin y al cabo, Moisés consigna los Diez Mandamientos para el pueblo de Israel. En Abraham no hallamos tal pretensión, pero en el caso de Moisés los mandamientos se ponen «por escrito». Además de un místico que nos informa de lo que sucede en la mente de Dios, Moisés es un líder político y un legislador (más comparable con Mahoma que con Jesucristo). Al dejar constancia escrita de los Diez Mandamientos éstos adquieren una forma fija (como sucede con los códigos legales). No es preciso que Dios se dirija individualmente a todos los creyentes para hacerlos partícipes de su mensaje «No matarás», porque ellos pueden conocer la voluntad de Dios a través de su palabra escrita.[51]

Lo que se ha dicho de Moisés es también aplicable a Mahoma. Según la tradición islámica Mahoma buscó la soledad en una cueva situada en las proximidades de La Meca. Allí habría estado meditando y habría tenido sueños y apariciones, en una de las cuales una figura impresionante se habría dirigido a él. Mahoma creyó que se trataba de un mensajero de Dios. Al principio supuso que se trataba del mismo Dios, pero después sostuvo que era un enviado de Dios y dio por sentado que debía de tratarse del ángel Gabriel (véase el Corán 53, 1-18 y 81, 25-25).[52]

Nuevamente encontramos un líder religioso, Mahoma, que establece contacto directo con Dios o lo hace por intercesión de un tercero. Como Moisés, Mahoma recibe el encargo de transmitir el mensaje divino, y en este caso el resultado es el Corán. Dejaremos aquí la variante mística de la teoría del mandato divino.

La segunda forma de la teoría del mandato divino, que podríamos llamar la variante protestante, está vinculada al testimonio escrito de la voluntad de Dios, revelada directamente a algunos místicos (a saber, los legisladores y los líderes políticos). En esta segunda teoría el texto escrito ocupa un lugar central. La voluntad de Dios se manifiesta en las Sagradas Escrituras, de manera que, en principio, el creyente no necesita de ningún intermediario: sólo precisa saber leer.

Esta forma de la teoría del mandato divino es especialmente importante para la tradición protestante (*protestante* en el sentido habitual de la palabra). *Sola scriptura*: solamente a través de la escritura. Podría decirse que es una «forma democrática» de la teoría del mandato divino, dado que todo el mundo (mientras sepa leer) está en disposición de conocer lo que Dios quiere de nosotros.[53]

Asimismo, resulta interesante la relación entre esa idea y el islam. Bernard Lewis señala que la Biblia está compuesta por un testamento antiguo y uno nuevo, que constan a su vez de una serie de libros cada uno. Los musulmanes, por el contrario, consideran el Corán un solo libro, un texto «que encarna la revelación divina» y que ha sido escrito por un solo hombre: el profeta Mahoma. En los primeros siglos del islam hubo un intenso debate sobre el estatus que debía dársele al Corán, a raíz del cual se le concedió valor eterno e «increado».

También en eso reconocemos las dos formas de la teoría del mandato divino. Por una parte está la variante mística, pues al fin y al cabo Mahoma recibe los dictados de Dios directamente de Él. Pero Mahoma no se guarda ese conocimiento para sí, sino que lo consigna en un libro, el Corán, para que otros puedan sacar provecho del mismo. Y así nos topamos de nuevo con la «forma protestante» de la teoría del mandato divino.

Por esa razón, el Corán posee un estatus especial, pues, a diferencia del cristianismo, el islam no dispone de una Iglesia. Es cierto que existe la figura del ulema, que bien podría considerarse un equivalente del clero, pero su posición no es la misma que en el cristianismo. En cualquier caso, el islam carece de sacerdocio: «no hay intermediario sacerdotal entre Dios y el creyente, no hay una consagración eclesiástica, ni sacramentos y rituales que sólo puedan ser realizados por esos sacerdotes investidos de carácter sagrado».[54] El creyente está, por así decirlo, solo ante Dios, igual que sucede en el cristianismo protestante.

Hay todavía un segundo punto en el que el islam está más próximo del protestantismo que del catolicismo, y se refiere a la actitud que ambas tradiciones mantienen respecto de la autoridad de la Escritura. Las dos manifiestan una visión más estricta que la católica, y la palabra escrita de Dios ocupa en ambas un lugar central. Tal vez podría defenderse que el Corán es aún más importante para los musulmanes que la Biblia para los protestantes. Por eso, a la teoría del mandato divino mística deberíamos contraponerle, probablemente, la islámica en vez de la protestante. ¿O quizá la islámica-protestante?

En cualquier caso, hay una diferencia evidente con una tercera forma de la teoría del mandato divino, que llamaremos la variante católica. En dicha variante se concede un papel primordial a los intermediarios entre Dios y el texto: los exegetas, que interpretan la Biblia. La teoría del mandato divino católica concede mucho valor al clero. Interpretar las Sagradas Escrituras no está al alcance de cualquiera (eso conduciría a una anarquía peligrosa), sino que debe dejarse en manos de una clase que ha sido especialmente preparada para ello.

Aunque es evidente que podemos establecer distinciones entre las tres variantes mencionadas, en realidad todas presentan mezclas. Un católico también le otorga un valor autónomo al texto sagrado, un musulmán tiene muy en cuenta las palabras del imán, y no cabe duda de que la figura del pastor posee su importancia en la tradición protestante. Por otra parte, en el seno del catolicismo, protestantismo e islam cabe distinguir numerosas tradiciones y corrientes que ponen en entredicho esta clara tipología. Con todo, es posible distinguir una diferencia de acentuación en cada una de las variantes.

7. EMMA GOLDMAN, GORE VIDAL Y G. B. SHAW

Hubo un tiempo en que se dio por sentado que el teísmo puro y la teoría del mandato divino de la moral vinculada a él desaparecerían. Se llegó incluso a creer que el teísmo dejaría paso al ateísmo. Hallamos esta idea en la anarquista estadounidense de origen ruso Emma Goldman (1869-1940). En 1916, Goldman publicó un libro titulado *The Philosophy of Atheism and the Failure of Christianity* («La filosofía del ateísmo y el fracaso del cristianismo»), en el que constataba con optimismo que el tiempo del teísmo había concluido.[55] La erosión del cristianismo se manifiesta en primer lugar por el hecho de que cada vez se busquen términos más vagos para referirse a Dios, razón por la cual —apunta Goldman— el concepto de deidad se torna más indefinido y oscuro (indefinite and obscure). En otras palabras: la idea de Dios se hace más nebulosa en proporción a cómo la mente humana aprende a entender los fenómenos naturales y la rapidez con que la ciencia progresa.[56] Goldman estaba convencida de que, con el paso del tiempo, el teísmo resultaría absolutamente innecesario. Había claros indicios que apuntaban a que el teísmo acabaría siendo sustituido por el ateísmo, que Goldman definía, de forma bastante particular, como la ciencia de la demostración (science of demonstration).

Eso es lo que algunos denominarían hoy en día la visión del «fundamentalismo ilustrado», una designación que no me parece demasiado afortunada. Prefiero hablar de «optimismo ilustrado». El optimismo que sostiene que el mundo tiende por sí solo a una mayor madurez y racionalidad, y a la desaparición de la superstición y otras creencias propias del pasado.

En relación con Goldman y otros ateístas, cabría preguntarse dónde está exactamente el problema. ¿Hay que buscar la responsabilidad de la violencia y demás conflictos en las tres tradiciones teístas en general o solamente en el concepto de deidad que dichas tradiciones defienden? ¿Pueden las religiones teístas liberarse del concepto de deidad teísta y seguir manteniendo la identidad de su tradición?

Hay diversidad de opiniones al respecto. El escritor estadounidense Gore Vidal (1925) cree que los problemas tienen su origen en el monoteísmo (o lo que aquí llamamos teísmo).[57] Estas tres religiones antihumanas, judaísmo, cristianismo e islam, han evolucionado a partir del Antiguo Testamento. Vidal se refiere a ellas como las «religiones cielo-dios» (sky-god-religions).

George Bernard Shaw, al que ya he mencionado, se muestra más mordaz aunque también más ingenioso. La actitud de Shaw hacia la religión es la de un librepensador. Critica especialmente lo que él llama las religiones orientales y dice que en Europa occidental nunca se ha desarrollado verdaderamente una religión, sino que las hemos importado de Oriente, algo que, en opinión del escritor, no nos ha beneficiado mucho.[58] Como Goldman, Shaw ve el porvenir con optimismo. Cree que poco a poco iremos liberándonos de esos ídolos y en el futuro ofreceremos a la gente religiones que sean sistemas prácticos y libres de las contradicciones que sufren nuestras religiones actuales.[59]

Así pues, Vidal y Shaw critican duramente el concepto de dios de las religiones teístas. Pero ¿tienen razón? ¿El concepto de dios teísta supone realmente un problema o sólo llega a serlo cuando va unido al fundamentalismo? Y, en el caso de que esto último fuese cierto, cabría preguntarse si todas las formas de fundamentalismo son problemáticas o sólo algunas de ellas.

8. PREDISPOSICIÓN Y CIRCUNSTANCIAS

Consideremos las cuestiones planteadas a la luz de los siguientes ejemplos. Supongamos que alguien se siente cautivado por una forma bastante radical de la variante mística de la teoría del mandato divino. Nos cuenta que en un momento determinado de su vida sintió que era arrojado al suelo por una enorme fuerza contra la cual no podía oponer resistencia alguna. Y que oyó una voz del cielo que le decía: «A partir de ahora, deberás actuar teniendo siempre en cuenta mi voluntad y los designios que tengo para ti». A partir de ese día, esa persona obra siempre en función de la voluntad divina, que se le revela en los momentos cruciales de su vida. Eso significa que considera todo lo que hace como una forma de obediencia al mandato de Dios. Se esfuerza al máximo como estudiante porque eso es lo que Dios quiere de él (¿de quién si no podría proceder esa voz?). Se casa con una muchacha convencido de que Dios ha puesto en su camino precisamente a esa mujer. Les da una buena educación a sus hijos obedeciendo los dictados divinos (o, al menos, eso es lo que él cree) y hasta en los detalles más insignificantes de su vida se deja guiar por lo que supone que Dios espera de él.

¿Plantea eso algún problema? Quizá algunos crean que este joven es «un poco raro», pero no se mostrarán demasiado críticos con él. Muy distinto sería si «cumpliendo el mandato divino», el joven en cuestión actuara de forma que no fuese especialmente del agrado de sus conciudadanos y amigos. Pongamos que, para disgusto de sus padres, cuelga los estudios. Que pega a su mujer observando la voluntad divina o, al menos, eso dice él, y que se niega a que sus hijos reciban atención médica porque confía en que Dios se ocupará de ellos.

La pregunta es la siguiente: ¿cuándo nos quejamos de la teoría del mandato divino? ¿Sólo cuando se da el segundo escenario, esto es, cuando el contenido de la voluntad divina nos desagrada? ¿O en realidad deberíamos denunciar también la teoría del mandato divino en el primer caso, o sea, cuando Dios ordena buenas acciones?

Me temo que si alguien dijera «aprecio tus buenas acciones, pero no los motivos que las guían», pronto atraería sobre sí un aluvión de reproches por el hecho de ser un doctrinario. ¿No se comporta bien? Entonces ¿de qué te quejas? Pero habría que cuestionarse si merecen un poco más de atención los principios por los que uno rige su conducta.

En este ejemplo me he orientado hacia la variante mística de la teoría del mandato divino. *Mutatis mutandis* cabría formularse las mismas preguntas en la variante protestante de la teoría del mandato divino. Supongamos que alguien lee cada día las Sagradas Escrituras (tanto da que se trate de la Biblia o el Corán). Cuando lee «ama a tus enemigos», se lo toma al pie de la letra y los ama a pesar de todo. Como el libro dice «no hagas a los demás lo que no desees para ti», se comporta toda su vida como un auténtico kantiano (aunque sin apelar a Kant). Como en el libro lee «honrarás a tu padre y a tu madre», demuestra un amor incondicional hacia sus progenitores.

También los vecinos y amigos de este muchacho lo considerarán «un poco raro», aunque es probable que su comportamiento no llame demasiado la atención. Eso cambia en el mismo instante en que no sólo toma literalmente esos pasajes de las escrituras que coinciden con la moral vigente, sino que, conforme a otros pasajes, decide ofrecer a sus hijos en sacrificio (pensemos en Abraham), maltrata a su mujer o se dedica a lapidar a los homosexuales junto con entusiastas correligionarios.

Nuevamente nos preguntamos: ¿cuándo «criticaremos» esa actitud? ¿Sólo cuando ese hombre, por su literalismo, extraiga unas conclusiones de las escrituras que a nosotros se nos antojan indeseadas? ¿O deberíamos hacerlo también antes, es decir, cuando hace buenas acciones obedeciendo los dictados de Dios tal como éstos han quedado cristalizados en las Sagradas Escrituras?

La opinión más extendida, o al menos eso parece, es que no debemos quejarnos cuando las personas se guían por la religión. No hay nada de malo en ello, ¿no? ¿Acaso la religión no da color a nuestras vidas? ¿Por qué deberíamos protestar por el hecho de que alguien realice buenas acciones obedeciendo a Dios?

La mayoría de la gente cree también —pese a opiniones como las de Vidal y Shaw— que, en general, no hay nada malo en las tres tradiciones teístas. Un comentario crítico hacia una o más de las religiones teístas causa de inmediato reacciones airadas, incluso por parte de los no creyentes. ¿No pretenderás herir los sentimientos religiosos de la gente? ¿Por qué no muestras un poco de respeto? ¿Cómo se te ocurre desacreditar toda una religión? ¿Cómo se te ocurre generalizar de esa forma? Y aquel que ha dado rienda suelta a sus opiniones se apresura a decir que, naturalmente, no era ésa su intención. A fin de cuentas, se trata de religiones mundiales y la gran mayoría de la gente que las profesa lleva una vida moralmente responsable. ¿Quién tendría algo que discutir al respecto?

Lo que quizá podría objetarse es que la teoría del mandato divino no resulta convincente como legitimación de la conducta moral. Y lo preocupante es que la teoría del mandato divino ha dejado huellas profundas en las tres tradiciones teístas. Resulta irresponsable pasar por alto este tema. El argumento de que no se puede someter a un análisis crítico a «toda una religión» resulta llamativo. ¿Por qué no podría hacerse?

Porque eso no sería actuar respetuosamente con los creyentes, se nos responde. Pero ¿es así por fuerza? ¿No se puede criticar el liberalismo y mostrar a un tiempo respeto por los liberales? ¿No sería impensable que la crítica al liberalismo se rechazara airadamente so pretexto de que no se puede poner en tela de juicio «toda una ideología política»? ¿O que ante una crítica hacia el socialismo se reaccionara arguyendo que el socialismo no existe como tal, sino que sólo existen los individuos socialistas, a quienes no se puede herir en lo más profundo de su ser llevando a cabo una investigación sobre la validez de los planes socialistas para la economía? Pues ésas son precisamente las objeciones que se oyen cuando se trata de analizar de forma crítica las tres tradiciones teístas. Y el resultado es que la gran mayoría de la gente muestra bastante indiferencia ante la persona que durante toda su vida obra conforme a lo que supone que son los dictados de Dios.

Por otra parte, la opinión imperante no ve con buenos ojos el literalismo, esto es, la lectura literal del texto sagrado que, en opinión de muchos, es errónea. Este convencimiento no se debe sólo a las consecuencias draconianas que un literalismo coherente podría tener para la convivencia, sino que se ve alimentado por una postura relativizadora en relación con la interpretación de los textos. Se cree que las palabras pueden tener muchos significados. A ese respecto, la concepción del mundo posmoderna está muy extendida. Personas que nunca han tenido que ver con la hermenéutica están convencidas de que el significado está a menudo en los ojos del observador. Los incentivos verbales ofrecen muchas posibilidades. Así pues, no hay que preocuparse por los pasajes en los que se dice que uno puede pegar a su esposa, reclamar la tierra santa o asesinar a un médico que practica abortos: después de todo, esos textos en sí mismos no quieren decir nada (o quieren decirlo «todo»). Uno puede hacer lo que quiera con un texto o, al menos, eso es lo que muchos creen.

Como resultado de todo esto, no se rechaza el teísmo religioso, sino el literalismo o la «variante fundamentalista» del teísmo.

Cabe preguntarse sin embargo si es justo. A veces las palabras son bastante explícitas. Si la ley establece que uno alcanza la mayoría de edad al cumplir los dieciocho años no significa a los diecisiete ni tampoco a los diecinueve. Si en el libro sagrado se dice que se debe «matar» al hereje, puede haber diversidad de opiniones en cuanto a lo que significa *hereje*, pero ¿acaso *matar* no sigue siendo *matar*? ¿O es que aquí se puede interpretar el *matar* como «no hay que comprar sus libros» o «hay que retirarle la subvención del fondo de literatura» o «debe ser condenado a cumplir trabajos sociales»?

Aunque quizá pueda parecer una imagen tendenciosa de los hechos, ¿lo es en realidad? Lo que quisiera dejar claro es que no podemos suavizar todos los textos problemáticos por medio de la vía interpretativa. Al final acabaríamos sometiendo a discusión hasta la propia pretensión de la autoridad escrita. La tesis de que por interpretación vale cualquier cosa no nos lleva a ninguna parte, porque sencillamente no es así.

Lo que sí debo reconocer (en realidad no me cuesta hacerlo) es que la conducta de una persona no puede explicarse en función de un solo factor. Tampoco pretendo afirmar que la teoría del mandato divino o la autoridad escrita sea el único elemento que justifique una conducta socialmente indeseable. Muchas cosas en la vida, tanto las buenas como las malas, son causadas por un cúmulo de factores, y al desmenuzar ese patrón resulta muy difícil distinguir las causas principales de las secundarias.

Tomemos por ejemplo a un individuo con un carácter extremadamente agresivo al que llamaremos Piet. Piet está permanentemente furioso. Rezonga por lo bajo cuando el revisor del tren le pide que le muestre el billete. Se sulfura si no le ceden el paso mientras conduce. Los homosexuales le repugnan y, si se cruza con alguno por la calle, es bastante probable que le dé una paliza.

Muchos podrían decir que «el carácter agresivo de Piet constituye un problema». Pero ¿es eso cierto? Supongamos ahora que llevamos a Piet a una isla tranquila y utópica, escasamente poblada, donde siempre brilla el sol. No tiene que preocuparse por el dinero. La vida le sonríe. No hay tranvías ni autobuses donde le controlen el billete, tampoco hay atascos de tráfico y los homosexuales no aparecen en esta utopía. ¿Qué sucede entonces? Piet se conduce de forma ejemplar.

¿Lo ven? El carácter agresivo de Piet no es en absoluto la causa de los problemas. Son las circunstancias las que lo «vuelven loco». Piet siente que lo están «provocando» continuamente. Los revisores. Los homosexuales declarados. Son esas provocaciones las causantes de los problemas y no Piet.

Pocos considerarían convincente esta última afirmación; la mayoría sostendría que «el responsable de los problemas es el propio Piet. El problema está en su carácter o en su temperamento». Lo sorprendente es que cuando se trata de la religión muchos piensan justamente lo contrario. En ese caso, se emplea una lógica muy distinta a la empleada con Piet. Si una religión insta a cometer atrocidades en algún pasaje de su libro sagrado y resulta que algunos fieles creyentes cometen dichas atrocidades (apelando a esos pasajes), veremos que muchas personas rechazarán buscar las causas de esos problemas en los textos sagrados y, por consiguiente, en la religión. Dirán que las causas están en la «cultura», las «circunstancias», el mal carácter de algunos creyentes, en cualquier cosa excepto en la propia religión.

Apliquémoslo de nuevo a la teoría del mandato divino, pues quizá ésta también constituya un problema en sí misma, como sucede con el carácter de Piet. Lo que significaría que sólo en condiciones relativamente ideales la teoría del mandato divino no ocasionaría ningún problema (igual que el temperamento agresivo de Piet no daría problemas en la isla). Tal vez las circunstancias hayan sido relativamente ideales en el mundo occidental durante un largo período y ahora estén cambiando en poco tiempo. Esas nuevas circunstancias no son la causa de los problemas (el conflicto palestino-israelí, la invasión de Iraq, la discriminación laboral, la publicidad en la que aparecen mujeres desnudas), pero sí constituyen un catalizador más de ese proceso de conflictividad. La teoría del mandato divino sigue siendo en realidad la causa principal de los problemas.

En un caso así, un filósofo ético debe hacer lo que se espera de él: analizar las consecuencias de la teoría del mandato divino. Ésa es su tarea. El estudioso ético no puede eliminar toda la frustración del planeta, del mismo modo que no puede prometer que vaya a resolverse el hambre en el mundo. Tampoco es un experto que pueda aportar soluciones para los problemas del mercado laboral. Sin embargo, sí que puede abogar por alternativas a la teoría del mandato divino. No con la ingenua pretensión de que sus recomendaciones vayan a ser aceptadas de un día para otro, pero sí con la esperanza de que con el tiempo sus propuestas puedan contribuir a crear una base mejor para la moral y, en última instancia, para la paz mundial.

9. JESUCRISTO Y LA TEORÍA DEL MANDATO DIVINO

En el apartado anterior se ha señalado la teoría del mandato divino como la causa del problema. La siguiente cuestión es: ¿cuán profundamente arraigada está esa teoría del mandato divino en las tradiciones teístas? Los más optimistas a este respecto son los liberales. «¿No querrán reducir el cristianismo a la concepción del mundo de unos pocos fundamentalistas?» Otro enfoque que relativiza la repercusión de la teoría del mandato divino es el que limita su significación al Antiguo Testamento, con Dios como el legislador absoluto. Cabe preguntarse si es eso justo. Pues también Jesucristo, la figura más destacada del Nuevo Testamento, parece haber incorporado a su doctrina elementos de la teoría del mandato divino. Recordemos por ejemplo la oración que se conoce como el Sermón de la Montaña (Mateo 5, 1-12). El texto dice así: «¡Alegraos y regocijaos, porque grande será en los cielos vuestra recompensa!». El que cumple los mandamientos «será grande en el reino de los cielos», mas el que no escuche las exhortaciones de Jesús no entrará en el reino de los cielos.

Ésta es la forma en la que se expresa la teoría del mandato divino. Lo cito de manera tan explícita porque a menudo se niega. El teólogo alemán Hans Küng afirma que el Sermón de la Montaña ha ejercido gran influencia sobre muchas personas, también sobre no cristianos, y señala por ejemplo a Gandhi, Kautsky, Tolstói, y Schweitzer. Siempre ha habido gente que se ha sentido inspirada por el Sermón de la Montaña. ¿Por qué? Küng dice: «No pretende ser una ética tajante de obediencia a la ley».[60] Y añade después que resultaría engañoso decir que el Sermón de la Montaña es «la ley de Cristo».[61]

Con todos los respetos, no entiendo cómo Küng puede afirmar algo así. Existe verdaderamente una diferencia entre los Diez Mandamientos y el Sermón de la Montaña en tanto que cada uno de ellos exalta virtudes distintas, pero en lo concerniente al fundamento de esa ética (y de eso se trata en la teoría del mandato divino) son iguales. ¿Por qué está mal matar? Porque Dios revela en los Diez Mandamientos que matar está mal. ¿Por qué es incorrecto cometer adulterio? Porque Dios dice que no está bien ser adúltero. Y ¿por qué hay que ser bondadoso? Porque así lo manda Dios y lo revela Jesucristo en el Sermón de la Montaña. En suma, la ética de los Diez Mandamientos y del Sermón de la Montaña puede ser distinta, pero la teoría metaética común a todo el cristianismo es la misma. Esta idea aparece claramente expresada en la teología de Karl Barth: no llegamos a conocer a Dios mediante la experiencia, las vivencias interiores o el uso de la razón, sino a través de la revelación, que nos llega *senkrecht von Oben*, o sea, directamente desde Arriba. Quien no obedezca la voluntad divina como si fuera la ley no entrará en el reino de los cielos, dice Jesús. En otros pasajes, Jesús promete la condena eterna para quienes no respeten la ética cristiana. «E irán al suplicio eterno, y los justos a la vida eterna».[62] Para Jesús, Dios es tanto el fundamento como la sanción de la moral.

10. ÉTICA Y METAÉTICA CRISTIANA

Como hemos visto, la idea cristiana ortodoxa acerca de cuál es el fundamento de la moral resulta, al igual que la judía y la islámica —las otras dos religiones teístas—, tan sencilla como coherente: el bien equivale a la voluntad de Dios, mientras que el mal es todo lo que la contradice. Así pues, la moral no es un hecho «horizontal», no es algo que salga de la sociedad, sino que procede «de Arriba», de Dios. La obediencia a los dictados divinos es el primer mandamiento de la ética teísta o, empleando la jerga de la ética, la moral es heterónoma (y no autónoma como en Gandhi).

Eso es también válido para el propio Jesús, que bajó de los cielos «no para hacer mi voluntad, sino la voluntad de mi Padre, el que me ha enviado».⁶³ El mandamiento más importante que Jesús proclama es: «Amarás al Señor, tu Dios, con todo tu corazón, con toda tu alma y con toda tu mente. Éste es el más grande y el primer mandamiento».⁶⁴

Así pues, el primer mandamiento significa en realidad aceptar la propia teoría del mandato divino. Lo moralmente bueno es lo que Dios manda. Lo moralmente malo es lo que Dios rechaza. Debemos distinguir un segundo mandamiento ético (normativo), que separaremos de este primer mandamiento metaético.

Como segundo mandamiento, Jesús introdujo el siguiente: amar al prójimo.⁶⁵ Este precepto no era original, sino que aparecía ya en el Antiguo Testamento,⁶⁶ aunque quizá la aportación de Jesús consista en haber hecho extensiva su aplicación de forma que incluya también a nuestros enemigos.⁶⁷

A partir de ahí, resulta más difícil identificar el contenido de la doctrina cristiana.⁶⁸ Como tercer mandato podríamos apuntar acaso la obligación de mantener puros nuestros pensamientos. Es típico del cristianismo orientarse no sólo hacia la convicción, sino también hacia la conducta (más adelante veremos que ese significado de convicción desempeña asimismo un papel destacado en la ética de Immanuel Kant). Así, no sólo no debemos matar, sino que ni siquiera podemos plantearnos la idea de acabar con la vida de otro ser humano.⁶⁹ Tampoco basta con que no cometamos adulterio, sino que ni siquiera se nos está permitido sentir deseo por alguien, aunque luego no derive en relación.⁷⁰ Ese énfasis por la convicción a menudo va unido a una inclinación por la humildad.

El filósofo estadounidense Michael Martin ha agrupado algunos de esos preceptos bajo el denominador común del mandamiento de la humildad *(The Commandment of Humility)*.⁷¹ La idea de que el ser humano no debe ser soberbio desempeña un importante papel en la ética de Jesús, escribe Martin.⁷² Jesús critica duramente cualquier manifestación de comportamiento ostentoso, darse aires o mostrar superioridad. Por tanto, debemos orar en secreto.⁷³ El que a sí mismo se engrandece, será humillado.⁷⁴

Es concretamente esta última la parte de la ética cristiana contra la que Nietzsche tanto despotricaba,⁷⁵ aunque, en mi opinión, no siempre acertadamente. Es cierto que la ética de Jesús muestra algunos fallos, pero se hallan en ámbitos distintos a los que Nietzsche creía. Para empezar, uno de los problemas de la ética cristiana es que Jesús decreta en lugar de ofrecer argumentos.[76] Promete el infierno y la condenación eterna para los que no confíen en su palabra.[77] Tampoco parece muy inclinado a dar un trato humano a los animales según la sensibilidad actual. Así, ordenó a los demonios que saliesen de un hombre e hizo que entrasen en una piara de cerdos, que, como consecuencia, echaron a correr hasta el lago y se ahogaron.[78] Maldijo una higuera, que acto seguido se marchitó.[79] Tampoco le merecían mucho aprecio las que se conocen como «virtudes intelectuales».

Entiendo que un cristiano arguya que no debo juzgar las palabras de Jesús tal como juzgaría a cualquier otro maestro moral. En otras palabras: no puedo juzgar a Jesús de la misma forma que a Kant, Schopenhauer, Confucio o Epicuro. Jesucristo es Jesucristo.

Tal vez, pero éste es un libro de ética. Yo soy especialista en ética y, por consiguiente, considero la doctrina de Jesucristo como una ética corriente, esto es, como una ética más. Si por actuar así resulta que estoy cometiendo una injusticia con él y con su doctrina es algo que se escapa a la intención de mi empresa y se justifica por el marco ético en el que presento mis teorías.

También podríamos expresarlo de esta forma: un filósofo ético debe juzgar a Jesús como haría con cualquier otro maestro de la moral, pues, de no hacerlo, sería un teólogo o un creyente, pero estaría traicionando su deontología profesional.

Además, no hay razón alguna para mostrarse solamente crítico con la ética de Jesús, sino que cabe destacar también algunos elementos muy hermosos contenidos en sus enseñanzas, elementos que constituyen una auténtica aportación a la moral de la Antigüedad clásica. Su rechazo de la arrogancia, su llamamiento a la humildad y a no juzgar prematuramente a los demás, su mandamiento de amar al prójimo y prestar atención a la vida interior resultan muy valiosos pese a no ser del todo originales, tal como Joseph McCabe ha argumentado.[80]

Indudablemente, para los cristianos lo más importante es que Jesús no sólo predicaba su doctrina, sino que también la practicó. Cumplió con la teoría del mandato divino al sacrificar su propia vida. Abraham se mostró dispuesto a sacrificar a su hijo obedeciendo la orden divina, pero Jesús aceptó sacrificarse a sí mismo cumpliendo la voluntad de Dios. También desde la perspectiva de la ética secular, el sacrificio de uno mismo en aras de un ideal más alto se considera un acto hermoso, no así sacrificar a otra persona, y menos aún si se trata del propio hijo o hija.

II. EMIL BRUNNER, KIERKEGAARD Y DOSTOIEVSKI

Llegados a este punto, podría pensarse que, si bien la teoría del mandato divino está profundamente arraigada en la tradición teísta, ya no es defendida por los creyentes actuales. Pero eso es del todo incorrecto. La teoría del mandato divino sigue contando con muchos defensores y es la causa de algunos de los problemas actuales a los que me referiré más adelante.

La teoría del mandato divino tampoco es una doctrina apoyada por gentes primitivas. Muchos eruditos han suscrito sus premisas y defendido sus formas, que siguen vigentes a pesar de las críticas.

Hallamos un ferviente alegato en favor de la teoría del mandato divino en la filosofía y la teología de finales de la Edad Media, en la obra de, por ejemplo, Duns Scoto (1266-1308) y Guillermo de Ockam (1300-1350).[81] El filósofo del derecho A.P. d'Entrèves señala que la defensa de la teoría del mandato divino está relacionada con la difusión del «nominalismo». El nominalismo parte del supuesto de que todas las ideas genéricas son sólo nombres (nomina) y que no existen en realidad. Esta corriente significaba asimismo un cambio de postura respecto de la moral y de lo que es específico de Dios. Se concedió primacía a la voluntad divina respecto a la razón divina, lo que llevó nuevamente a postular que los valores no podían tener ninguna otra base que no fuese la voluntad de Dios, que es quien impone al mundo dichos valores.[82]

La idea de que la moral se fundamenta en la voluntad de Dios pasó de los nominalistas a los reformistas, primero a Wycliff y después a Lutero[83] y a Calvino.[84] La idea principal de la teología calvinista es la soberanía absoluta de Dios, que es elevado a la condición de *legibus solutus* («libre de toda ley»).

Naturalmente, también los críticos de la teoría del mandato divino se han manifestado al respecto. Algunos de los nombres destacados dentro de la tradición británica son Anthony Ashley Cooper, el conde de Shaftesbury, Francis Hutcheson, Joseph Glanvill, Richard Price y Jeremy Bentham.[85] Por otra parte, hallamos también partidarios de la teoría del mandato divino entre los filósofos modernos. Algunos nombres importantes son René Descartes, John Locke y William Paley. Entre los filósofos actuales, defienden la teoría del mandato divino Patterson Brown, Philip L. Quinn y Robert Merrihew Adams. Brown en concreto sostiene que la teoría del mandato divino constituye una parte esencial del teísmo cristiano.[86]

No creo que sea preciso ver en detalle a todos los defensores de la teoría del mandato divino, por lo que me limitaré a hacer una selección. Empezaré por Emil Brunner (1889-1966), teólogo suizo que dedicó muchas obras a la ética teológica. Con un estilo claro y comprensible, Brunner defiende que la esencia de la moral consiste en cumplir con la voluntad de Dios. Llama la atención su convencimiento de que la voluntad divina siempre se nos revela en forma de preceptos concretos. Por esa razón, a diferencia de C. S. Lewis, por ejemplo, Brunner se muestra escéptico ante la existencia de valores absolutos y normas generales, y sostiene que los valores y las normas deben considerarse siempre a la luz del contexto en el que Dios se dirige a los humanos.[87] Brunner escribe:

> No existe el Bien salvo en el comportamiento obediente, en la voluntad obediente, pero esa obediencia no se debe a una ley o a un principio, sino sólo a la libre y soberana voluntad de Dios. El Bien consiste siempre en hacer lo que Dios quiere en cada momento concreto.[88]

La voluntad de Dios no puede ser contenida en un principio general, pues eso significaría limitarla y, en consecuencia, dejaría de ser libre. Del hombre, por el contrario, sí puede decirse que es libre y está, a la vez, absolutamente limitado. Está limitado porque se halla sometido a la suprema y amantísima voluntad divina. Respecto del contenido de esa moral, éste nunca puede ser determinado de antemano.

Brunner es un pensador desconocido para el gran público, no así la segunda figura que vamos a tratar y que siempre se cita como uno de los adeptos de la teoría del mandato divino.

Sören Kierkegaard (1813-1855) expuso como pocos la audaz lógica de la ética teísta. Un ejemplo lo hallamos en su obra *Temor y temblor*, en la que afirma que Abraham tenía el deber religioso de ofrecer a su hijo Isaac en sacrificio obedeciendo así el mandato de Dios, pese a que su deber moral autónomo le dictara todo lo contrario. La autonomía moral no existe para Kierkegaard. El deber moral equivale al deber religioso, y este último es la expresión de la voluntad de Dios.[89]

El autor más conocido que estableció una relación entre religión y moral es un novelista: Dostoievski. El Dostoievski que nos interesa aquí es el que el filósofo francés J.-P. Sartre parafraseó y, quizá, hasta confundió ligeramente.

El Dostoievski sartriano aparece en la célebre obra de Sartre *El existencialismo es un humanismo (L'Existentialisme est un humanisme)*, en la que el filósofo francés sienta una vez más las bases del existencialismo, una corriente que hizo furor en el período de posguerra. Sartre era un maestro glosando las principales ideas de su doctrina en frases breves y fascinantes. Conocidas son estas sentencias: *L'homme n'est rien d'autre que ce qu'il se fait* («Un hombre no es otra cosa que lo que hace de sí mismo») o *l'existence précède l'essence* («la existencia precede a la esencia»). Sartre ilustra el existencialismo partiendo de una argumentación que dirige a Dostoievski. El novelista ruso dijo que, si Dios no existiera, todo estaría permitido, y Sartre declara que esas palabras expresan la tesis fundamental del existencialismo, puesto que, si Dios ha muerto, el hombre debe crear su propia moral.[90] Esta frase de Sartre / Dostoievski ha sido repetida infinidad de veces a propósito de la relación entre la religión y la moral. Con ella, Dostoievski hace que toda la moral regrese a Dios. Si Dios no existiera, la moral no sería imperativa y, en consecuencia, las personas podrían hacer cuanto se les antojase *(tout serait permis)*. Ése es el punto central de la teoría del mandato divino de la moral.

Dostoievski llega a expresar su postura con las siguientes palabras: «Si alguien me demostrara que Jesucristo no poseía la verdad, entonces preferiría seguir con Jesús que con la verdad».[91]

Así pues, para Dostoievski lo religioso prevalece sobre todo lo demás, incluso sobre la propia verdad. Esta postura recuerda un poco el credo de Tertuliano: *Credo quia absurdum*, lo creo porque es absurdo. Es la misma ideología que encierra la historia de Abraham: una elección radical por la dimensión divina —en el caso de Dostoievski por Jesucristo— aun a expensas de la verdad.

II

PROBLEMAS DE LA TEORÍA
DEL MANDATO DIVINO

En el primer capítulo he pasado revista a algunos de los autores que han defendido elementos de la teoría del mandato divino. Hemos comprobado asimismo que es posible delimitar uno de los puntos esenciales del pensamiento teísta: la fe en un creador todopoderoso y divino, cuya voluntad constituye la principal ley moral para los hombres. Ese concepto de Dios encaja con cierta visión de la moral o, más concretamente, con cierta visión del fundamento de la moral, esto es, la teoría del mandato divino de la moral.

Por lo demás, hemos constatado que la teoría del mandato divino no es una idea peregrina que cuente con escasos defensores en los círculos intelectuales, sino que constituye el credo de muchos fieles sinceros. No es tan sólo la doctrina de algunos líderes religiosos como Moisés, Abraham, Jesucristo, Mahoma y otros, sino que aparece también como una teoría primordial en los textos sagrados del Antiguo y el Nuevo Testamento, así como en el Corán. La teoría del mandato divino cuenta asimismo con prosélitos modernos, como demuestran los ejemplos de Dostoievski, Kierkegaard y Brunner.

En realidad, no es extraño que esta teoría goce de tantos defensores. Si analizamos sus preceptos, veremos que aporta numerosas y convincentes ventajas en comparación con otras teorías de la moral.

En primer lugar, destaca por su simplicidad. La teoría del mandato divino es fácil de entender. ¿Qué es lo bueno? Lo que Dios manda. ¿Qué es lo malo? Lo que Dios prohíbe. Comparémoslo con los grandes problemas que plantea el utilitarismo o los debates interpretativos que suscita el imperativo categórico de Kant (volveré sobre este tema en la segunda parte del libro).

Una segunda ventaja de la teoría del mandato divino es que apela al convencimiento de mucha gente que cree ver en ella la solución a la cuestión de la fuerza vinculante de la moral. Al fin y al cabo, si Dios es absolutamente bueno y todopoderoso, es muy comprensible que se tome la teoría del mandato divino para resolver toda clase de dilemas morales. C. S. Lewis expresa otro sentimiento que muchas personas experimentan de forma instintiva: la moral sólo es segura cuando posee una base divina. Es lo mismo que señala Dostoievski.

A pesar de todo, la teoría del mandato divino presenta algunos puntos oscuros, que han causado el rechazo de algunas personas. A continuación analizaré los aspectos problemáticos de la teoría del mandato divino.

I. PRIMER PROBLEMA: LA PLURIFORMIDAD RELIGIOSA

El primer problema es la pluriformidad religiosa. En la mayor parte de los Estados modernos nos encontramos con la circunstancia de que los ciudadanos que comparten un territorio (y están sujetos a una misma jurisdicción) no comparten las creencias religiosas. Los tiempos de *cuius regio, eius religio* («la orientación religiosa del monarca es la misma que la de todos sus súbditos») han quedado definitivamente atrás. Lo normal en la convivencia actual es que las personas se hallen expuestas a una diversidad de ideologías religiosas, lo que se pone de manifiesto cuando afirmamos que en las sociedades modernas existe una «pluriformidad religiosa».[1]

Esto supone un problema para los adeptos de las religiones teístas, puesto que ellos persiguen siempre la adhesión de su ética a la palabra de Dios. Es decir, a la palabra de su propio dios. A veces ese dios dice lo mismo que el dios de otra religión. Por ejemplo, en determinados puntos, los textos sagrados de la Biblia y del Corán llegan a recomendaciones idénticas. Ya hemos mencionado uno de esos puntos afines en el capítulo anterior. Me refiero a la metaética del teísmo: la idea del carácter imperativo del juicio moral. El juicio moral es legítimo mientras coincida con la doctrina de las Sagradas Escrituras. Tanto en la tradición judeocristiana como en la islámica afloró una «idea» magnífica. Esta idea decía que los juicios morales podían (y debían) ser consignados por escrito en el libro sagrado.[2]

En esta tradición, los problemas sólo surgen verdaderamente cuando los libros sagrados prescriben deberes morales (o legales) distintos mientras los adeptos de las diferentes confesiones están obligados a compartir un territorio (y, por ende, una jurisdicción), como suele ser el caso en una sociedad multicultural.

Se produce asimismo un problema cuando los preceptos de los textos sagrados entran en contradicción con lo que estipula la legislación secular. ¿Qué sucede cuando el libro sagrado impone la pena de muerte por apostasía, mientras que las leyes laicas defienden la libertad de cambiar de credo? ¿Qué ocurre cuando la legislación laica permite la crítica a Dios o a otras figuras sagradas, mientras que los libros sagrados lo prohíben terminantemente?

Algunos consideran que llamar la atención sobre este dilema es de mal gusto además de tendencioso y prefieren ocultar las eventuales incompatibilidades que existen entre las distintas tradiciones religiosas. Creen que debatir sobre este punto exacerba las discrepancias en la sociedad y puede incluso incitar al odio. En el silencio han encontrado un *modus vivendi*.

Un ejemplo de esa actitud se aprecia en la recepción que se dispensó a la obra del politólogo estadounidense Samuel Huntington.[3] En ella, Huntington explica cómo la religión ha devenido un factor de controversia. El autor se limita a analizar un proceso social; sin embargo, la opinión popular considera la teoría sobre el «choque de civilizaciones» una tesis normativa, como si al plantear ese choque el autor estuviese incitándolo o estimulándolo.

Parece que Huntington ya anticipó esa tergiversación, puesto que nos previene contra ese «malentendido» y dice explícitamente a propósito de su postura: «No se trata aquí de hacer una defensa de los conflictos entre civilizaciones, sino de presentar hipótesis descriptivas de lo que el futuro podría depararnos».[4]

Decir que las tesis de Huntington pueden resultar «peligrosas» es comparable a la reacción que la Iglesia católica mostró en tiempos de Galileo al tachar de «teoría peligrosa» la concepción del mundo heliocéntrica porque chocaba con el principio de que la Tierra estaba en el centro del universo. En ambos casos se pretende rechazar una constatación real mediante la indignación moral.

Lo que vale para la física es también aplicable a las ciencias sociales. Lo mejor que podemos hacer es examinar detenidamente los dilemas. Negarlos no nos ayudará a mantener la cohesión social, sólo conseguirá que la caída sea más dura a la larga.

2. SEGUNDO PROBLEMA: LA ARBITRARIEDAD DIVINA

El primer problema de la teoría del mandato divino de la moral es de orden práctico: impide que las personas se entiendan en una sociedad multirreligiosa. El segundo problema, en cambio, es más bien de fundamento o de orden metodológico. Se trata de la arbitrariedad divina.

Ilustraré el problema con un ejemplo concreto. Tomemos el libro del Éxodo 20, 16, en el que se nos insta a decir la verdad. El mandamiento en sí no nos causa extrañeza, pero lo que me interesa es su legitimación. ¿Por qué debemos decir la verdad?

Si seguimos la teoría del mandato divino, deberemos decir la verdad porque Dios así nos lo ordena en el Éxodo. En tal caso, surge la cuestión de si Dios podría habernos mandado otra cosa. Sí, si defendemos la teoría del mandato divino. Pero ¿podría Dios haber dicho también «mentid tanto como os plazca»? ¿Quién habría creído entonces que ese mandato procedía realmente de Él?

Resulta tentador como experimento imaginativo atreverse a lo que podríamos llamar los Diez Antimandamientos. Démosle la vuelta al contenido de cada uno de los preceptos divinos y preguntémonos si Dios podría habernos ordenado algo como «Robarás, pues ésa es la voluntad de tu Dios», «Incitarás a la infidelidad porque a Dios le desagrada el matrimonio», «Despreciarás a tus progenitores, porque Dios abomina del amor de los hijos por los padres».

Quien llegado a este punto empiece a dudar estará resquebrajando los fundamentos de la teoría del mandato divino. Y, sin embargo, la cuestión resulta evidente. ¿Quién se atrevería a defender que martirizar a niños inocentes sería bueno si Dios así lo ordenase? No obstante, el ejemplo de Abraham dispuesto a sacrificar a su hijo no está tan lejos de eso.

La teoría del mandato divino es intrigante y curiosa a un tiempo. Por una parte parece fluir de forma natural de determinados atributos de Dios contenidos en la tradición teísta; por otra, tiene unas consecuencias que nos resultan difíciles de aceptar. Así pues, no es de extrañar que en la tradición filosófica se hayan ideado alternativas, o al menos «intentos», de ofrecer una teoría coherente que respete los atributos tradicionales de Dios y que, al mismo tiempo, armonice con las exigencias que formulamos a una ética cabal.

En la escolástica española se llevaron a cabo los mayores esfuerzos en ese sentido. Francisco Suárez (1548-1671), por ejemplo, se refiere a la ley moral como una «ley natural», que se identifica a la vez con la ley divina.[5] Según Suárez, para Dios rige lo mismo que para los hombres; esto es, que no impone su voluntad a ciegas, sino que ésta viene precedida del razonamiento intelectual. Así pues, primero reflexiona sobre el significado de la poligamia y después, basándose en determinadas consideraciones éticas, la rechaza. Suárez sostiene que Dios concluye que algunas cosas son malas porque son malas «en sí mismas». La ley natural determina lo que es bueno y malo en sí mismo. Incluso Dios se hallaría, por tanto, sometido a esta ley.

En este sentido, Suárez hace una interesante distinción entre el derecho que posee validez en virtud de la acción humana y el derecho que tiene validez por sí mismo. A este último lo llama derecho natural: el derecho que procede de la misma naturaleza y que, en consecuencia, tampoco puede ser cambiado por Dios. Del mismo modo que Dios no puede alterar que dos y dos sumen cuatro, tampoco puede hacer que martirizar a niños sea bueno.

Leibniz respondió aún más a los sentimientos cristianos al afirmar en su *Discurso de metafísica* (1686) que, cuando decimos que las cosas no son buenas en sí mismas, sino que lo son solamente porque Dios las quiere, estamos destruyendo, sin darnos cuenta, todo el amor por Dios y la admiración por Su gloria. «¿Por qué debemos alabarlo por lo que ha hecho si sería igualmente loable si hubiera hecho exactamente lo contrario?», pregunta Leibniz.[6]

Otro crítico de la teoría del mandato divino lo expresa de forma más contundente. «Para algunos cristianos, el pecado fundamental, la fuente de todos los demás pecados, es la desobediencia a Dios. El asesinato o el perjurio no son, en sí mismos, actos condenables, sino que sólo lo son en tanto que constituyen una transgresión del mandato de Dios.»[7]

Esta conclusión lleva a algunos creyentes a rechazar la teoría del mandato divino. Alban McCoy, por ejemplo, escribe en su libro acerca de la ética cristiana: «El asesinato es malo en sí mismo; ésa es la razón de que Dios lo prohíba».[8]

3. TERCER PROBLEMA: EL LENGUAJE

Hay una tercera objeción contra la teoría del mandato divino, que, si bien no es fundamental (al menos no en comparación con otros puntos que ya se han tratado aquí), sí nos da que pensar. Se trata del argumento de que la teoría del mandato divino privaría de sentido a nuestros discursos sobre el bien y el mal. Una vez más, ilustraremos esta idea con un ejemplo. Supongamos que le preguntamos a alguien por qué se considera cristiano y nos responde: «Dios es bueno». Parece un argumento válido para creer en Dios. Sin embargo, si «bueno» significa ni más ni menos que «lo que Dios manda», como dicta la teoría del mandato divino, entonces nos conduce a resultados cuando menos curiosos. El partidario de la teoría del mandato divino que asegura que «Dios es bueno» está diciendo en realidad que «Dios manda sobre Dios». Puesto que si «lo bueno» es idéntico a «lo que Dios manda», entonces siempre que nos encontremos «lo bueno» en una frase debería ser posible cambiarlo por «lo que Dios manda».

¿Qué conclusiones sacamos de todo esto? En realidad, vemos sencillamente que nuestro lenguaje se resiste a la teoría del mandato divino. Si partimos del significado corriente que atribuimos a *Dios* y a *bueno*, eso parece implicar que la teoría del mandato divino no es correcta.

¿Es éste un argumento determinante? Naturalmente, el defensor de la teoría del mandato divino siempre puede decir que es una pena para nuestras convenciones lingüísticas, pero que esta teoría sigue siendo válida, aun cuando eso tenga extrañas consecuencias para nuestro lenguaje cotidiano. No obstante, creo que esto nos da que pensar.

Además, tanto en la Biblia como en el Corán hallamos formulaciones que unas veces parecen suscribir la teoría del mandato divino, y otras, la ética autónoma. Un ejemplo de la Biblia que defiende aparentemente la autonomía de la moral aparece en los versículos de Marcos (10, 18) que ponen las siguientes palabras en boca de Jesús:

> Salido al camino, corrió a Él uno que, arrodillándose, le preguntó: «Maestro bueno, ¿qué he de hacer para alcanzar la vida eterna?». Jesús le dijo: «¿Por qué me llamas bueno? Nadie es bueno, sino solo Dios».

En este pasaje, Jesús parece acatar la idea de que lo bueno es un atributo que sólo podemos asignar a Dios. Y eso presupone que *bueno* posee un significado autónomo (o lo que es lo mismo: la autonomía de la moral). Sin embargo, defender la autonomía de la moral significaría limitar a Dios, de ahí que algunos comentadores la rechacen.

Algunos afirman que el concepto del dios teísta tal como lo hallamos en el islam es más radical que el que aparece en el judaísmo o en el cristianismo,[9] dado que hace más hincapié en la soberanía de Dios. Se trata de una conclusión que podría extraerse a la luz del siguiente pasaje del Corán (Sura 5, 64):

> Los judíos dicen: «La mano de Dios está cerrada». ¡Que sus manos estén cerradas y sean malditos por lo que dicen! Al contrario, Sus dos manos están abiertas y Él distribuye Sus dones como quiere.

Esas «manos abiertas» y ese «distribuye sus dones como quiere» hacen suponer una mayor libertad divina, algo que encaja mejor con el concepto teísta de Dios que afirmar que la voluntad de Dios está sujeta a una bondad autónoma.

4. CUARTO PROBLEMA: CÓMO CONOCER LA VOLUNTAD DE DIOS

Otra objeción a la teoría del mandato divino podría llamarse el «argumento agnóstico». El agnosticismo suele describirse como una actitud que defiende que no podemos llegar a saber si Dios existe o no, porque el entendimiento humano es demasiado limitado para ello. Dios es infinitamente grande; la mente humana, en cambio, es demasiado pequeña. Así pues, ¿cómo podemos nosotros, seres insignificantes, llegar a responder a una cuestión tan colosal como la existencia de Dios? Por consiguiente, el agnosticismo es en este caso una doctrina que guarda relación con la existencia de Dios.[10]

Sin embargo, también podríamos situar el agnosticismo en otro contexto. Ya no se trataría entonces de la existencia de Dios sino de Sus atributos. ¿Cómo podemos llegar a saber qué aspecto tiene Dios? ¿Cómo podemos llegar a saber qué es lo que Dios quiere? ¿Acaso todas nuestras afirmaciones sobre la voluntad divina no sean más que meras proyecciones de los anhelos humanos?

Ya hemos visto que la voluntad de Dios puede sernos revelada de distintas formas. En el caso de Abraham, la voz de Dios se dirigió directamente a él. Y lo mismo le sucedió a Moisés. Pero, como apunta Sartre, eso está muy bien mientras estemos plenamente seguros de que la voz que se nos revela procede de Dios. Si existen dudas al respecto, el sistema empieza a tambalearse.[11]

A primera vista, se diría que esto plantea problemas sobre todo a la variante mística de la teoría del mandato divino (Dios se dirige directamente al creyente). Pero, si reflexionamos un poco, veremos que afecta a las otras formas por igual. Consideremos por ejemplo la variante católica y la islámica: ¿cómo podemos estar seguros de que el sacerdote o el muftí hablan en nombre de Dios? Y ¿qué hay de la protestante? Pues tiene el mismo problema, porque también está basada en el supuesto de que la voluntad de Dios ha sido revelada en las Sagradas Escrituras. ¿Cuán fidedigna es esa autoridad escrita?[12] Según la crítica histórica moderna hay algunas cosas discutibles. De esto último, de la crítica histórica, hablaré con mayor detalle a continuación.

En 1778 el escritor y filósofo alemán Gotthold Ephraim Lessing (1729-1781) causó una gran conmoción con la publicación de la última parte de la obra póstuma de un tal Hermann Samuel Reimarus (1694-1768). Reimarus no era teólogo sino profesor de lenguas orientales. A lo largo de su vida quiso evitar la confrontación con la autoridad, sus conciudadanos y las autoridades eclesiásticas, y lo consiguió. Sólo después de su muerte, sus ideas fueron objeto de encendidas disputas entre teólogos e intelectuales, que se han prolongado hasta el día de hoy. ¿Qué desató esa polémica?

Reimarus defendía la tesis de que el nacimiento del cristianismo descansaba en realidad en un engaño. Sostenía que Jesús fue un mesías político que fracasó en su misión al morir en la cruz. En ese contexto, las palabras de Jesús «Dios mío, Dios mío, ¿por qué me has abandonado?» son harto significativas.

Los discípulos de Jesús no se conformaron con la muerte de su maestro. Se negaban «a aceptar la destrucción de sus sueños y, por ese motivo, difundieron la creencia de la resurrección de Jesús y lo elevaron al estatus de hijo de Dios».[13]

El trasfondo histórico es de gran importancia para la fiabilidad de las primeras crónicas que los discípulos ofrecen al mundo sobre la vida y las enseñanzas de Jesús. Desde el punto de vista de la solidez histórica, los evangelios deben ser tomados con bastante escepticismo, pues en realidad no contienen lo que Jesús enseñó, sino más bien lo que sus discípulos habrían querido que enseñase.

Es evidente que esta tesis plantea un serio problema a la teoría del mandato divino. Muchos creyentes están convencidos de que si siguen las palabras de Jesús lograrán vislumbrar la voluntad de Dios. Ésta es, como ya hemos visto, la esencia de una de las variantes de la teoría del mandato divino: la protestante (o la islámica) o la variante protestante-islámica. Pero eso implicaría ser muy optimista, según el fundador de la crítica bíblica moderna, puesto que, si nos centramos sólo en la Biblia, nos encontraremos únicamente con los sueños de la primera comunidad cristiana.

Desde que Reimarus planteó por primera vez la falta de credibilidad histórica de los evangelios, en el siglo XVIII, la crítica histórica ha seguido sepultando bajo el polvo el mensaje original de Jesús. Ello significa que se ha puesto cada vez más en tela de juicio que las obras que se le atribuyen hayan sido verdaderamente realizadas por él.[14]

La consecuencia más radical de esa forma de pensar se refleja en los autores que llegan a negar la existencia histórica de Jesús.[15] Ése es el caso, por ejemplo, de G. A. Wells, profesor de alemán del Birkbeck College de Londres.[16] Wells hace una valoración de todo el material histórico disponible y llega a la conclusión de que Jesús nunca existió.

El problema que surge en la variante protestante-islámica de la teoría del mandato divino es igualmente aplicable a las otras formas: la mística y la católica. Uno de los primeros autores en ponerlo de manifiesto es Thomas Paine. Paine señala que la primera revelación sólo es importante para el sujeto que la recibe (y no para personas de generaciones posteriores). Se trata de una conclusión que guarda cierto parecido con los hallazgos de Reimarus.

Thomas Paine (1737-1809) es conocido fundamentalmente por sus textos político-filosóficos. En 1776 escribió su panfleto más célebre: *El sentido común (Common Sense)*, en el que defendía la revolución estadounidense y abogaba por la independencia total de Estados Unidos.[17] Después publicó su conocida crítica al ataque realizado por Edmund Burke contra la Revolución francesa: *Los derechos del hombre* (1791/1792).[18]

A pesar de que Paine era un escritor consagrado gracias a sus obras *El sentido común* y *Los derechos del hombre,* cayó en desgracia a raíz de la publicación de *The Age of Reason* (1794) *(La edad de la razón)*. Fue víctima de una inconcebible campaña de difamación durante la cual se arremetió contra él desde muchos frentes.[19] El motivo: su radical ataque a los principios del cristianismo.

Una ofensiva dirigida a la esencia misma de la doctrina teísta, es decir, la teoría del mandato divino.[20] En *La edad de la razón*, Paine emplea la misma línea argumentativa que ya utilizó en *Los derechos del hombre*, sólo que, en esta ocasión, en lugar de aplicarla al terreno de la filosofía política, lo hace al de la filosofía religiosa. Trata de dilucidar el concepto de *revelación*. ¿Qué es la revelación? Una verdad revelada es aquella que el hombre recibe directamente de Dios. Nadie negará que el sujeto receptor de una revelación queda profundamente impresionado. Pero —razona Paine— la revelación sólo es válida para la persona que la recibe *(revelation to that person only)*.[21] Si ésta se la cuenta a una segunda persona y ésta a una tercera, deja de ser una revelación para todas esas personas. Es revelación solamente para la primera persona, sostiene Paine, y «rumores» para todas las demás.[22]

Las consecuencias de esta afirmación resultan evidentes. Cuando Moisés transmitió al pueblo de Israel lo que le había sido revelado, los israelitas no disponían de ninguna otra base para creerlo que lo que el propio Moisés había oído. Y si el Corán me dice que fue escrito en el cielo y que un ángel se lo reveló a Mahoma, en realidad vuelvo a disponer de unas pruebas materiales que no son más que rumores, escribe Paine, pasando sin esfuerzo aparente de una teoría teísta a otra.[23] «Yo personalmente no he visto al ángel y, por tanto, tengo todo el derecho a no creer la historia», señala Paine.

Éstas son opiniones típicas de la crítica a las religiones que, desde Paine, se han oído en numerosas ocasiones. Paine plantea también el problema de las revelaciones contradictorias. Cada una de las Iglesias muestra libros sagrados a los que llaman revelación. Los judíos dicen que la palabra de Dios les fue transmitida por Moisés. Los cristianos afirman que la palabra de Dios está basada en las revelaciones divinas. Y los turcos (musulmanes) dicen que su palabra de Dios (el Corán) les llegó del cielo a través de un ángel. Cada una de estas Iglesias acusa a la otra de incredulidad. «Yo no creo en ninguna de ellas», concluye Paine.[24]

Estas declaraciones causaron mucho revuelo. Pocas veces se había formulado una crítica tan directa a la esencia misma de las religiones teístas. En comparación, las críticas que Rousseau[25] y Voltaire[26] hicieron al cristianismo parecían un juego de niños.[27] Ahora bien, al igual que Voltaire, Paine no llega a decir que no crea en Dios, sino que se limita a afirmar: «Creo en un solo Dios y nada más. Espero la felicidad más allá de esta vida». Pero para esa fe no necesita intermediarios ni iglesias. No admite el credo que profesa la Iglesia judía, la Iglesia romana, la Iglesia griega, la Iglesia turca, la Iglesia protestante ni el de ninguna otra que conozca. «Mi mente es mi propia iglesia», afirma Paine *(My own mind is my church)*.[28]

5. QUINTO PROBLEMA: LA FIJACIÓN DEL DESARROLLO MORAL

Muchas de las críticas a la teoría del mandato divino son variaciones de dos puntos básicos. El primero dice que la teoría del mandato divino es fundamentalmente incorrecta, mientras que el segundo la considera inaceptable por todo un conjunto de razones prácticas.

La teoría es fundamentalmente incorrecta porque el bien es bueno en sí mismo y no porque Dios lo considere como tal. Uno de los puntos que los críticos suelen aducir es que los creyentes que aseguran con la boca pequeña que la teoría es correcta actúan en la práctica conforme al principio de la autonomía de la moral, lo que significa que alternan lo que aceptan de su tradición religiosa y del libro sagrado y lo que no. Se habla entonces de *cafeteria christianity*.[29]

La teoría tampoco es aceptable por razones prácticas debido a las desagradables consecuencias que podría tener en caso de ser cierta. A esta última objeción le corresponde también una quinta crítica de la teoría del mandato divino que expondré a continuación.

Un quinto argumento en contra de la teoría del mandato divino es que fija la ética en una determinada fase de desarrollo; un hecho que se pone especialmente de manifiesto en la variante protestante-islámica. Según esa teoría algo es bueno cuando coincide con lo expresado en un texto antiguo. Sin embargo, esos textos acusan a menudo la huella del tiempo en el que fueron creados, pese a que los creyentes suelan negarse a reconocerlo, pues, a su juicio, el texto posee una validez sempiterna.[30] Si uno estudia los textos no con los ojos de un creyente, sino con los de un ciudadano de la época actual que quiera formarse un juicio moral al respecto, salta a la vista que los libros sagrados poseen puntos ciegos.

Un ejemplo es la postura frente a la esclavitud. En el tiempo en el que las Sagradas Escrituras fueron redactadas, la esclavitud no era una práctica condenable y, por lo tanto, no es de extrañar que los escritos antiguos no la censuren. Jesús mismo nunca se pronuncia en contra de la esclavitud. Ese dato no es siempre evidente porque en la traducción del griego (la lengua del Nuevo Testamento) la palabra *doulos* suele trasladarse como *criado* o *sirviente*, pero si pensamos que *doulos* significa en realidad *esclavo*, entonces ya no hay lugar a dudas. Así, Jesús dice: «No está el discípulo sobre su maestro ni el criado sobre su amo».[31] Donde pone «criado» debería decir en realidad «esclavo», y en ningún momento Jesús parece manifestar una protesta fundamental contra la esclavitud (como tampoco lo hace Pablo).[32]

El ateo y librepensador del siglo XIX Charles Bradlaugh (1833-1891) criticó duramente este punto del cristianismo. Por lo demás, el cristianismo no se distingue de muchas otras religiones, apunta Bradlaugh con razón, y concluye diciendo que no conoce ni una sola religión que haya condenado la esclavitud.[33] La esclavitud no es rechazada en el Antiguo ni en el Nuevo Testamento, como tampoco es criticada por la mayor parte de los exegetas cristianos. Sólo en el último cuarto del siglo XIX la lucha por la libertad parece ganada.

Bradlaugh señala que también hubo abolicionistas cristianos, pero se trataba de creyentes que entraban en un conflicto directo con la doctrina cristiana. Un ejemplo es Wilberforce (1759-1833), considerado uno de los defensores de la abolición de la esclavitud. Sin embargo, apunta Bradlaugh, en su caso, el cristianismo se hallaba «muy mezclado con la incredulidad». Después de todo, parece ser que para Wilberforce el pasaje del Levítico 25, 44-46, no tenía autoridad:[34]

Los esclavos o esclavas que tengas, tomadlos de las gentes que están en derredor vuestro; de ellos compraréis siervos y siervas. También podréis comprar de entre los hijos de los extranjeros que viven con vosotros, y de entre los que de su linaje han nacido en medio de vosotros, y serán propiedad vuestra. Se los dejaréis en herencia a vuestros hijos después de vosotros, como posesión hereditaria, sirviéndoos de ellos siempre. Pero de vuestros hermanos, los hijos de Israel, ninguno de vosotros será para su hermano un amo duro.

Que Wilberforce clamara contra la esclavitud está muy bien, pero no pudo basar sus críticas en su fe cristiana.

Algunos intentan eliminar este quinto inconveniente situando en un contexto moderno las Sagradas Escrituras. Así, proponen que éstas no deben trasladarnos al significado que el texto tuvo en el pasado, sino que debemos darle una nueva interpretación que case bien con los tiempos actuales. Desde esa perspectiva, no importa si *doulos* significaba *esclavo* en el momento en que el evangelio fue redactado; hoy en día bien podemos traducirlo por *criado* y, de ese modo, limamos las asperezas de las escrituras. También podríamos hacer una interpretación sumamente rebuscada del texto de Bradlaugh, hasta obtener un resultado que se adaptara a nuestra sensibilidad actual. Naturalmente, los relativistas opinan que a cualquier texto se le puede adscribir un significado acomodaticio. Cabría preguntarse qué queda entonces de la pretensión de que lo que tenemos entre manos es un texto sagrado. ¿Qué hay de sagrado en un texto que en realidad puede significar cualquier cosa que el lector quiera leer en él? Lo que hay en el texto es lo que cada uno pone en él: unos valores y normas propios que, dando un extraño rodeo, acaban proclamándose como si procediesen de otro mundo. Se trata de una manera algo embrollada de llegar a la idea de la autonomía de la moral.

6. ALGUNAS OBJECIONES

Llegados a este punto, quizá sea importante decir algo sobre las objeciones que puedan ocurrírsele al lector.

Una crítica que se esgrime a menudo es: «¿No se pretenderá privar a la gente del derecho de basar su moral en la religión y reconocer públicamente su fe?». Pero nadie pide tal cosa, tampoco yo lo hago. La gente tiene también el derecho de hacer cosas que no le son demasiado beneficiosas y que pueden incluso resultar perjudiciales para la sociedad. Lo que quiero es llamar la atención sobre los inconvenientes de vincular forzosamente moral y religión, y defender las ventajas de lo que podría llamarse una «religión sin moral» y una «moral sin religión», sobre todo en una sociedad que, en cuestiones religiosas, está mucho más dividida que hace unas cuantas décadas.

Otra crítica no se refiere tanto a que dicha separación sea oportuna como a que sea factible. ¿Es posible?, se preguntan algunos, tan obcecados en los parámetros ideológicos de las tradiciones teístas que son incapaces de imaginar ninguna forma de religiosidad que no sea la teísta. ¿Acaso la moral no ha ido siempre de la mano de la religión y viceversa?[35]

Es cierto, pero también lo es que muchas otras cosas que en el pasado estuvieron indisolublemente unidas se separaron en algún momento determinado de la historia. Además, la religión sin moral ha sido defendida en el pasado con buenos argumentos más veces de las que se cree. De hecho, la religión de Albert Einstein,[36] Spinoza[37] o Rudolf Otto[38] es una «religión sin moral». Estos pensadores se orientan hacia una unión inspiradora que no tiene implicaciones para la moral. El concepto de Spinoza de *Deus sive Natura* («Dios o la naturaleza») no nos dicta los Diez Mandamientos. Pensadores como Spinoza, Otto y Einstein aluden a un sentimiento religioso, una orientación hacia una realidad distinta de la cotidiana, que, sin embargo, no se presenta como una legitimación de los juicios morales. Tal vez esta clase de religiosidad sea algo excéntrica y se contradiga con la religiosidad que se practica en las tradiciones ortodoxas o fundamentalistas de las grandes religiones teístas, pero no es imposible.

Por lo demás, podríamos preguntarnos si realmente es tan excéntrica. ¿No es un hecho empírico que una gran parte de la población justifica sus valores morales en un esperanto moral que nada tiene que ver con la religión?

Recurriré de nuevo a la comparación con el uso de una lengua corriente. Si tenemos a un grupo de personas capaces de expresarse en varias lenguas y entre ellas se encuentra alguien que no domina la lengua en la que los demás están hablando, los «hablantes competentes» pasarán de una lengua a otra sin que eso les suponga la menor dificultad y sin necesidad de pensar primero «ahora vamos a pasar de una lengua a otra», porque les saldrá de forma automática.

Y ¿no sucede lo mismo con las lenguas morales? Si cristianos, musulmanes e hindúes conversan sobre cuestiones morales, si lo hacen bien y sin pararse a pensar en ello de forma consciente, deberían emplear un vocabulario moral inteligible para todos. Se trata de un reflejo humano normal. El patrón básico de la comunicación interhumana es el que, nuevamente sin necesidad de hacerlo de forma explícita, se adapta al interlocutor a quien va dirigida la palabra. Eso significa por tanto que reconocemos esa ética autónoma y podemos orientarnos hacia ella. La ética autónoma tiene relación con una práctica difundida de los juicios y valores morales. No obstante, muchas personas se cerrarán en banda si afirmamos en abstracto que la moral y la religión pueden existir separadamente. Les parece que es llevar las cosas «demasiado lejos».

En consecuencia, nos enfrentamos aquí con un extraño fenómeno según el cual la gente no parece ser consciente de las ideas que implícitamente suscribe (al menos a juzgar por sus acciones) y, sin embargo, tiende a negarlas explícitamente. Y lo más llamativo es que se niegan a dar su brazo a torcer (al menos, algunos) cuando se les llama la atención al respecto. Si se les dice «fijaos, ¿os dais cuenta?, es posible hablar un lenguaje moral universal», responden con una letanía de protestas. Exclaman «¡Oh!, pero es que todos nuestros valores morales se basan en nuestras tradiciones religiosas». Y a continuación se nos recuerda a menudo que nuestros valores morales están muy influidos por el cristianismo. Parecemos estar secularizados, se nos dice, pero en el fondo seguimos una religión cristiana.

Mi tesis es que esta última respuesta no desmerece de ningún modo el dato que he aportado. Sé bien que, desde el punto de vista histórico, Holanda es un país protestante, mientras que Francia y España tienen una tradición católica. Comprendo también que, debido a eso, nuestros valores morales estén muy influidos psicológicamente por la religión que haya tenido mayor repercusión en el territorio en el que vivimos. Sin embargo, la ética no es una ciencia histórica como tampoco es una corriente psicológica. La ética se ocupa de la justificación de los principios morales. Y la tesis que mis críticos deben demostrar es que resulta imposible hallar una justificación de los principios morales sin remitirnos a la religión. Eso es precisamente lo que aseguran los defensores de la teoría del mandato divino, quienes sostienen que «Los valores morales se hallan en arenas movedizas a menos que basen sus fundamentos y su justificación en la voluntad de Dios».

En el marco de esta discusión suele añadirse también que la religión constituye una fuente de «inspiración» para los seres humanos. Por lo tanto, además de una objeción sociológica («nuestra cultura está marcada por el cristianismo, que es una religión») y tras reivindicar el «derecho» a emplear un lenguaje religioso («¿acaso no puedo hablar de mi religión en público?»), nos encontramos también con una objeción de carácter psicológico: la «inspiración» que la religión aporta a los seres humanos.

Nuevamente sostengo que eso es posible. Algunas personas pueden hallar la inspiración para sus juicios morales en la literatura, leyendo el horóscopo en el periódico de la mañana, en su cónyuge, en el sol que asoma por detrás de las nubes y en qué sé yo cuántas cosas más. Pero eso no significa que puedan justificar sus actos ante los demás de una forma convincente apelando a la astrología, a la literatura o al astro rey.

7. OPTIMISMO ILUSTRADO Y FUNDAMENTALISMO ILUSTRADO

Lo que resulta fascinante (enfoquémoslo de forma positiva) del tema de una moral sin religión es que la resistencia que genera es extraordinariamente fuerte. Esa resistencia se pone de manifiesto, por ejemplo, en que cada vez que un defensor de la moral autónoma rebate un argumento aducido por la posición teónoma (Dios dicta la ley), se le replica con un nuevo argumento. Y si lo rebate también, se alega otro argumento más. Parece como si esos argumentos se «buscasen». La resistencia contra el dogma de la moral autónoma ¿es psicológica o ideológica?

Otros críticos de la moral autónoma no se limitan a plantear una serie de objeciones a la separación entre moral y religión, sino que cuestionan toda la concepción del mundo en la que, según ellos, ésta descansa. Así, afirman que la separación de la moral y la religión es un dogma del pensamiento ilustrado. Y llevan razón. Me parece muy imprudente suscribir todas las ideas de todos los pensadores que de una forma u otra se asocian con la Ilustración, pero sí quiero defender una ambición crucial del pensamiento ilustrado, pues ése es justamente el tema principal de este libro.

¿Cuál es esa idea central de la Ilustración? Creo que el católico F. C. Copleston la formuló muy bien en el capítulo que dedicó a este movimiento ideológico en su extensa historia de la filosofía. Copleston dice: «Los filósofos de la Ilustración francesa, al igual que los moralistas ingleses, pretendían separar la ética de la metafísica y de la teología».[39] Existen diferencias de contenido entre el idealismo moral de Diderot y el utilitarismo de La Mettrie, por poner un ejemplo; sin embargo —escribe Copleston, muy acertadamente en mi opinión—, lo que todos los filósofos de la Ilustración querían era dotar a la moral de un fundamento propio *(to set morality on its own feet)*.[40]

Personalmente no me parece importante si Copleston está en lo cierto al proclamar que esta idea era el objetivo central de la Ilustración. Tampoco me parece relevante si ese criterio era compartido por todos o solamente por la mayoría de los pensadores ilustrados. Lo que sí considero esencial es que se trata de una idea digna de ser defendida; una idea de gran importancia para la sociedad moderna donde deben convivir personas con distintas ideas religiosas y morales.

El primer pensador ilustrado —o precursor de la Ilustración— que impulsó la ambición de elevar la moral por encima de los fundamentos religiosos fue Pierre Bayle (1647-1706),[41] autor del *Dictionnaire historique et critique* (1695-1697). Educado en el protestantismo, Bayle se convirtió posteriormente al catolicismo pero acabó abrazando de nuevo la fe protestante. A partir de 1680, se trasladó a vivir a Holanda, donde siguió luchando por la tolerancia, especialmente en su polémico intercambio ideológico con el intolerante teólogo calvinista Jurieu (1637-1713).

Bayle separaba de forma categórica la moral de la religión. Esta separación puede verse desde diferentes ángulos. Por ejemplo, cabría desarrollarla empíricamente, esto es, demostrar que las personas que obran motivadas por la religión no tienen necesariamente un comportamiento mejor que las que no se basan en preceptos religiosos. Eso mismo afirmaba Bayle y dio un ejemplo que aún sigue apelando a nuestra imaginación: planteó la pregunta de si era posible una convivencia de no creyentes, una sociedad compuesta por personas que no creyesen en la vida eterna, ni siquiera en Dios. Bayle creía que esa convivencia era posible y ofreció una curiosa prueba. En un artículo de su *Dictionnaire* sobre los saduceos señala que éstos tenían un comportamiento moral mejor que el de los fariseos, pese a que los segundos creían en la resurrección y los primeros no. En su comentario sobre Bayle, Copleston dice que así es como llegamos a la idea de que un ser humano moralmente autónomo no necesita la religión para llevar una vida virtuosa.[42]

Se trata de un ejemplo estratégico y magnífico porque ha sido tomado de la Biblia. Hasta en la Biblia se muestra que una moral autónoma es posible. Creo, no obstante, que con esa argumentación incurrimos en contradicciones; al fin y al cabo, si la tesis a defender es la moral autónoma, es un mal argumento tomar la Biblia como base, puesto que de ese modo estamos confiriéndole un estatus que nunca podría tener en el marco de la ética autónoma. Sin embargo, pese a la argumentación que empleó, Bayle tiene el mérito de haber lanzado a debate la opción de la ética autónoma, una cuestión que muchos otros filósofos de la Ilustración siguieron desarrollando.[43]

Después de Bayle, los teóricos más importantes del pensamiento ilustrado volvieron repetidamente sobre este asunto. Diderot consultaba a menudo la enciclopedia de Bayle para escribir su propia *Encyclopedie*. En ocasiones los enciclopedistas y *philosophes* iban incluso más lejos que Bayle. La Mettrie creía que un Estado de no creyentes no sólo era posible sino también deseable.[44] Federico el Grande escribió a Voltaire que Bayle había empezado la lucha, los filósofos británicos la habían continuado y Voltaire estaba destinado a ponerle fin con una victoria.[45] Un comentario llamativo si pensamos que, a diferencia de lo que muchos creen, Voltaire no llegó a hacerlo.[46] Pero ya volveré más tarde a Voltaire. De momento, me limitaré a afirmar que comparto las ideas de Bayle. Si la moral necesita una sanción religiosa para su buen funcionamiento, en un país preponderantemente religioso, más específicamente cristiano, como Estados Unidos, habría mayor nobleza de principios morales que en países secularizados como Dinamarca u Holanda.

Así pues, por razones puramente empíricas resulta difícil defender la afirmación de que la moral autónoma es inviable. Lo que en tiempos de Bayle quizá aún era especulativo ya no lo es en nuestra época. Podemos demostrar que existen países fuertemente secularizados sin que eso se traduzca en un comportamiento inmoral.[47] Naturalmente, hallamos conductas inmorales, pero éstas existían ya antes de que la secularización se hubiese extendido tanto.

Por tanto, la moral autónoma es posible y también lo es una sociedad que funcione según sus principios. Y han sido autores como Bayle quienes nos han abierto los ojos a esta idea.

Sin embargo, quien utilice hoy en día esa idea para fundamentar su ética y su filosofía política —como hago yo— se enfrenta a un curioso reproche: se le acusa de ser también una especie de «fundamentalista», un «fundamentalista ilustrado».

Los derechos humanos, el Estado de derecho, la democracia, la moral no religiosa son ideales a los que vale la pena aspirar, dirá el crítico de «fundamentalismo ilustrado», pero no hay que adornarlos tanto.[48]

Ante ese reproche, uno se pregunta ¿qué se imaginan esos críticos de la Ilustración? ¿Creen que los ideales de la Ilustración se realizan por sí solos? Alguien tendrá que defenderlos, ¿no?[49] O ¿no lo consideran necesario?

Parece que esta última postura es la dominante. Parece que los críticos de los «fundamentalistas ilustrados» son en realidad «optimistas ilustrados». Creen que el Estado de derecho, la democracia y los derechos humanos se mantienen por sí solos y se extenderán por el mundo de forma espontánea sin que se precise una ardua labor cultural para lograrlo. La consigna es esperar, no polarizar. La confianza en el futuro siempre es positiva. Y, sobre todo, nada de «zelotismo».

No obstante, si la historia nos ha enseñado algo es que esa idea pinta las cosas demasiado de color de rosa. La democracia, el Estado de derecho, los derechos humanos, la abolición de la esclavitud, la emancipación de las mujeres y muchos otros ideales han logrado realizarse porque ha habido muchas personas que han abogado por ellos. Si no lo hubieran hecho, esos ideales no habrían cobrado forma en las constituciones, en la declaración de los derechos humanos y en el corazón y la mente de los ciudadanos y gobiernos. Antes de que Federico el Grande aboliese de facto la tortura, fue necesario que muchas personas luchasen por esa causa, escritores como Voltaire,[50] Beccaria[51] y otros.

Pero eso ya se consiguió, objetan entonces los optimistas ilustrados, ¿a qué viene preocuparse ahora? La respuesta es que se trata de una tarea permanente. Si esos ideales dejan de valorarse, desaparecerán.[52] Los optimistas ilustrados tienen una confianza tan inquebrantable en el futuro y en la vitalidad de la herencia ilustrada que están convencidos de su victoria aunque ellos no muevan ni un dedo. El fundamentalista ilustrado cree verdaderamente que la Ilustración no es un logro seguro, sino que hay que seguir luchando por él, siempre. ¿Se trata de un empeño misionero? Sin duda alguna, aunque no en el sentido equivocado de la palabra.

8. UN PUNTO CIEGO: LA VIOLENCIA RELIGIOSA

Quiero introducir ahora una idea en la que abundaré más adelante. Se trata de la violencia religiosa, y podría decirse que es el punto ciego de los optimistas ilustrados, que no pueden imaginarse que la religión pueda tener dos caras, una de las cuales es violenta.[53]

En este sentido, comparemos una religión con una ideología política. A los optimistas ilustrados no se les ocurrirá pensar que unos líderes dictatoriales puedan «abusar» de una ideología política (Stalin, Hitler, Pol Pot), porque, por su experiencia, una ideología política es errónea en sí misma. Por consiguiente, las cosas malas proceden directamente de la ideología política misma. Sin embargo, si una religión tiene puntos escabrosos, la causa no es nunca la religión, opinan ellos, sino que se debe probablemente al «mal uso» que líderes perversos hacen de la religión. Las tropelías nunca tienen que ver con la religión en sí misma, sino con la «cultura» o la interpretación patriarcal que se hace de ella. La religión es «secuestrada».

Los optimistas ilustrados a menudo también se niegan a creer que los libros santos impongan determinadas normas a la gente. Eso guarda relación con el relativismo semántico que, por lo general, estos ideólogos suscriben. Consideran que un texto puede significarlo todo.[54] Si en un texto sagrado aparece algo que, de ser interpretado literalmente, podría llevar a un castigo draconiano (por ejemplo violaciones en grupo como castigo por una falsa acusación de comportamiento impúdico) o a una práctica represiva contra las mujeres y las minorías, siempre se pueden estirar o encoger a discreción los términos del texto para que el resultado sea aceptable.[55] O, al menos, eso se cree. Por lo general, no se dan cuenta de que este proceso interpretativo debe guiarse primero por alguna norma determinada que esté fuera del texto.

Asimismo, los optimistas ilustrados pasan por alto que los recientes cambios producidos en las comunidades religiosas ofrecen pocos motivos para mostrarse optimista. Una mentalidad ilustrada no se alcanza por sí sola.[56] Las interpretaciones fundamentalistas o extremistas de la religión parecen poseer una fuerza de atracción mayor de la que estos optimistas creen posible.

Ahora bien, los optimistas ilustrados no siempre niegan eso. Como no pueden desmentir la evidencia empírica, sólo les queda echar las culpas de esa recaída a los fundamentalistas ilustrados.

Y eso es precisamente lo que hacen con su peculiar lógica. Cada vez que lo que yo denomino «una religiosidad no ilustrada» gana partidarios, ellos lo «atribuyen» a la actitud provocadora que, en su opinión, adopta el fundamentalismo ilustrado. Si no se «provocase» a las comunidades religiosas, podrían surgir espontáneamente dentro del contexto religioso interpretaciones pacíficas e ilustradas de la religión. Pero, en vista de que los fundamentalistas ilustrados hablan hasta la saciedad de la separación de Iglesia y Estado, los peligros de las teocracias, las bondades del Estado de derecho, la democracia y las libertades individuales, al final los fundamentalistas se sienten desafiados —por decirlo de alguna manera— a negar estos valores. Los críticos posmodernos de las sociedades occidentales dicen que los responsables del renacimiento del fundamentalismo y de formas extremas de religiosidad son las propias sociedades occidentales; el terrorismo y el radicalismo surgen «por culpa nuestra».

Sin embargo, la «teoría de la propia culpa» no reconoce que a la teoría del mandato divino le corresponde un significado independiente de la explicación de la violencia religiosa.

9. SEXTO PROBLEMA: EL TERRORISMO RELIGIOSO

El terrorismo religioso (o una determinada variante de éste, el terrorismo suicida) es un buen ejemplo de la violencia religiosa actual que se justifica invocando a la teoría del mandato divino de la moral. Podemos debatir largo y tendido sobre cuál es la mejor forma de definir este fenómeno.[57] Empecemos por analizar con mayor detalle los fenómenos a los que me refiero.

En primer lugar tenemos un grupo de hombres (a menudo jóvenes, aunque últimamente también se dan casos de mujeres) que están dispuestos a cometer crímenes de la máxima gravedad. Nos referimos a actos de violencia, atentados y asesinatos.

En segundo lugar, un rasgo común de estos hombres es afirmar que sus actos están motivados por su religión. Consideran que, como Abraham en el ejemplo que ya hemos citado, su religión legitima sus actos. Son —empleando una terminología que nos resulta familiar— defensores de la teoría del mandato divino de la moral. En Estados Unidos, estos actos violentos son cometidos por individuos que se consideran a sí mismos buenos cristianos; en Israel, por hombres que creen actuar en nombre de una forma de judaísmo, y en Europa la mayor parte de la atención se dirige a esos «autores por conciencia» que invocan el islam.

Una tercera característica es que los más fanáticos entre estos «autores por conciencia» no temen a la muerte. Ésa es la razón por la cual se los llama «terroristas suicidas». Un nombre inapropiado según algunas definiciones de *suicidio*, puesto que la persona que comete suicidio lo hace normalmente porque persigue la muerte (y nada más que la muerte). Eso lo distingue, por lo tanto, del que actúa con temeridad y halla la muerte de forma involuntaria (un bravucón que va en moto sin manos, por ejemplo). También es distinto del héroe. Un héroe es alguien que llegado el caso está dispuesto a dar su vida por un ideal. Pero desde el punto de vista de alguien ajeno al asunto y que no simpatice con el ideal, ese individuo comete «suicidio».[58] El héroe acepta la muerte como consecuencia inevitable de su acto, aunque su voluntad no sea morir.

Así pues, los yihadistas que se inmolan haciéndose volar por los aires como un kamikaze son vistos por el resto del mundo como «suicidas», mientras que sus comunidades los tienen por héroes *(shahids)*.[59]

Tal vez la expresión *terrorista suicida* no sea demasiado afortunada, pero, en cualquier caso, una vez que una determinada semántica ha sido incorporada, resulta muy difícil cambiarla, y no pienso hacer ningún intento en este sentido.

Estamos ante una situación relativamente nueva, al menos en lo que respecta a la medida en que esa violencia religiosa se manifiesta actualmente (y con toda probabilidad seguirá manifestándose).[60] En Kirkuk (Iraq) un muchacho se inmoló contra un convoy de la policía. El chico, que según fuentes policiales debía de tener entre diez y trece años, llevaba un cinturón con explosivos y se arrojó contra los coches de la policía.[61]

Actos como ése dan una dimensión completamente nueva a la lucha criminal. El sistema habitual de identificación, persecución y enjuiciamiento de los actos criminales va dirigido a personas que consideran el castigo una pena añadida.[62] Sin embargo, cuando se trata de individuos que no se lo toman así (o lo hacen en una medida muy distinta), el sistema clásico de lucha criminal deja de ser adecuado.

En cuarto lugar podríamos examinar los objetivos de los extremistas religiosos. Los hay de dos clases. En primer lugar, puede tratarse de asesinar a personas que, en su opinión, merecen la muerte. En segundo lugar, se pretende infundir temor a toda la sociedad en su conjunto.

Las dos categorías pueden además superponerse, esto es, un individuo puede cometer un asesinato terrorista con un objetivo doble: a) castigar a la víctima por sus presuntas fechorías y, a la vez, b) sembrar el miedo en la población civil.

Eso fue lo que sucedió en el año 2004 cuando el escritor y director holandés Theo van Gogh (1957-2004) fue asesinado por un yihadista «de casa». Van Gogh era nieto del marchante de arte Theo van Gogh (1857-1891), que, a su vez, era el hermano del célebre pintor holandés Vincent van Gogh (1853-1890). Theo van Gogh era también el realizador (junto con Ayaan Hirsi Ali) de una película, *Submission*, que criticaba duramente la posición de la mujer en el mundo islámico.[63] El 2 de noviembre de 2004, Mohammed Bouyeri disparó y asesinó a Van Gogh en plena calle en Amsterdam y a punto estuvo también de decapitarlo. La muerte de Van Gogh presenta el doble objetivo anteriormente mencionado como característica de un asesinato terrorista. El primero, el castigo para la víctima, se evidenció cuando en el mismo lugar del crimen el asesino se dirigió a un transeúnte y le dijo: «Se lo ha ganado». El segundo, infundir temor a la población civil, quedó manifiesto en la amenaza: «y así vosotros también sabéis lo que os espera».[64]

El gobierno holandés, como cualquier otro gobierno, concede mucha importancia a la lucha contra el terrorismo, porque éste mina los propios cimientos de la autoridad estatal. Un rasgo que caracteriza al Estado es el monopolio de la violencia.[65] Sólo el Estado puede ejercer la violencia en los límites de su territorio. En el caso de que un Estado no conserve el monopolio de la violencia, su propia existencia como entidad independiente estará en juego. En ese sentido, el Estado y el terrorismo son «rivales». Si los terroristas religiosos logran su objetivo de intimidar a la población amenazándolos con el «castigo», se ha creado de hecho un nuevo «Estado»: uno en el que quien lleva la batuta no es la propia legislación, sino una secta religiosa extraoficial.

10. UNA DISCUSIÓN CONFUSA

El terrorismo religioso como manifestación actual de la violencia religiosa es uno de los principales problemas vinculados con la teoría del mandato divino de la moral. Por otra parte, la discusión sobre este tema es desesperantemente confusa y origina fuertes emociones. Resulta difícil negar la existencia del terrorismo suicida, pero estas discusiones se centran en dos puntos. El primero hace referencia a la gravedad que debe otorgársele a este fenómeno. Hay dos posiciones al respecto. Una sostiene que el terrorismo tiene un «crecimiento potencial». Pese a que se trata de un fenómeno nuevo, las causas que lo incitan no han sido erradicadas y, en consecuencia, es posible que vaya a más en vez de ir a menos.[66] Por otra parte, están los que consideran la preocupación por el terrorismo una forma de histeria colectiva, avivada quizá por la intimidación que las autoridades, los medios de comunicación o algunos escritores poco fiables ocasionan al pronunciarse sobre el tema.

Un segundo punto que exalta los ánimos guarda relación con las causas del terrorismo actual. Todos los partidos convienen en que el terrorismo tiene sus causas, como sucede con cualquier otro fenómeno de la realidad, sin embargo hay gran discrepancia a la hora de determinar cuáles son esas causas. Algunos señalan la «exclusión». Así, jóvenes musulmanes podrían radicalizarse como consecuencia de la discriminación o la marginación a la que son sometidos en las sociedades occidentales. Otros se inclinan por los factores socioeconómicos: el terrorismo es una consecuencia de la pobreza, mientras que un tercer grupo sostiene que la radicalización se debe a las críticas a las que la religión de estos jóvenes se ve sometida en la sociedad occidental.

Cada grupo puede leer su propio programa de partido en la etiología[67] del terrorismo. Y estas explicaciones tampoco son muy impresionantes. Los que filosofan mucho sobre la «exclusión» creen por lo general que el terrorismo es una más de sus consecuencias. Quienes creen que debería haber una distribución más equitativa de los bienes verán en las injustas desigualdades sociales un abono para el terrorismo.

Lo dicho sobre la etiología del terrorismo vale también para los remedios que se proponen. El dirigente que cree que los problemas deben resolverse mediante un diálogo sereno opinará, como es natural, que también la solución del terrorismo está en el diálogo.

La discusión es tan acalorada porque muchos tienden a esgrimir sus viejos modelos teóricos para explicar un problema social nuevo. No se dedican a buscar una solución, manteniendo una actitud abierta hacia las nuevas hipótesis explicativas, sino que se implican al máximo en esta discusión porque su propia concepción del mundo, ya sea socialista, cristiana, liberal o de cualquier otra índole, tiene que salir a la palestra. La explicación sobre el terrorismo es, por decirlo de algún modo, la plataforma donde vuelven a exhibirse las teorías viejas y manidas.

Quiero examinar más a fondo uno de los factores que tienen relación con el terrorismo y que, precisamente, despierta emociones muy fuertes: la religión. La religión no es un factor controvertido que explique el terrorismo salvo para un grupo, los propios terroristas.

Quien estudie los motivos que los terroristas religiosos alegan y abunde en la legitimación que ofrecen para sus actos caerá en la cuenta de que todos ellos se encuadran en la teoría que he ido analizando en los apartados anteriores: la teoría del mandato divino de la moral.

11. CÓMO SE VE A SÍ MISMO EL TERRORISTA RELIGIOSO

Hallamos una clara manifestación de la mentalidad de un terrorista religioso en las declaraciones del asesino de Theo van Gogh. Durante su proceso judicial, Bouyeri invocó a una «ley» que, según sus propias palabras, lo instaba a «cortar la cabeza» a todo aquel que injuriase a Alá o a su profeta. He aquí la motivación de su acto. Durante el juicio celebrado el 26 de julio de 2005, en el que fue condenado a cadena perpetua, el asesino le dijo a la madre de la víctima: «Toda esa historia de que, como marroquí, me sentí insultado porque él me llamara follacabras es falsa. Actué en nombre de mi religión. Y ya he dicho que habría hecho exactamente lo mismo aunque se hubiera tratado de mi padre o de mi hermano. Así que no se me puede acusar en absoluto de sentimental».[68]

Esa declaración causó una reacción de desconcierto. No sólo porque el acusado establecía una relación entre su crimen y su religión, sino porque además echaba por la borda una serie de teorías muy apreciadas sobre las causas del terrorismo y la violencia. Muchos esperaban que el asesino confesara haber sido marginado. Al fin y al cabo, ése es el patrón según el cual los no iniciados en la forma de pensar terrorista creen comprender lo sucedido. Habrían preferido oír que el acusado se había sentido «herido» por las duras críticas que la víctima hizo contra su religión. Si el asesino hubiese satisfecho ese deseo, la sociedad holandesa podría haberse entregado a un mea culpa colectivo y haber expresado sus nuevos buenos propósitos para el futuro.[69] Habría hecho más manejable el problema del terrorismo actual, que afecta ahora también a las sociedades occidentales. No hay nada mejor que saber que para solucionar un problema sólo hay que cambiar de actitud. Se hace y un problema menos en el mundo. Pero la teoría de que el terrorismo podía deberse a la discriminación o a que el asesino se hubiera sentido ofendido o herido por la víctima fue rebatida de un plumazo por el propio autor del crimen.

Eso significaría que la interpretación que muchas personas defienden es incorrecta. Muchos estaban convencidos de que el asesinato de Van Gogh, el primer crimen terrorista perpetrado en suelo holandés, estaba relacionado con la forma en la que el cineasta había hecho públicas sus críticas. Por eso muchos podían «entender» en parte el crimen (a pesar de que les resultase difícil manifestarlo abiertamente). Pero si prestamos atención a lo que el propio asesino dijo, sabremos por sus palabras que su crimen no tenía relación alguna con la forma en la que Van Gogh expuso sus opiniones (ya fuera insolente o no). El asesino pareció mostrar incluso cierto respeto por su víctima. Referiré de nuevo la cita que ya he mencionado, pero esta vez daré un contexto más amplio. He aquí lo que el autor del crimen le dijo a la madre de la víctima: «Lo que sí quiero que sepa es que no actué por odio, sino según mi credo; no lo hice porque odiase a su hijo por ser holandés o porque me sintiera ofendido por ser marroquí. Nunca me sentí insultado. No conocía a su hijo, pero no era ningún hipócrita, decía lo que pensaba. Esa historia de que, como marroquí, me sentí insultado porque me llamara follacabras es falsa. Actué en nombre de mi religión. Y ya he dicho que habría hecho exactamente lo mismo aunque se hubiera tratado de mi padre o de mi hermano. Así que no se me puede acusar en absoluto de sentimental».

La explicación de Mohammed Bouyeri echaba por tierra además otro punto de la teoría: en ningún momento se quejó de padecer una situación socioeconómica deplorable.

En cualquier caso, el autor del asesinato de Van Gogh puso en entredicho las teorías más reputadas sobre el origen del terrorismo religioso. Pero lo que causó mayor estupor no fue sólo lo que rebatía, sino la motivación que adujo de forma explícita: la fe. Para él, la muerte de la víctima era un deber sagrado. La mayoría de los partidarios de la «teoría de la autoinculpación» concluyeron que Bouyeri debía de estar completamente «loco». Y naturalmente eso fue también lo que pensaron los que consideran las escrituras una fuente de «inspiración» sin compromisos para sus actos o los que no les dan importancia (los no creyentes o los ateos declarados). Con todo, es un hecho que el propio autor del crimen tenía una opinión distinta al respecto.

Lo que quiero hacer a continuación es seguir el camino que apunta el propio autor (y su ejemplo podría ser completado por buena parte de los terroristas religiosos). No porque pretenda descartar la existencia de otros factores que él no aduce y que podrían tener importancia para explicar la violencia terrorista, sino porque no me parece justo soslayar por completo el factor de la religión (que es lo que hacen la mayor parte de teorías).

12. ¿PUEDE DESCARTARSE EL FACTOR RELIGIOSO?

Antes de seguir adelante, quisiera decir algo sobre la práctica generalizada de excluir el factor religioso del debate sobre el terrorismo. Yo no lo haré. De entrada, parto de la base siguiente: deberíamos tomarnos en serio las motivaciones que los propios terroristas aducen. Lo que no debemos hacer, a menos que podamos alegar para ello razones de mucho peso, es dar por sentado que el factor religioso tiene que remitir «a toda costa» a otro factor.

Ilustraré este punto entrando un poco más en detalle en la conocida tipología de las clases de violencia terrorista.

Distinguimos tres formas de terrorismo.[70]

La primera de ellas es el terrorismo político-geográfico, que se caracteriza por aspirar a la creación de un Estado propio e independiente o a un orden político nuevo basado en una dominación u homogeneidad étnica. Algunos ejemplos serían los del terrorismo practicado por el IRA (Irish Republican Army), los LTTE (Tigres de Liberación de la Tierra Tamil) y ETA (Euzkadi Ta Askatasuna).

Una segunda forma de terrorismo es el de carácter político-ideológico, en el que la ideología de la organización es la motivación última de la campaña terrorista. Aquí se manifiestan básicamente tres tendencias. La primera: el extremismo de izquierdas con grupos como la RAF (Rote Armee Fraktion) y el Sendero Luminoso. La segunda sería la extrema derecha que pretende mantener o reinstaurar el estatus y los privilegios de la raza dominante. Como ejemplos de esta clase de agrupaciones podemos citar los Branch Davidians, Aryan Nation, the Covenant, the Sword and the Arm of the Lord (CSA) y la Aryan Brotherhood. En tercer lugar podemos distinguir una forma de terrorismo político-ideológico que está vinculado a causas concretas. Un ejemplo son los movimientos radicales en defensa del medio ambiente o de los derechos de los animales. En el Reino Unido las organizaciones inspiradas en esta clase de terrorismo cometieron más de 1.200 atentados en el año 2000, con unos daños por valor de 4 millones de euros.[71] Aunque también podríamos mencionar aquí los movimientos en contra del aborto y de la globalización.

Una tercera forma de terrorismo es el político-religioso.[72] Desde los atentados del 11 de septiembre de 2001, esta forma de terrorismo se ha visto asociada (cuando no identificada) con el fundamentalismo islámico. Cabe subrayar, por otra parte, que el fundamentalismo islámico parece haber absorbido elementos de otros movimientos terroristas. Muller y compañía escriben: «Llama la atención que en la mayoría de los casos se pasara de una ideología comunista a una de carácter fundamentalista islámico».[73]

En lo relativo a esta tercera forma de terrorismo, resulta difícil pasar por alto la importancia de un hombre y de un país. El hombre es el ayatolá Jomeini, y el país, Irán. Se ha dicho que la llegada al poder de Jomeini en Teherán en los años ochenta fue muy importante para el surgimiento del terrorismo radical islámico.[74] La interpretación radical que Jomeini hacía del Corán sentó las bases de los fundamentos ideológicos de la revolución islámica iraní de 1979.

La forma de terrorismo de la que me interesa hablar aquí es esta última: la político-religiosa. Como ya he dicho, algunos son partidarios de negar por completo la existencia de esta última clase de terrorismo, so pretexto de que la religión nunca puede ser la causa de la violencia terrorista. En consecuencia, aunque los propios terroristas invoquen su fe, se equivocan. Quizá ellos estén convencidos de que es su religión la que los incita a obrar así, pero en realidad las causas son muy distintas. Y, a continuación, echan mano de sus hipótesis preferidas para explicar el fenómeno terrorista: la marginación, la ofensa, las privaciones socioeconómicas, etcétera.

En suma, lo que los expertos llaman «terrorismo político-religioso» debería llamarse de forma muy distinta. El terrorismo religioso no existe como tal, sólo hay personas que creen, equivocadamente, que sus actos están motivados por su fe.

No resulta nada fácil responder a la cuestión de por qué la gente afirma con tanta vehemencia que la religión no puede ser jamás la causa de la violencia. Ya hemos mencionado uno de los argumentos que suelen aducirse. Si un musulmán comete actos terroristas en nombre del islam, siempre puede alegarse que «la mayoría de los musulmanes no hace semejantes cosas». Si un cristiano pone una bomba en una clínica abortista y cita los pasajes bíblicos que justifican su acción, siempre cabe decir que «la mayor parte de los cristianos emplean la Biblia para fines muy distintos. Por lo tanto, la causa de la violencia no es el cristianismo».

Ésas son conclusiones algo prematuras. Lo que sí puede afirmarse es que muchos de los que se consideran a sí mismos buenos cristianos no hallan en su fe ningún motivo que los lleve a extraer las conclusiones a las que sí llegan algunos activistas antiaborto, es decir, que es lícito el empleo de la violencia para proteger las vidas nonatas. Sin embargo, no está nada claro quién cuenta con los mejores argumentos tomando como base la doctrina cristiana. La mayoría de la gente que repudia el uso de la violencia se figura precipitadamente que ése es también el sentir del cristianismo. Así se infiere que lo que la mayoría de los que se llaman a sí mismos cristianos cree es lo que sostiene el cristianismo. Pero todas ésas son conclusiones apresuradas. Es muy posible que los activistas que están en contra del aborto cuenten también con buenos argumentos que justifiquen su violencia y que obedezcan a algún mandato de la tradición cristiana, como algunos pasajes de las Sagradas Escrituras.

Ésa es la opinión de Neal Horseley, de *Creator's Rights Party*. Los cristianos que hoy en día emplean la violencia contra los médicos y las clínicas que practican el aborto en Estados Unidos no sólo están amparados en un derecho religioso, sino que cumplen con su deber y consideran que el gobierno actual de su país es una institución «depravada y apóstata».[75]

También Michael Bray, autor de *Tiempo para matar (A Time to Kill)*, una apología teológica de la violencia contra las clínicas abortistas, se refiere al tema en esos términos. En una entrevista Bray dijo que los estadounidenses viven actualmente en una situación comparable a la de los alemanes en tiempos de Hitler. La espiral de violencia contra la vida nonata sólo puede detenerse si hay cristianos valerosos, dispuestos a empuñar las armas y a enfrentarse a largas condenas en prisión. Quienes lean los escritos de estos hombres no hallarán la menor muestra de simpatía por lo que los europeos consideran los típicos valores e instituciones estadounidenses. No se menciona para nada la separación de Iglesia y Estado ni tampoco la tolerancia o la libertad de expresión.

Asimismo sorprende la gran serenidad y confianza con las que se acepta el martirio. Paul Hill (1954-2003), un pastor presbiteriano que asesinó a un médico abortista y a su ayudante, se refirió a «la alegría y la paz interior que colmaron su alma cuando se liberó de la tiranía del Estado».[76] Hill aseguró sentirse en paz con su condena y con su eventual ejecución, acaecida en el año 2003, después de que lo sentenciaran a muerte por el asesinato de médicos abortistas.

13. FINÉS, PADRE DEL TERRORISMO RELIGIOSO

Hill se refirió al relato bíblico de Finés para legitimar sus actos. El sacerdote Finés mató a un israelita y a su mujer pagana porque éstos habían desobedecido la palabra de Dios. El Señor había prohibido a los israelitas mezclarse con gentes de otras tribus, pero la pareja a la que Finés asesinó había desoído la orden divina.

La historia aparece narrada en el libro de los Números, capítulo 25. Allí se cuenta que, mientras los israelitas acampaban en Sitim, comenzaron a prostituirse con mujeres moabitas, «las cuales los invitaban a participar en los sacrificios a sus dioses. Los israelitas comían delante de esos dioses y se inclinaban a adorarlos» (Núm. 25, 2). Eso encendió contra ellos la ira del Señor, quien pidió a Moisés que tomase a todos los jefes del pueblo y los ahorcara públicamente para que el furor de su ira se apartase de Israel. Moisés ordenó a los jueces de Israel que matasen a todos los hombres que se hubieran unido al culto de Baal Peor. «Mientras el pueblo lloraba a la entrada del Tabernáculo, uno de los hijos de Israel trajo a una madianita y, en presencia de Moisés y de todos los hijos de Israel, tuvo el descaro de presentársela a su familia. Viéndolo Finés, hijo de Eleazar y nieto de Aarón, sacerdote, se alzó en medio de la asamblea; y cogiendo una lanza, se fue tras el hijo de Israel, hasta la parte posterior de su tienda, y los alanceó a los dos, al hombre y a la mujer, en sus vientres, y cesó el azote entre los hijos de Israel.

Habló Yavé a Moisés, diciéndole: "Finés, hijo de Eleazar y nieto de sacerdote Aarón, ha apartado mi furor de los hijos de Israel, por el celo con que ha celado mi honor; por eso no he consumido en el furor de mi celo a los hijos de Israel."» (Números 25, 6-12). Dios ensalza a Finés por «haber sido celador de su Dios y haber hecho la expiación por los hijos de Israel» (Números 25, 13).

No es de extrañar que esta historia resulte inspiradora para los terroristas que desafían la autoridad del Estado.

Pasemos revista a los elementos principales. Dios está furioso con los israelitas. ¿Cómo lo sabemos? Pues porque alguien de la comunidad tiene la pretensión de que el mismísimo Dios le ha revelado esa información personalmente. En este caso se trata de Moisés. La Biblia dice: «Entonces el Señor le dijo a Moisés». Ya hemos visto que, según Paine, deberíamos leer lo siguiente: «Moisés asegura que oyó decir a Dios». Todo esto concuerda con la variante mística de la teoría del mandato divino.

Así pues, obedeciendo el presunto mandato divino, Moisés toma una serie de medidas, medidas que hoy en día se nos antojan draconianas y que contravienen la llamada doctrina del *trias politica* o separación de poderes,[77] y el jefe político ordena a los jueces que maten a todo aquel que haya adorado a los dioses equivocados.

Entonces sucede algo curioso. Aparece en escena el tal Finés, que considera que la orden no se está cumpliendo con la rapidez o la eficacia necesaria. Finés compite con Moisés, pues pretende saber mejor que él cuál es la voluntad de Dios. Al parecer, él también tiene contacto con el Señor. Finés ve a un israelita que se niega a escuchar las órdenes y lo atraviesa con una lanza.

Es el clásico patrón del atentado o, mejor dicho, del asesinato que cometen los terroristas religiosos. La historia del asesino de Van Gogh encaja perfectamente con esta idea. El terrorista religioso está convencido de que Dios no tolera la blasfemia. Pero, al igual que Moisés, las autoridades holandesas se quedan cortas en sus medidas. El terrorista creyente considera que el castigo es demasiado leve (tres meses de prisión, según el artículo 147 del Código Penal de Holanda). Además, no es perseguido de forma eficaz (la mayor parte de los casos son sobreseídos). Así pues, la autoridad que está por encima de nosotros (Moisés, en Números) se muestra negligente y por eso mismo es preciso que alguien compita con la autoridad, alguien que, basándose en un conocimiento místico alternativo de la voluntad de Dios, se tome la justicia por su mano. Ése es Finés.

¿Cuál de los dos tiene razón, Moisés o Finés? Desde el punto de vista de la autoridad oficial, Moisés. Pero los terroristas religiosos como el asesino de Van Gogh oponen su justicia y su lógica al de las autoridades. Con el Libro Sagrado en la mano proclaman: «Ésta es nuestra postura y no podemos remediarlo». Se arrogan una comprensión más profunda de la voluntad de Dios.

La lucha entre Moisés y Finés es la historia de la lucha entre el Estado contra el terrorismo. El relato bíblico toma un giro inesperado porque Dios resulta ponerse del lado del terrorista en vez de apoyar a Moisés. Dios le dice a Moisés que no ha sido él quien ha sabido resolver mejor el asunto, sino Finés, que, con su acción, logra recuperar el favor de Dios para el pueblo de Israel.

Ésa es la esperanza de todo terrorista religioso, que actúa con el convencimiento de que después de su muerte la razón le será dada a él (y no a la autoridad). Naturalmente, necesita la ayuda de su entorno inmediato para llevar a cabo sus planes. Aunque esa ayuda no tiene por qué ser mucha. Por lo general, los terroristas tienen un concepto negativo de la comunidad religiosa cuyos intereses más elevados pretenden servir. El asesino de Van Gogh, por ejemplo, escribe las siguientes palabras sobre la umma (comunidad islámica) en la carta que dejó en el cuerpo de su víctima: «Ha descuidado su tarea de oponerse a la injusticia y la maldad, y está durmiendo en los laureles.»[78]

Eso mismo hacían los israelitas. Más concretamente, Moisés se había dormido en los laureles. Y los israelitas también. Moisés, por no actuar con la suficiente firmeza y mostrar así su incompetencia, y los israelitas, por conformarse con Moisés. Pero los que más se dormían en los laureles eran los israelitas que no cogían una lanza y eliminaban las manzanas podridas de su pueblo. El que empuñe la lanza (hoy sería más bien un cuchillo o una pistola) será recompensado por Dios.

Los terroristas religiosos suelen verse a sí mismos como las úni-
cas personas que siguen fielmente la palabra de Dios en contra del
resto de la sociedad. Creen en realidad estar sirviendo los más altos
intereses del pueblo, que se ha vuelto indolente, perezoso y deca-
dente, y no atiende a los mandatos divinos. Hasta que llegue alguien que, a despecho de las leyes estatales, consiga restablecer la
relación con la palabra divina (variante islámica-protestante) o
la revelación directa de Dios (variante mística). En esta historia ese
alguien es Finés.

III

BREVE HISTORIA DEL ASESINATO
LEGITIMADO RELIGIOSAMENTE

El mayor bien que la sociedad aspira a proteger es la vida humana. Todo lo demás cobra sentido solamente cuando la vida está garantizada. La libertad, la igualdad, la privacidad, la libertad de expresión, la religión, todo ocupa un segundo lugar. Es preciso garantizar la vida humana antes de pasar a otros temas.

No resulta entonces tan extraño que filósofos como Thomas Hobbes pongan énfasis en lo que consideran la primera tarea del Estado: mirar por la seguridad de los ciudadanos. Si el Estado no consigue ese empeño, fracasa clamorosamente.

«Order is heaven's first law» («Orden en la primera ley del cielo»), escribió Pope.[1] El Estado debe conservar el «monopolio de la violencia» (Weber).[2] O, de lo contrario, ni siquiera podemos hablar de Estado. No será, por tanto, un mal Estado: sencillamente no será un Estado.

Según el filósofo británico John Gray, esta función básica del Estado merece más atención que algunas de las funciones ideales. «Prefiero la claridad hobbesiana de Donald Rumsfeld a la imprevisibilidad y grandilocuencia de Bill Clinton», escribe Gray.[3] En los albores del siglo XX, el Estado poderoso constituía un problema. Hoy en día la debilidad del Estado constituye la mayor amenaza para la libertad. En muchos rincones del mundo, el Estado ha llegado incluso a desintegrarse. La libertad no es el estado normal del ser humano, subraya Gray. «Si uno desea ser libre, debe primero hacer realidad la seguridad. Y para ello se necesita un Estado fuerte.»[4]

Esto último es relevante para lo que podríamos llamar la relación entre el Estado y el Estado de derecho. El Estado debe garantizar la seguridad de sus ciudadanos mientras que el Estado de derecho intenta hacer realidad su libertad. El Estado se centra en la «vida», y el Estado de derecho, en la «buena vida». Verdaderamente, primero hay que vivir antes de poder pensar en vivir bien.

En ese sentido, la noción de los derechos fundamentales o derechos humanos puede ser algo engañosa. Vivimos en una época de derechos.[5] Algunas personas parecen pensar que lo peor que puede sucederles es que no se respeten sus derechos fundamentales. Al fin y al cabo, por eso son fundamentales, ¿no?

Pero la idea de los derechos fundamentales es confusa, dado que el verdadero fundamento de nuestra vida no es el Estado de derecho, sino el Estado *tout court*.

Si quisiéramos formular esta idea en la jerga de los derechos fundamentales podríamos expresarlo así: el derecho más básico, el primer derecho fundamental es el derecho a la integridad física. Si éste no se cumple, cualquier otro derecho que podamos pensar, ya sea el derecho a la privacidad, a la libertad de culto o a la libertad de expresión, deja de tener sentido.

Para garantizar la integridad del ciudadano, necesitamos, como Gray bien dice, un Estado poderoso. Y ese Estado poderoso debe encargarse ante todo de reducir los delitos que atentan contra la vida (y preferiblemente erradicarlos). O lo que es lo mismo: el Estado debe ocuparse en primer lugar de que no se cometan asesinatos y homicidios. El Estado se crea para prevenir el asesinato.

Pasemos ahora a la religión. Para mucha gente la religión constituye el ancla de su vida. La religión apunta a nuestra «preocupación última».[6] Tiene que ver con lo más sagrado de lo más sagrado. Es a ese deber religioso al que debe darse prioridad por encima de cualquier otro deber. Por su propia naturaleza, la religión no puede estar supeditada a nada más. Ésa es la tesis que hemos visto en los defensores de la teoría del mandato divino: en Kierkegaard, Brunner y los demás.

Pero ¿qué sucede cuando la religión procura una legitimación precisamente para esos actos —el asesinato y el homicidio— cuya supresión es la razón de ser del Estado? En ese caso tenemos un enorme problema.

Cuando se mezclan asesinato y religión, surge una combinación explosiva. Aquello para lo que el Estado ha sido creado —evitar el asesinato— entra en contradicción con el deber más sagrado de las personas. Mientras que para algunos el asesinato es un deber divino, para el Estado es su mayor preocupación.

Muchos creen que el asesinato y la religión no tienen nada que ver, y nos aseguran que el asesinato sólo se produce «en nombre» de la religión. Se nos dice entonces que se hace un «mal uso» de la religión. La religión está «secuestrada».

Quizá sí. La usan bien o la usan mal, ¿quién sabe? El que usa un martillo para romperle la crisma a otro está haciendo un «mal uso» de ese martillo. Pero ¿nos sirve eso de consuelo? ¿Podemos decir: «Oh, pero es que han utilizado el martillo de forma indebida. Ése no es el verdadero propósito para el que el martillo ha sido hecho, al menos no es el propósito del fabricante de los martillos»? Sería absurdo. Se puede usar un martillo con fines violentos y eso lo convierte en una herramienta peligrosa.

Naturalmente, no se nos ocurre eliminar todos los martillos del mundo después de un asesinato a martillazos. Se tiene que poder trabajar en las carpinterías. Aparte, el martillo se emplea más para clavar clavos que para matar. No obstante, no está de más reflexionar un poco sobre el uso violento de los martillos.

Quizá también se use indebidamente el comunismo y el liberalismo y el cristianismo y muchas otras ideologías. No hay que juzgar una ideología por sus intenciones (véase lo que posteriormente se dirá del kantismo), sino que debemos tener en cuenta también sus consecuencias (véanse los comentarios sobre el utilitarismo), esto es, las manifestaciones empíricas. Y si resulta que las religiones (o algunas corrientes en el seno de esas religiones) incitan verdaderamente al asesinato y al homicidio o, cuando menos, ofrecen pretextos para ello, se convierten entonces en un fenómeno social de la máxima importancia, que no debe desestimarse como una «interpretación errónea» del fenómeno religioso que es, en sí mismo, bueno.

Lo que pretendo hacer en este capítulo es mostrar que en algunos casos se utiliza la religión para justificar el asesinato. También quiero dejar constancia de la relación histórica que existe entre el asesinato religiosamente sancionado y la teoría del mandato divino. Señalaré además que, en un mundo globalizado como el nuestro, el sentido de esa teoría del mandato divino vinculada al asesinato podría incrementarse mucho más de lo que sería deseable. Para ello tomaré ejemplos de la historia tanto de Oriente como de Occidente.

El primer y segundo capítulo de este libro tienen una orientación claramente conceptual: ¿qué es la teoría del mandato divino? ¿Cuáles son las objeciones teóricas y prácticas a dicha teoría? ¿Quiénes son sus principales defensores? El tercer capítulo está dedicado a la historia del asesinato religiosamente sancionado. Creo que en este tema podemos aprender del pasado. Al fin y al cabo, Europa cuenta ya con sobrada experiencia del asesinato legitimado por Dios. Para encontrar esa historia debemos retroceder hasta el siglo XVI. También entonces asesinos sagradamente inspirados recibían mensajes ultramundanos que los exhortaban a actuar contra la depravación secular empleando para ello medidas draconianas. ¿Qué podemos aprender de esa época?

1. MARTÍN LUTERO

La violencia religiosa es un fenómeno conocido en suelo europeo. Como hemos dicho, hallamos las manifestaciones más radicales en el siglo XVI, cuando se produjeron diversos enfrentamientos entre el poder eclesiástico del Vaticano y el poder político de la autoridad estatal. En esas confrontaciones, el poder eclesiástico se mostró a veces dispuesto a recurrir al uso de la violencia extrema. El patrón dominante es que el poder eclesiástico del papa (o de la Iglesia) ha ido perdiendo fuerza de forma gradual. El preludio de esta erosión del poder pontificio empieza en los siglos pasados. Así, Bonifacio (1294-1303) no consiguió imponer su voluntad a los reyes de Inglaterra y Francia. A continuación se produió lo que se conoce con el nombre de cautiverio de Babilonia (1305-1378). Los pontífices se trasladaron a la sede de Aviñón, sometidos más o menos a la tutela del rey francés. Aunque en realidad el acontecimiento que más perjudicó la posición de poder del Vaticano fue el gran cisma durante el cual dos papas (y más tarde hasta un tercero) se disputaron la autoridad pontificia. A raíz de este suceso, la pretensión universal del papado se vino abajo, escribe el historiador y politólogo S. E. Finer.[7] Los gobernantes políticos de Europa podían elegir la autoridad pontificia que mejor se adaptara a sus propios deseos y ambiciones políticas. Los papas, por su parte, perdieron mucho crédito por su conducta inmoral.[8]

Éstos son los antecedentes de la Reforma y el Renacimiento, los dos movimientos culturales de cambio más importantes que anunciaban la era moderna. Entre los dos se ocuparon de que la atención se trasladase de una realidad ulterior a este mundo, lo que supuso un serio desafío para la concepción del mundo que había determinado la vida religiosa en el siglo XIV: el cristianismo tradicional. El universalismo religioso fue desplazado por una forma de particularismo religioso que pasó a ocupar un lugar central. Surgió una forma de pensar dinámica, orientada al momento presente, que contrastaba fuertemente con el patrón tradicional. Y no sólo con el patrón tradicional de Occidente, sino también con el patrón tradicional dominante en el mundo islámico así como en los antiguos imperios de Japón, China e India. A partir de entonces, Europa se caracterizó por cierta «inquietud» por la que todos los patrones religiosos tradicionales se resquebrajaron y se dio prioridad a una orientación secular.[9] Una figura clave en este proceso fue la del reformista Martín Lutero.

Martín Lutero (1483-1546) tuvo un padre ambicioso que deseaba que su hijo estudiase derecho. Los padres siempre quieren que sus hijos estudien derecho, pero Lutero mostraba más interés por la teología. En 1502, cuando regresaba a la universidad después de hacerles una visita a sus padres, se vio sorprendido por una tormenta. Lutero era un hombre medroso y en esos momentos llegó a temer por su vida. Entonces hizo un juramento: si Dios lo salvaba, ingresaría en el monasterio de la orden de los agustinos de Erfurt.

Salió con vida de la tormenta y cumplió su promesa a Dios; Lutero se hizo monje. Contaba entonces con veintiún años.

Lutero poseía una personalidad atormentada que se preocupaba por la muerte, el juicio final, las intervenciones del diablo en este mundo,[10] un lugar en el cielo o, lo que se le antojaba más probable, en el fuego del infierno. Su imagen de Dios no era la de un padre bondadoso, sino un Dios de terror. Odiaba a Dios, llegó a revelar en una ocasión para espanto de su confesor.[11] Se mortificaba con continuas reflexiones sobre su carácter pecaminoso y su vida corrupta. Le parecía poco menos que imposible lograr la gracia divina. Al fin y al cabo, Dios era todopoderoso, eterno y bien podía ser que a Sus ojos fuesen insuficientes todos nuestros esfuerzos para ser mejores.

El 31 de octubre de 1517, Lutero clava sus 95 tesis en la puerta de la iglesia de Wittenberg y con ello la Reforma se hace realidad. Sus tesis se difunden con suma rapidez por toda Alemania y la unidad dogmática del cristianismo queda escindida para siempre.

Albert von Mainz envía las tesis de Lutero al papa León X, que creyó que se las estaba viendo con un borracho alemán que cambiaría de parecer en cuanto estuviese sobrio. León dio orden a su censor para preparar una respuesta. La Iglesia, decía el censor, está compuesta en esencia de un papa y de los cardenales. Quien se opone a su doctrina incurre en herejía, a lo que Lutero respondió: la Iglesia la forman Cristo y los concilios eclesiásticos. Y, por lo que él sabía, ningún concilio había declarado la infalibilidad del pontífice. El censor papal concluyó que Lutero era un hereje.

Según Federico el Sabio (1463-1525), duque de Wittenberg y protector de Lutero, no quedaba tan claro. Lutero era doctor en teología de su universidad y debía otorgársele la oportunidad de defender sus tesis de forma justa. El papa ordenó llamar a Lutero a Roma, pero Federico estaba decidido a que su protegido pudiese defenderse en territorio alemán.

En 1518 se celebró un debate entre Lutero y el cardenal Cayetano, un tomista que recomendó al agustino que se retractara de sus tesis. Lutero no lo hizo y los dos hombres se separaron sin haber alcanzado ningún acuerdo. Por lo demás, se permitió que Lutero regresase a su ciudad. Así pues, la Iglesia dejó ir a alguien que desencadenaría la mayor ruptura en la doctrina cristiana de toda la historia del cristianismo. Desde el punto de vista del poder político, la Iglesia cometió otro error: tardó cuatro años en excomulgar a Lutero.

Ese patrón se repetiría en encuentros posteriores. En 1519, durante una disputa dialéctica con Johhannes Eck celebrada en Leipzig, Lutero negó la infalibilidad del papa y de los concilios y, un año después, en 1520, presentó tres importantes obras teológicas que sentaban las bases de la Reforma: *An den christlichen Adel deutscher Nation (A la nobleza cristiana de la nación alemana)*, *Von der Babylonische Gefangenschaft der Kirche (Preludio en el cautiverio babilónico de la Iglesia)* y *Von der Freiheit eines Christenmenschen (En la libertad de un cristiano)*. La bula papal *Exsurge Domine*, que conminaba a Lutero a retractarse de sus postulados en el plazo de sesenta días, fue quemada públicamente por el propio Lutero. Se alzaron voces de protesta que pedían que Lutero fuese excomulgado y entregado a las autoridades seculares para que lo condenasen a morir en la hoguera por hereje.

El duque de Sajonia, el ya mencionado Federico el Sabio, apoyó a Lutero y le ofreció su protección y, al obrar así, tuvo un papel decisivo en la difusión de la Reforma en Alemania.

Federico se empeñó en que se le concediese otra oportunidad a Lutero, «su profesor» para defender sus teorías en suelo alemán, lo que aconteció en enero de 1521, en la Dieta Imperial de Worms. Ante una asamblea de príncipes y altos mandatarios elegantemente vestidos acudió Lutero con un sobrio atuendo, dispuesto a defenderse. Le exigieron que rechazase por completo sus tesis. Entonces hizo su jugada maestra. Dijo que sólo se retractaría de sus escritos si le demostraban sus errores mediante testimonios de la Biblia. Semejante demostración implicaría embarcarse en una disputa que tendría su punto de referencia en el texto sagrado. Después de eso, la asamblea se vio obligada a debatir sobre la cuestión que justamente quería eludir.

Esa estrategia resultó ser una elección excelente, a pesar de que no se hubiera planteado como estrategia. Lutero daba por supuesto lo que, en teoría, debía ser demostrado y lo que constituía el punto central de la Reforma: que la Biblia estaba por encima de la autoridad pontificia. Las máximas dignidades eclesiásticas dicen que sólo ellos conocen la única interpretación verdadera del texto. Lo que viene a significar: creed en nuestra autoridad. Lutero, sin embargo no lo hace. Está dispuesto a que lo convenzan de que hay otra interpretación distinta a la suya, pero quiere que los argumentos que se le presenten procedan de las escrituras *(sola scriptura)*.

De ese modo se planteó ante la Dieta Imperial el problema que desencadenaría una larga discusión. ¿Se tenía que creer en la palabra de un alto cargo de la jerarquía eclesiástica o la única autoridad reconocida debía ser la Biblia?

Todos los implicados eran conscientes de que se enfrentaban a una cuestión de máxima importancia ante la cual no valían medias tintas. Era antes doblar que quebrar. Lutero podía regresar a casa como el buen sacerdote que había sido o seguir su propio camino Biblia en mano y enfrentarse a un futuro extremadamente incierto. Lutero también tenía miedo, escribe su biógrafo Friedenthal, «miedo como el que cualquier hombre valeroso siente antes de una gran lucha en un momento decisivo».[12] No temía tanto la hoguera como el tener que comparecer ante el emperador. Un emperador como Carlos V había sido enviado por Dios, aunque tuviera algunos defectos. Lutero sentía que cargaba con una importante responsabilidad. ¿Debía enfrentarse a todos los poderes del mundo sólo por una cuestión de conciencia?

Todos hablaron con Lutero, probablemente hasta altas horas de la noche, antes de que a las cuatro del día siguiente compareciera ante el emperador y sus príncipes. Cuando llegó el momento, le mostraron un montón de libros y le preguntaron si eran suyos. Y a continuación le preguntaron si se retractaba de sus escritos. Lutero hablaba con citas de la Biblia y no se le veía muy seguro de su caso. La oposición parecía convencida de que acabaría revocando sus tesis. Sin embargo, Lutero pidió que se le concediera tiempo para formular una respuesta. Obtuvo un aplazamiento, aunque no muy largo. Al día siguiente compareció de nuevo ante el emperador para responder a la segunda pregunta.

Lutero dijo reconocer como suyos los libros que le habían mostrado, mas no dio una respuesta concluyente a si se retractaba de ellos. Al final formuló su réplica con reflexiones teológicas: «Porque todo el mundo tiene la experiencia testimoniada por el general descontento de que las leyes de los papas y sus doctrinas humanas han encadenado miserablemente las conciencias de los fieles, las han atormentado y torturado». Ésas eran palabras muy duras.[13] También citó el Evangelio de Juan: «Si he hablado mal, muéstrame en qué».[14]

En el plano filosófico, Lutero aborda el caso con bastante ingenuidad. Las leyes de los papas son falibles, sostiene, y lo mismo puede decirse de las demás doctrinas ideadas por los hombres. Sin embargo, las conciencias de esos mismos hombres sí le merecen confianza.

Con una estrategia indeliberada, repite con frecuencia su deseo de retractarse, pero sólo en el caso de que se le convenza con testimonios de las Escrituras.[15]

Lutero combina así la variante mística de la teoría del mandato divino (una apelación a la conciencia) con la protestante-islámica (una apelación a la autoridad escrita), aunque da más importancia a la segunda.

Por la postura vacilante que Lutero mostraba respecto a sus propias afirmaciones (muéstrenme en qué no llevo razón), muchos dedujeron que el monje estaba dispuesto a desdecirse. Sin embargo, todo aquello no era sino un preámbulo que lo llevaba a la conclusión de que no podía hacerlo. Al fin y al cabo, en tanto no fuese convencido de su equivocación mediante testimonios de las Escrituras, él seguiría defendiendo los puntos de su doctrina: «Mein Gewissen ist in Gottes Wort gefangen, und darum kann und will ich nichts widerrufen, weil gegen das Gewissen zu handeln gefährlich ist. Gott helfe mir, Amen» («Estoy sometido a mi conciencia y ligado a la palabra de Dios. Por eso no puedo ni quiero retractarme de nada, porque hacer algo en contra de la conciencia no es seguro ni saludable. ¡Que Dios me ayude!»).

Poco después de la muerte de Lutero, el redactor de sus obras completas, Georg Rörer, añadió dos frases que habrían de convertirse después en palabras célebres: «¡No puedo hacer otra cosa; ésta es mi postura!». A pesar de que Lutero no llegó a pronunciar la frase, ésta resume bien el tema central de la Reforma. «Podría considerarse el lema de todos los protestantes y, acaso también, de toda la civilización occidental.»[16]

Ésta era asimismo una perspectiva importante para la teoría del mandato divino de la moral, en la que asistimos al paso de la variante católica a la islámica-protestante: sólo cuenta la autoridad escrita. La conciencia, la capacidad con la que pronunciamos juicios morales *(mein Gewissen)* sólo está sujeta a la palabra de Dios *(ist in Gottes Wort gefangen)*.

Carlos V no deseaba sacar de quicio el asunto. Al igual que Erasmo, el emperador no gustaba de enzarzarse en disquisiciones teológicas. Sin embargo, el enfrentamiento con aquel monje inflexible no le dejaba más alternativa que optar por la línea dura. Un mes más tarde, Carlos V redactó el edicto de Worms, en el que se acusaba a Lutero de herejía y se lo excomulgaba. Lutero fue declarado prófugo. Nadie podía darle comida, prestarle ayuda o alojarlo bajo su techo so pena de ser declarado prófugo también. Sus obras fueron prohibidas y, lo más importante, todo el que tuviese la oportunidad de matar al hereje tenía el deber de hacerlo.

Federico el Sabio hizo caso omiso del edicto del emperador y organizó la desaparición de Lutero. Después dispuso que fuese conducido en secreto a Wartburg, donde el fraile permaneció diez meses que dedicaría a la traducción al alemán del Nuevo Testamento.

En lo que concierne a ese libro, Lutero es importante por tres razones.

En primer lugar, por ser un defensor de la teoría del mandato divino de la moral, del que es enérgico y elocuente abogado. No tiene la menor simpatía por una forma de ética autónoma, que considera un rasgo de soberbia y de orgullo que no casa bien con los seres humanos. Esta opinión aparece expresada ya en una de sus obras tempranas: en el *Comentario a la carta de Pablo a los romanos*, escrita en 1515-1516. Lutero sostiene que nuestra justicia y sabiduría deben ser destruidas y aniquiladas.[17] Porque Dios no nos quiere salvar por propia justicia y sabiduría, sino por extraña.[18] Uno puede ser justo y obrar bien según su propio criterio, pero quizá Dios tenga una opinión muy distinta al respecto y, si queremos comportarnos con responsabilidad moral, debemos recurrir por completo a la misericordia divina *(auf das nackte Erbarmen Gottes)*.[19]

Ésta es la misma tesis que encontramos en otro de los grandes representantes de la Reforma: Calvino. En su *Institución de la religión cristiana*, Calvino sostiene que obedecer la voluntad de Dios es la fuente de todas las demás virtudes.[20] Intentar hacer buenas obras que Dios no ha preescrito como tales es, en opinión de Calvino, una profanación intolerable de la única y verdadera justicia divina.

La importancia de Lutero estriba además en haber introducido una variante específica de la teoría del mandato divino que aquí hemos dado en llamar islámica-protestante. De esa forma, anticipa un conflicto que no sólo ha tenido una gran repercusión en la historia mundial y que ha devenido en el detonante de la Reforma, sino que además pone de manifiesto la contradicción interna en la teoría del mandato divino. Después de todo, a partir de ese momento surge el enfrentamiento entre dos pretensiones distintas: por una parte la de la teoría del mandato divino católica representada por el papa y, por la otra, la defendida por algunos innovadores que ponen en tela de juicio la pretensión pontificia de que sólo la autoridad doctrinal central está capacitada para interpretar la voluntad divina.

Esta oposición es de suma importancia para nuestra forma de abordar el terrorismo religioso. Desde nuestra perspectiva actual, vemos a Lutero en el contexto del desarrollo del libre pensamiento, la libertad de conciencia y la democracia. Sin embargo, lo que sus contemporáneos veían (y hasta cierto punto él mismo también) era a un seguidor de Finés: alguien que pretendía enfrentar su voluntad y su limitado entendimiento al único y verdadero sustituto de Dios en la Tierra. Se temía la anarquía (como bien lo expresó Erasmo).

Por último, Lutero es importante porque su postura provocó que el máximo partidario de la teoría del mandato divino católica, el papa de Roma, redactara una serie de documentos que significaron en realidad una suerte de sentencia de muerte (o al menos ése era su propósito) para aquellos a los que iban dirigidos. En el caso de Lutero, la estrategia no funcionó, pero sí lo hizo en el caso de muchos otros, como bien veremos. La práctica de apelar al asesinato religiosamente sancionado desempeñó un importante papel a lo largo del siglo XVI. Quien quiera entender el terrorismo religioso del siglo XXI puede aprender mucho de lo acaecido en la Europa del siglo XVI.

2. EL PAPA PÍO V E ISABEL I

La teoría del mandato divino exige que la voluntad de Dios se dé a conocer en la Tierra. Hemos visto que, para que se cumpla tal propósito, en la variante católica se requiere la mediación de una persona que haya sido investida con la autoridad divina. Alguien debe poder decir, como hizo Abraham o Moisés, que «ha visto a Dios». En el caso del catolicismo, es el papa. Pero ese papa tiene que reclamar para sí la autoridad de hablar en nombre de Dios.

Hoy en día, pensamos en las sentencias que condenan el control de la natalidad, que defienden los valores de la vida nonata, que rechazan la terminación de una vida dominada por el dolor y asuntos de esa índole.[21] Pero en el siglo XVI las pretensiones del pontífice iban mucho más allá.

En el año 1557, el papa Pablo IV (1555-1559) promulgó la bula *Cum ex Apostolatus officio*, en la que se arrogaba el título de Pontifex Maximus, el representante de Dios en la Tierra. Como tal, tendría una autoridad ilimitada para deponer a cualquier monarca, permitir la anexión de un territorio o confiscar la propiedad ajena sin justificación de ninguna causa.[22]

Naturalmente, debía hacerse un uso muy limitado y estratégico del derecho con que el propio papa se había investido. Y, en opinión de muchos, el papa Pío V (1566-1572) no se mostró demasiado cuidadoso.

Pío V se llamaba en realidad Antonio Michele Ghislieri. Pertenecía a la orden dominica y desde 1558 había ocupado el cargo de gran inquisidor. Se considera una de sus hazañas haber expulsado a los judíos del estamento eclesiástico.

En los tiempos modernos sólo se ha canonizado a dos papas. Uno fue Pío X (1903-1914), el otro, Pío V, a quien nos estamos refiriendo aquí.[23] En 1571, el papa convocó una congregación para elaborar un índice de libros prohibidos que tuvo como consecuencia la huida de centenares de impresores a Alemania y a otros países nórdicos.[24]

Pío V tiene mala reputación. Un historiador actual describe su pontificado como una serie de errores de juicios basados en un celo poco acertado.[25] Leopold von Ranke se muestra muy indulgente en su historia sobre los papas, y sin embargo resalta el carácter inflexible de Pío V.[26] En 1567 prohibió las corridas de toros e hizo excomulgar a los que fuesen a verlas. Excomulgó asimismo a los ciudadanos de Holanda y ordenó acabar con los hugonotes.[27]

A nosotros nos interesa el papa Pío V porque puso en juego todo el peso de su autoridad para deponer a la reina Isabel I de Inglaterra. El ascenso de Isabel al trono en 1558 tampoco había agradado al papa anterior, Pablo IV, pero, bajo el mandato de Pío V, degeneró en un conflicto abierto.

Pío V intentó primero concitar a una rebelión contra Isabel y desembolsó doce mil coronas para financiar la oposición del norte; sin embargo, la rebelión fracasó. Entonces el papa hizo una nueva intentona promulgando la bula *Regnans in excelsis* (1570), en la que incitaba a los ciudadanos ingleses a oponerse a la que, a sus ojos, era una reina ilegítima e incluso a matarla (pese a que no dio la orden explícita para su asesinato, como posteriormente haría Felipe II con Guillermo de Orange).

Para alguien que viva en el siglo XXI quizá resulte difícil imaginar la extraordinaria influencia y la amenaza que esas intervenciones papales podían llegar a tener en la política nacional.[28] Después de 1570 se destaparon varias conjuras, orquestadas todas ellas con el propósito de destronar a Isabel. En 1571 se produjo la conspiración de Ridolfi, en la que participó el cuñado de la reina, el duque de Norfolk. A esta primera le siguieron la conspiración de Throckmorton, de 1583, la conspiración del doctor Parry, de 1585, y la conspiración de Babington, de 1586.[29] Y aunque Isabel logró sobrevivir al veneno y al puñal, siguió viviendo bajo la permanente amenaza de un ataque exterior por parte de María Estuardo, reina de los escoceses. Además, Francia y España mostraban una gran preocupación por sentar en el trono británico a un monarca católico.[30] Y, por aquel entonces, Irlanda estaba bajo la influencia española y Escocia era prácticamente un Estado satélite de Francia.

La amenaza más seria para Isabel era un ataque directo por parte de la monarquía española. Esta amenaza se materializó en julio de 1588, cuando una enorme flota de 130 barcos con una tripulación de 8.000 marinos escoltó a 20.000 militares, a los que se sumaron otros 20.000 hombres en las aguas de Calais para invadir Inglaterra. El desembarco de la armada debía producirse simultáneamente a un levantamiento de los católicos ingleses en el interior del país, incitado por el cardenal Allen con su *Admonition to the Nobility and People of England*, para deponer a la falsa reina y hacer triunfar la única fe verdadera.[31]

Nada de todo eso surtió efecto e Isabel sobrevivió a todas las conspiraciones, intentos de asesinato e incluso la invasión prevista.[32] Lo que nos interesa para nuestro tema de estudio es el significado de esas conjuras para la posición de los católicos en el Estado británico. Un historiógrafo del papado escribe que la bula tuvo unas consecuencias fatales. «Como resultado de la bula, los católicos ingleses se convirtieron en traidores.»[33] Y más aún: «Mucho después de su pontificado, los católicos siguieron inmersos en un conflicto de lealtades entre la Iglesia y su país».[34] El problema, según Peter de Rosa, fue que Roma, en su afán de poder, transformó el catolicismo en un «romanismo»: los papas exigían obediencia no sólo en cuestiones espirituales, sino también políticas.[35]

Si explicásemos todo esto en unos términos que hoy en día nos resultan familiares en el debate sobre el islam, podríamos decir que la Iglesia hizo del catolicismo un «catolicismo politizado», de la misma manera que el ayatolá Jomeini, entre otros, hizo del islam un «islam politizado» (seguiremos hablando del tema más adelante).[36]

Además, se limaron las asperezas del *Regnans in excelsis*. Pasado un tiempo, se eximió a los católicos británicos del deber de destronar a Isabel. Con todo, en el caso de que Inglaterra fuera invadida por una potencia extranjera, ellos debían colaborar con esa potencia para deshacerse de su reina hereje. A partir de aquel momento, escribe De Rosa, los católicos pasaron a ser ingleses a medias: *not quite English*.³⁷

Como ya hemos dicho, Pío expone sus ideas en la bula *Regnans in excelsis* (1570), donde declara que el poder sobre el cielo y la tierra está en manos de Dios. Y que él ha fundado una Iglesia católica y apostólica «fuera de la cual no existe ningún consuelo». No obstante, Pío V constata que el número de infieles ha aumentado notablemente y que no queda ningún lugar en el mundo que no haya sido corrompido por la incredulidad. Es en ese contexto en el que alude a la reina inglesa: «Isabel, pretendida reina de Inglaterra, pero que en realidad no es sino una servidora del vicio, ha sido en gran medida responsable de ello», dice refiriéndose a la expansión de la más censurable de las doctrinas. El papa prosigue su alegato afirmando que Isabel se ha apoderado del trono de forma ilegítima y que reprime con mano dura la única y verdadera fe (léase *el catolicismo*). Pues también ella ha abrazado las aberraciones de los herejes. De ahí que el papa acuse a Isabel de ser una hereje y de propagar la herejía. Debe ser apartada de la unidad del cuerpo de Cristo.

En otras palabras: los ciudadanos no le deben ya obediencia a semejante monarca. Más aún: quienes la obedezcan, serán excomulgados también.

En la bula no se invoca de forma explícita el asesinato de Isabel, aunque sí se abre la puerta a dicha eventualidad. De hecho, se la declara proscrita.³⁸

La lucha entre Pío V e Isabel se engloba en una larga pugna entre la monarquía y el papado para decidir cuál de los dos tiene primacía sobre el otro. Según la lectura popular, se trataría de una «lucha de poderes», puesto que ése es el marco conocido al que un lector del siglo XXI recurriría para entender esta clase de conflictos.³⁹ Pero también se trata de un problema de orden político, filosófico y jurídico: el problema del doble ordenamiento jurídico con el que se enfrentan Finés y los actuales «autoinflamables», término acuñado por el servicio de inteligencia holandés (AIVD) en referencia a los individuos que, sin pertenecer a una red, se radicalizan, por ejemplo por la influencia de internet.

En la bula *Unam Sanctam* (1302), el papa Bonifacio VIII adoptó una postura enérgica en favor de la supremacía pontificia. No había salvación posible fuera de la Iglesia: *extra ecclesiam nulla salus*. En *Unam Sanctam* se señalaba que la Iglesia debía ser reunificada. Algo que sólo podía conseguirse si el papa era la autoridad absoluta de la Iglesia. La única Iglesia verdadera sólo podía tener una cabeza, no dos, algo propio de un engendro monstruoso. Bonifacio señala también que en el evangelio se menciona que esa Iglesia tiene dos espadas: una temporal y otra espiritual. La espada temporal debería en realidad estar sometida a la espiritual.

Bonifacio se pronunciaba entonces contra el rey de Francia, Felipe IV. Cuentan que cuando uno de los ministros de Felipe se enteró de la doctrina de las dos espadas respondió: «La espada de mi señor es de acero; la del papa, de papel». Al final resultó estar en lo cierto. Por lo demás, la bula *Regnans in excelsis* fue la última ocasión en la que un papa intentó destronar a un rey con una espada de papel.

Como ya hemos dicho, lo que nos interesa aquí es la postura de los católicos británicos en el siglo XVI. Esas personas (o al menos algunas de ellas) vivieron en sus carnes lo que significaba ser ciudadanos de dos mundos: por un lado pertenecían a Inglaterra, donde prevalecía la autoridad de la reina Isabel, mientras que por otro seguían bajo la jurisdicción del papa. En palabras de algunos de ellos, vivían en realidad en un doble ordenamiento jurídico.[40]

3. HOLBACH ACERCA DEL DOBLE ORDENAMIENTO JURÍDICO

El problema del doble ordenamiento jurídico ha sido abordado por varios pensadores, pero nadie lo ha hecho de forma tan lúcida como Pierre Henri Dietrich, barón de Holbach (1723-1789). Holbach pertenece a la Ilustración radical y en los libros de historia suele aparecer como un «materialista» y un «ateo».[41] Ciertamente es correcto decir que Holbach defiende el materialismo y el ateísmo, pero no hace justicia al hecho de que desarrollara una crítica religiosa muy interesante y, sin duda, radical para su tiempo, en la que hallamos puntos que siguen siendo relevantes también para nuestra propia época.[42] Por ejemplo, percibió con claridad que el problema del doble ordenamiento jurídico es insoluble desde una perspectiva teísta coherente. Al fin y al cabo, Dios se considera el legislador supremo (y, por lo tanto, un competidor de la justicia terrena).[43]

En *El cristianismo al descubierto* (1761) Holbach formula el problema del doble ordenamiento jurídico en los siguientes términos. En todas partes donde la religión tiene mucho peso surge el problema del establecimiento de dos poderes.[44] Uno es la religión, que se fundamenta en Dios; el otro, el Estado. Si la religión es fuerte, la situación suele derivar en que el soberano secular se convierte en una especie de servidor de los sacerdotes. Y cada vez que el monarca se niega a bailar al son que toca la Iglesia, ésta intenta arrebatarle el poder. Antes de que el cristianismo apareciese en escena, el monarca soberano estaba por encima de los sacerdotes, pero, desde que el cristianismo ha tomado las riendas, el soberano se ha convertido en un esclavo del clero.

Esta lucha de poder tiene enormes repercusiones para el país. En todas las sociedades políticas donde el cristianismo se ha establecido subsisten dos potencias rivales que luchan continuamente entre sí.[45] La política se crea para garantizar la unidad y también la unión de los ciudadanos. Pero la religión se dedica a sembrar la discordia, que surge por fuerza como consecuencia de las interpretaciones del ambiguo lenguaje profético de los libros sagrados. Desde los inicios del cristianismo asistimos a una enorme pugna sobre la interpretación de las Sagradas Escrituras.

Dos ordenamientos políticos y dos ordenamientos jurídicos rivales acaban necesariamente entrando en conflicto. De ese modo, los máximos representantes del poder espiritual y político terminan enfrentados. Ese enfrentamiento implica también una lucha entre personas. Si el conflicto aumenta, los poderes espirituales llaman a desobedecer a los poderes políticos e incitan a los creyentes a rebelarse contra sus soberanos.[46]

Por todo ello, el poder religioso siempre ha de sopesar bien sus oportunidades. Si carece de fuerza, se someterá a los poderes temporales. Si por el contrario se ve poderoso, se sublevará si no consigue obtener la posición que en su opinión le corresponde. Lo mismo ocurre con el sacerdote que predica la revuelta *(il prêcha la révolte)*.[47]

Este análisis, por radical que sea, debería darnos que pensar. Holbach podría haber ilustrado sus teorías con algunos ejemplos. Pensemos en la bula *Regnans in excelsis* (1570), cuyo contenido acabamos de comentar.

En opinión de Holbach no se trataría de un incidente aislado, sino de un patrón fijo. Y eso significa que, en cualquier sociedad política donde se haya establecido el cristianismo (o cualquier otra forma de teísmo que se asiente en los principios de la teoría del mandato divino) y éste adquiera una posición dominante, subsistirán dos potencias rivales que lucharán continuamente entre sí. Como consecuencia de esta lucha el Estado suele quedar fracturado.[48]

Muy a su pesar, Isabel se vio forzada a tomar partido por los protestantes más radicales,[49] mientras que los católicos tenían su punto de mira en España. Y así fue como la reina británica se convirtió sin quererlo en la protectora de los súbditos holandeses protestantes que luchaban contra Felipe II.[50]

4. EL ASESINATO DE GUILLERMO DE ORANGE

Seguiré adentrándome en la senda que he iniciado al bosquejar la situación política en tiempos de la reina Isabel I, pero ahora dirigiré la atención a Holanda y España. Después de todo, Inglaterra no era el único país que vivía el conflicto entre católicos y protestantes, obligados a compartir Estado. Lo mismo sucedía en Holanda y España. El soberano de la católica España reclamaba la protestante Holanda. Ese conflicto no sólo originó un llamamiento para acabar con la vida de Guillermo de Orange, sino que el asesinato acabó consumándose a manos de Balthasar Gérard (Gerards en holandés).

La tarde del 10 de julio de 1584, Guillermo de Orange se hallaba sentado a la mesa de su palacio en Delft. Se disponía a retirarse a sus aposentos privados. Después de abandonar el comedor, se detuvo unos instantes en la sala para hablar con algunos de sus hombres de confianza. Cuando iba a subir la escalera, Balthasar Gerards se acercó a él pistola en mano y, apuntando al pecho del príncipe, disparó tres veces. Dos de los impactos atravesaron el cuerpo de la víctima y el tercero le dio en el pecho. El príncipe cayó. Lo condujeron a otra estancia en una camilla, pero murió al cabo de pocos minutos.

El asesino dejó caer el arma e intentó huir, pero fue apresado. Lo interrogaron en el mismo lugar del crimen. Como en los procesos de los terroristas y mártires actuales que se sacrifican por lo que a sus ojos es la única fe verdadera, Gerards insistió en que volvería a hacerlo. Cuando le preguntaron por sus motivos, respondió: «He actuado así por mi rey y mi país». En aquel momento no consiguieron sonsacarle nada más.

Así pues, la motivación no es solamente religiosa (el hereje debe morir), sino que también está influida por algo que, recordando a Eichmann, podríamos denominar «obediencia cadavérica» (fidelidad al monarca católico).[51] Cuando lo cogieron, Gerards dijo: «No soy un desalmado, sólo he cumplido con lo que mi rey me pidió que hiciera».[52]

Aquella noche, volvieron a interrogar a Gerards. En esa ocasión señaló que había cometido el asesinato cumpliendo órdenes explícitas del príncipe de Parma y de la nobleza católica de su país. Esperaba asimismo que su acto fuese generosamente recompensado con las veinticinco mil coronas que Felipe II había ofrecido en un edicto especial a quien matase al príncipe. Guillermo de Orange tenía que morir como un «sucio hereje».[53]

Como sucedió con los analistas del asesinato del escritor y director de cine Theo van Gogh, a Balthasar Gerards también se le tachó de «necio» y «loco solitario». La historiadora británica Lisa Jardine escribe a propósito del asesinato cometido por Balthasar: «Al parecer aquel crimen era el acto de un fanático aislado, un hombre solitario con una lealtad enorme hacia la Iglesia católica y un fiel defensor de la legítima supremacía de Felipe II en Holanda».[54]

Personalmente creo que el calificativo de «hombre solitario» *(loner)* no es una buena elección. Gerards actuó cumpliendo con la instigación del rey de España. ¿Se puede decir que alguien así está «aislado»? Pertenecía a una comunidad de creyentes, la católica, buena parte de la cual veía con buenos ojos el asesinato. Naturalmente, a la mayoría de sus correligionarios jamás se les habría pasado por la cabeza cometer semejante acto. Con todo, Gerards no estaba completamente aislado espiritualmente. Contaba con bastante apoyo para su crimen, del mismo modo que también ahora hay gente que apoya los actos de otros mártires religiosos.

Siguiendo las costumbres de la época, Gerards fue cruelmente ejecutado. Pero durante las torturas a las que fue sometido siguió negando su culpabilidad obstinadamente y defendiendo que el asesinato del príncipe estaba totalmente justificado. Mostraba la actitud de superioridad con la que los mártires suelen mirar al resto de sus congéneres, que todavía no han visto la luz. Un testigo afirmó que, incluso durante el suplicio, Gerards seguía insistiendo en que el príncipe debería haberse retractado y buscado la reconciliación con el rey de España. Debería haber vuelto al seno de la santa madre Iglesia. Siguiendo un patrón que empieza a resultarnos familiar por las confesiones de los mártires actuales, Gerards extendió los brazos hacia el público y, señalando su cuerpo, dijo: «Ecce homo». Poco antes de exhalar su último aliento, volvieron a preguntarle si quería pedir perdón por sus pecados, pero Gerards se negó. «Déjenme acabar mis oraciones», fue cuanto dijo.

En 1580, cuando se cumplían exactamente diez años de la promulgación de la bula *Regnans in excelsis*, Felipe II lanzó una proscripción harto explícita en la que exhortaba a acabar con la vida del príncipe holandés a todos los que se les presentase la oportunidad. Guillermo debía ser entregado al monarca español vivo o muerto. «Había que quitarle la vida» si fuera necesario.[55] Todo el mundo estaba «autorizado a causarle perjuicio o matarlo por tratarse de una peste para el conjunto de la cristiandad y un enemigo de la raza humana».[56]

Gerards no podía disfrutar ya de las tierras y el título, pero su familia sí. Poco tiempo después del asesinato, la familia del magnicida fue recompensada. Gerards había muerto, pero había logrado realizar su hazaña, un acto que, en realidad, era la obligación religiosa de cualquier católico fiel. Además, el crimen contaba con la sanción del rey de España. ¿Quién podría tener algo que objetar?

Tras su muerte, Gerards contó también con un grupo de admiradores. El historiador holandés Fruin menciona a Sabout Vosmeer, vicario apostólico, que durante toda su vida ensalzó la memoria del asesino.[57] Vosmeer robó la cabeza de Gerards para llevarla a Roma y mostrarla a los mandatarios de la Iglesia. También intentó que canonizaran al mártir, pero fracasó en su empeño.

Para muchos, Gerards era un nuevo san Jorge que, movido por el amor, mató al dragón «cuyo aliento había contagiado a todo el país con la herejía y la rebelión».[58] Durante mucho tiempo, venerables y piadosos católicos suscribieron esa opinión sobre Gerards, escribe Fruin.[59] Gerards había dado su vida por Holanda, el rey y la Iglesia, para librar a su país de la peste que Guillermo de Orange encarnaba.

Como era de esperar, en el siglo XVI se debatió largo y tendido entre católicos y protestantes sobre la legitimidad del asesinato (e intentos de asesinato) perpetrados por algunos católicos contra monarcas protestantes.

También Jardine establece un paralelismo con las acciones suicidas actuales. En nuestros días se reacciona airadamente ante la idea de que los creyentes de cualquier ideología puedan bombardear o ejecutar a creyentes de otra ideología o a no creyentes. Esa misma reacción fue la que mostraron los protestantes del siglo XVI y se sorprendían por el hecho de que las autoridades católicas no sólo no rechazasen los atentados contra las vidas de soberanos protestantes, sino que además los instigasen.[60]

Los monarcas protestantes temían que se produjese una ola de atentados una vez constatada la facilidad con la que cualquiera podía llegar hasta ellos para quitarles la vida de un disparo.[61] Del mismo modo que ahora somos muy conscientes de la vulnerabilidad de la vida humana en un metro, unos grandes almacenes o un estadio de fútbol, así especulaban los protestantes de la pistola que facilitaba tantísimo cometer un asesinato.

El príncipe y su corte se equivocaron de medio a medio con Balthasar Gerards. Creían que era un protestante leal, cuando en realidad era un devoto católico que trabajaba de espía en Holanda por encargo de Felipe II y estaba dispuesto a la misma clase de disciplina extrema que Abraham en el pasaje del Génesis o que Finés en el libro de los Números.

El paralelismo con la violencia religiosa actual resulta evidente. También Jardine establece una comparación con los mártires actuales. Escribe que, como entonces, los terroristas suicidas del siglo XXI se caracterizan por una enorme devoción por su causa y no les amedrenta en absoluto la posibilidad de perder la vida en el atentado.[62]

Nuevamente, se impone la dimensión religiosa que sanciona el comportamiento. En primer lugar dicha dimensión ofrece, a juicio del creyente, una legitimación más profunda a sus actos, comparado con lo que le ofrecen las consideraciones éticas y políticas corrientes. En segundo lugar, el creyente posee un convencimiento que hace que no tema a la muerte. Al contrario, a veces hasta parece que la desee, como sucedía con algunos cristianos en el circo romano.[63] La diferencia es que, cuando ofrecían sus vidas, estos primeros cristianos no se llevaban a nadie más por delante, mientras que los terroristas suicidas sí lo hacen.[64]

También hubo muchos que intentaron relativizar el carácter religioso en el caso del asesinato de Guillermo de Orange. Hasta cierto punto es comprensible que resultase difícil separar la política de la religión. La rebelión contra España no era sólo una lucha entre protestantismo y catolicismo, pero tampoco puede descartarse el papel de la religión como uno de los elementos dentro del conflicto.[65] Es interesante por ejemplo la visión de Montesquieu. Este filósofo del siglo XVIII fue un crítico certero del edicto de Felipe II. Veía que el asesinato había sido instigado por el rey, que, por su parte, se consideraba a sí mismo un siervo de Dios. Así pues, no cabe duda de que Montesquieu tiene en cuenta los elementos de la teoría del mandato divino de la moral. Sin embargo, dice que esa situación desbarata todos los conceptos de honor tanto de la religión como de la moral.[66]

Podemos decir ciertamente que subvierte la moralidad, pero ¿representa también una injusticia para la religión? Ésa es la cuestión. Una cosa es segura: no constituye ninguna injusticia para la religión de la teoría del mandato divino. Si consideramos seriamente la historia de Abraham y creemos los numerosos testimonios de los defensores de la teoría del mandato divino de la moral, concluiremos que puede mandarse algo que está fuera del orden moral por motivos religiosos, como claramente sostienen Kierkegaard y otros partidarios de la teoría del mandato divino. Desde la perspectiva del papa, Lutero no era sino un insurrecto común.

Los católicos de la región de la que Gerards era oriundo, Franco Condado, tenían una opinión muy distinta sobre el asesinato que los holandeses. Hasta el día de hoy, muchos siguen considerando a Gerards (o, preferiblemente, Gérard) un héroe y un mártir. ¿Acaso Guillermo no había puesto trabas a la reunificación del gran reino católico de España? La casa donde Gerards nació en el pueblo de Vuillafans se ha convertido en una atracción turística, mientras que la calle donde nació en 1557 se llama ahora *rue* Gérard.

Resulta asimismo interesante lo que Fruin apunta sobre la dimensión religiosa del asesinato. Señala como principales culpables al rey y a la Iglesia: «El rey, que pedía aquel servicio, y la Iglesia, que parecía dar su consentimiento, fueron los inductores que incitaron a ese hombre al asesinato».[67] Vemos por lo tanto que Fruin también alude a los elementos de la teoría del mandato divino de la moral (rey e Iglesia como inductores del mal). No obstante, Fruin no se imagina que el asesinato pueda obtener una sanción divina, de modo que escribe: «El convencimiento de que un asesinato alevoso pueda ser un acto grato a los ojos de Dios sólo puede prosperar en un alma depravada y, cuanto más profunda y firme brote su raíz, más atestiguará contra quien abriga tales sentimientos».[68]

Desde la perspectiva de la teoría del mandato divino, éste sería un juicio injustificadamente reservado. ¿Cómo puede conocer Fruin tan bien lo que es «grato» a Dios? Sólo puede afirmarlo si busca un criterio para hacerlo. Es probable que Fruin se haga la siguiente reflexión. Se dice que Dios es pura bondad. Cometer un asesinato, en este caso el de Guillermo de Orange, no es un acto bueno. En consecuencia, no puede ser que Dios vea con buenos ojos esa muerte. Pero se trata de un razonamiento en el que Fruin proyecta en el carácter divino toda clase de consideraciones que acaso no se correspondan en absoluto con la verdadera voluntad de Dios. De hecho, Fruin parte del planteamiento de la autonomía de la moral. Si Fruin se hubiese puesto a leer la Biblia o el Corán, habría podido constatar que aparecen infinidad de situaciones en las que Dios ve con agrado que se cometan asesinatos.[69] En realidad, Fruin debería primero procurarse ese conocimiento y a continuación juzgar si la muerte de Guillermo de Orange se parece a uno de los casos recogidos y aceptados en las Sagradas Escrituras. Cuando decimos «Dios verá con buenos ojos que obremos con responsabilidad moral», lo que estamos haciendo en realidad es someter a Dios a la tutela de la moral (se acepta la autonomía moral y se rechaza la teonomía).

Tanto Fruin como Montesquieu dan rienda suelta a sus sentimientos, pero está claro que no profundizan seriamente en la cuestión que tenemos ante nosotros.

Tampoco nos costaría gran esfuerzo hallar hoy en día estos mismos argumentos defendidos por distintos autores. Y del mismo modo que en Occidente nos preguntamos ahora *Why do they hate us?*,[70] ¿por qué nos odian?, así también se preguntaban los protestantes por qué los católicos estaban dispuestos a llegar a esos extremos. La pregunta no es difícil de responder. Guillermo de Orange era odiado en los círculos católicos a causa de la misma ideología cristiano-ecuménica que había inducido a poner precio a la cabeza de Isabel I. En 1566, Guillermo dijo que, en principio, católicos y protestantes creían en la misma verdad, aunque a veces la expresaran de formas distintas.[71] Afirmaciones como ésa no eran muy populares entre los católicos ortodoxos de la corte española. Por eso mismo, nadie se sintió especialmente afligido o indignado al conocer la sentencia de muerte pronunciada por Felipe II. Guillermo de Orange y los protestantes se vieron entonces en la necesidad de emprender una auténtica guerra propagandística y, en última instancia, fueron ellos y no los católicos los que resultaron vencedores. Al igual que ha sucedido con todas las fetuas dictadas antes y después, la declaración de Felipe II tuvo un efecto contraproducente, escribe Jardine. La respuesta fue la *Apología* de Guillermo de Orange, una disertación que se inspiró en la ideología de Marnix Duplessis-Mornay y Languet.[72]

Así pues, Guillermo de Orange reaccionó aplicando lo que en el vocabulario actual se llamaría «el fundamentalismo ilustrado». O lo que es lo mismo, expuso los fundamentos de su política y los defendió de las opiniones contrarias. No siguió a los «optimistas ilustrados» que sostenían que no había que escandalizar, ni polarizar ni buscar confrontación alguna con los católicos. No, Guillermo de Orange dio a conocer los principios que defendía.[73]

Es sabido que todo paralelismo histórico cojea del mismo pie: nada en la historia se repite exactamente de la misma forma. Lo que a menudo se dice hoy en día es que no todos los musulmanes son terroristas. Y es muy cierto. Hay que estar loco para defender semejante afirmación. También podía decirse que la gran mayoría de los católicos del siglo XVI no estaban dispuestos a destronar a Isabel I. La gran mayoría de católicos no habrían matado a Guillermo de Orange. Sólo hubo un hombre dispuesto a hacerlo: Balthasar Gerards.

No obstante, Balthasar Gerards sí que gozaba del apoyo de muchas personas que compartían su visión y, por si fuera poco, su acto contaba además con la sanción de las máximas autoridades de la religión católica (el rey de España y la Iglesia).

Ya hemos constatado antes que los sucesos y los debates acaecidos durante la segunda mitad del siglo XVI guardan muchas similitudes con los acontecimientos y las discusiones que se plantean hoy en día.

Actualmente también asistimos a un acalorado enfrentamiento de opiniones sobre el bien y el mal. La reina Isabel y el príncipe Guillermo de Orange podían apelar a la soberanía nacional o a las leyes del país, pero debían enfrentarse a una minoría religiosa que cuestionaba sus reivindicaciones. Esa minoría, apoyada por la autoridad religiosa, estaba dispuesta a llegar muy lejos para defender sus creencias, en el caso de Balthasar Gerards incluso a cometer un asesinato.

Siguiendo el patrón de la teoría del mandato divino, Gerards podía ampararse en la sanción religiosa de su acto. Podía hacerlo en virtud de la teoría del mandato divino mística: sabía lo que Dios quería de él y que Guillermo de Orange era un hereje, un infiel y, en consecuencia, una mala persona. También podía acogerse a la teoría del mandato divino católica: su acto era justificado por diversas personalidades investidas con la autoridad de Dios y éstas aprobaban su iniciativa. La variante protestante de la teoría del mandato divino no aparece de forma clara en este conflicto, dado que Gerards no se refirió a pasajes de las Escrituras que pudiesen justificar el asesinato del príncipe.

Gerards comparte además otras características con los terroristas suicidas actuales. Se consagró en cuerpo y alma a su cometido. Fue capaz de soportar los tormentos más crueles sin perder el convencimiento de su causa. Se enfrentó a las autoridades con un desprecio y unos aires de superioridad propios de alguien plenamente seguro de su razón. Eran las autoridades las que incurrían en un error y no él.

Por eso justamente, un tipo de asesino de conciencia «a lo Gerards» plantea un considerable problema a las autoridades del Estado, porque, al igual que los *shahids*, no teme en absoluto a la muerte. Todo el sistema de prevención general y especial se fundamenta precisamente en ese temor. El castigo debería aterrar. Pero ese terror está basado en el supuesto de que la muerte es lo peor que puede pasarle a uno. El sistema penal no está preparado para enfrentarse a personas que no temen a la muerte. El doctor Ramadan Shalah, secretario general de la Yihad islámica palestina,[74] expresó la superioridad de las armas de los mártires con estas palabras: «Es sencillo y a nosotros sólo nos cuesta la vida [...]. Las bombas humanas no pueden ser derrotadas ni siquiera con armas nucleares».[75]

5. EL ASESINATO DE ISAAC RABIN

Después de 1570, el papa (y por tanto la Iglesia católica) promulgaría muchos otros decretos, pero de los que me interesan particularmente, los que ordenaban sentencias de muerte con una sanción y legitimación religiosa, no se repiten. Así pues, en el siglo XVI se puso fin en el seno de la Iglesia católica a la tradición del asesinato religiosamente sancionado de forma oficial, aunque eso estuviera lejos de significar la erradicación de esa clase de asesinato. Al fin y al cabo, también otras religiones teístas vinculadas con la teoría del mandato divino cuentan con una tradición de violencia religiosa. Ése es el caso, por ejemplo, de la más antigua de las tres religiones teístas, el judaísmo.

Un conocido ejemplo de asesinato dentro de la tradición judía es la muerte de Isaac Rabin a manos de un estudiante de derecho llamado Yigal Amir (nacido en 1970).

El 4 de noviembre de 1995, el primer ministro israelí Isaac Rabin fue asesinado a tiros mientras participaba en una manifestación pacífica. Como en los casos de Balthasar Gerards y Mohammed Bouyeri, se capturó al asesino en el mismo lugar del delito. Se le juzgó y condenó a cadena perpetua.

Amir se oponía rotundamente a los acuerdos de Oslo, que consideraba una amenaza para la supervivencia del Estado de Israel.[76] La motivación del asesinato de Rabin fue también de índole religiosa.

A nosotros nos interesa Amir en el marco de la teoría del mandato divino de la moral. La estadounidense Judith Boss, especialista en ética, escribe: «El 4 de noviembre de 1995, un estudiante de derecho de veinticinco años llamado Yigal Amir hizo lo que él consideraba la voluntad de Dios».[77]

Amir cometió el asesinato en solitario pero, como escribe el especialista en temas terroristas Walter Laqueur, no lo hizo en un vacío. Amir había consultado a destacados rabinos si ese asesinato contaría con una justificación religiosa.[78] Aproximadamente un mes antes del atentado contra el primer ministro, un grupo de extremistas se concentró delante de la casa de Rabin, en Jerusalén, para pronunciar la oración de la «pulsa denura», una maldición de la mística judío-ortodoxa que dice así: «Que el Ángel de la Destrucción lo visite, está maldito, adondequiera que vaya que su alma deje su cuerpo inmediatamente [...]».[79] Amir pertenecía a la tradición de los zelotes, escribe Laqueur. Su ideología era muy similar a la de los asesinos de Anwar Sadat, quienes creían también que su muerte estaba legitimada por el mandamiento divino.[80]

Amir se defendió a sí mismo durante el juicio, y también a él le preguntaron por los motivos que lo habían llevado a cometer el crimen. Amir invocó entonces la Halajá, un código de leyes judías: «Según la Halajá, uno puede matar a sus enemigos», se defendió Amir y prosiguió diciendo: «Me he pasado la vida estudiando la Halajá. En la guerra es lícito matar». Cuando le preguntaron si había actuado en solitario, Amir dijo: «Fue Dios».[81] Y en sus declaraciones a la policía admitió: «No me arrepiento. Actué por orden de Dios».

Ésa es la forma en la que se expresa la teoría del mandato divino. Es el lenguaje usado por Abraham y Balthasar Gerards. En *Murder in the Name of God*, los periodistas Michael Karpin, de origen israelí, e Ina Friedmann, nacida en Estados Unidos pero residente en Israel desde 1968, analizan los sucesos que desembocaron en el magnicidio de Isaac Rabin.[82] En su libro, nos presentan una imagen del mundo del mesianismo religioso judío y el extremismo ultranacionalista que cuenta con partidarios tanto en Israel como en Estados Unidos.[83]

La obra de Karpin y Friedmann es importante, entre otras cosas, porque no tomaban a Amir por loco, como una parte del *lunatic fringe*; muy al contrario, su ideología es representativa de una corriente que goza de un respaldo muy significativo y que debemos tomar en serio.[84]

Una parte muy interesante del libro de Karpin y Friedmann es aquella en la que describen cómo los rabinos radicales tanto en Israel como en Estados Unidos revitalizaron conceptos de la Halajá para justificar la violencia. Un ejemplo de ello son los términos *din rodef* (el deber de matar a un judío que pone en peligro la vida o las posesiones de otro judío) y *din moser* (el deber de matar a un judío que entrega a otro judío a las autoridades no judías). Éstas fueron las ideas que se aplicaron en el caso de Rabin.[85]

El «crimen» que Rabin había cometido a los ojos de Amir era haber cumplido los acuerdos de Oslo que habrían perjudicado seriamente al pueblo judío. Conforme a la Halajá, la ley hebraica, aquel gesto convertía a Rabin en un *rodef*, una persona que está en disposición de matar a otra y, por lo tanto, puede ser asesinada sin formación de causa.[86] Asimismo, Rabin habría sido un *moser*, un judío que traiciona a sus hermanos con plena conciencia. Al participar en las negociaciones con Yasser Arafat habría firmado su sentencia de muerte.

En los últimos tiempos, se oyen más voces que elogian a Amir públicamente.[87] Su familia ha emprendido una especie de campaña para reparar el honor del asesino. Su hermano dice: «Yigal quería hacer el bien. Sólo deseaba matar a un criminal. Y diez años de prisión por esa causa son más que suficientes». La familia empezó una campaña a finales de octubre de 2005 para pedir la libertad para Yigal. En opinión de Karmi Gillon, responsable en esos años de la seguridad de Rabin, hoy en día hay cientos de miles de personas que, sin ser unos asesinos, están convencidos de que la muerte de Rabin cumplió su objetivo: acabar con el proceso de Oslo. Cada vez son más numerosas las personas que consideran a Amir un héroe.

Según el politólogo Joram Peri, el magnicidio de Rabin contribuyó a propagar el Kulturkampf en Israel. Los religiosos están convencidos de que el gobierno está supeditado a la Biblia. Por ese motivo, creen que es legítimo luchar por sus ideales, recurriendo a la violencia si fuera necesario.

6. LA FETUA CONTRA RUSHDIE

De todo lo anterior se desprende que la teoría del mandato divino ha dejado huellas muy profundas en la historia europea. La hallamos en la Reforma, cuando se produce un enfrentamiento entre dos variantes de la teoría del mandato divino: la protestante y la católica. También durante la Reforma asistimos a las manifestaciones más radicales de la doctrina pontificia. Los que no obedecen al representante de Dios en la Tierra deberán rendir cuentas por ello. Al hereje que persiste en su sacrilegio le espera la pena de muerte.

¿Podemos decir, por tanto, que el asesinato divinamente sancionado es una característica propia de una modernidad temprana? Cuando hablamos del concepto de *sacrificio* e incluso de *sacrificio humano* podemos remitirnos a un pasado lejano. Entre los aztecas, y también en otras culturas, encontramos sacrificios humanos.[88] Incluso en la Antigüedad clásica podemos identificar elementos que nos hacen pensar en la serie de problemas que estamos analizando aquí. Por ejemplo, hallamos elementos de la teoría del mandato divino en la historia de Agamenón, que ofrece a su hija cumpliendo la voluntad de los dioses. Pero ¿es comparable al relato de Abraham? La principal diferencia entre la historia de Agamenón y la de Abraham es que la primera nunca se ha convertido en un ejemplo para el desarrollo de un pensamiento ético griego. Acerca del sacrificio de Agamenón se dice que «los griegos y los romanos de la Antigüedad veían con rechazo y aversión esa clase de actos».[89]

Lo mismo puede decirse de la postura que muestra la Iglesia católica en la actualidad. La teoría del mandato divino católica como la hemos descrito en la historia del pontificado tuvo sus manifestaciones más drásticas en el siglo XVI, hace por tanto más de cuatro siglos.

Por otra parte, tampoco Yigal Amir parece haber creado escuela, a pesar de que en el Israel actual haya algunas corrientes radicales afines. Pero la situación en Oriente Medio es verdaderamente preocupante. La violencia y el deseo de sacrificarse a uno mismo están especialmente extendidos entre los extremistas islámicos. Una de las primeras manifestaciones sucedidas en suelo europeo y que tuvo mucha resonancia internacional fue, como ya hemos comentado, la fetua contra el escritor británico Salman Rushdie, acaecida en 1989. También en esta ocasión hallamos una serie de llamativos paralelismos con las manifestaciones anteriores de violencia religiosa.

El caso Rushdie se inició en 1988 y se convirtió en una de las controversias más llamativas en torno a una forma de terrorismo religioso que proyectó sombras que posteriormente se extendieron a otras cuestiones. El caso Rushdie culminó con la fetua del ayatolá Jomeini, quien, hablando en nombre de Dios, ordenó matar al escritor Salman Rushdie y a sus editores. Era una clara manifestación de los extremos más perniciosos de la teoría del mandato divino de la moral. Lo que diferencia este caso de otras manifestaciones anteriores de la teoría del mandato divino es que en él la política parecía tener un papel más secundario. No había en juego grandes intereses geopolíticos, como sucedía en el escenario en que Pío V incitaba a una rebelión contra Isabel I. Tampoco se daba el caso de un conflicto entre dos mandatarios, como sucedió con Felipe II y Guillermo de Orange. Y no había un acuerdo de Oslo con el que, en opinión del asesino, el líder político hubiese puesto en peligro el país de forma que el uso de la violencia fuese la única salida. En este caso concreto, se trataba de un escritor, un novelista, el autor de un libro. En este sentido, la situación de Rushdie guarda más similitudes con la de Van Gogh. En el caso de Rushdie, el desencadenante del conflicto fue una novela, *Los versos satánicos*, en la que algunos de los personajes exteriorizaban opiniones que podían ser interpretadas como críticas a la religión. Por lo demás, había también algunos puntos en común entre el caso de Rushdie y los otros ejemplos que hemos citado. El asesinato al que se incitaba no llegó a ser consumado (del mismo modo que Isabel no fue depuesta del trono). Aunque sí acabaron asesinando al editor japonés de Rushdie.

Antes de que el libro hubiese sido oficialmente publicado en Gran Bretaña, se produjo una gran conmoción en otros rincones del mundo. Los musulmanes de la India habían oído hablar de algunas reseñas del libro publicadas en los periódicos *India Today* y *Sunday*, junto con unos fragmentos de la novela y una entrevista con el autor.

Los versos satánicos desencadenó una controversia sin precedentes en el mundo, que acabó costando la vida a veinte personas. Originó un enorme perjuicio en las relaciones comerciales y puso de manifiesto una fuerte tensión cultural entre países y comunidades religiosas, y fomentó debates fundamentales sobre el valor de la libertad de expresión.[90]

En octubre de 1988, Rushdie pasó a vivir permanentemente bajo el peso de la amenaza. Canceló su participación en conferencias. Eliminó su dirección de la guía telefónica. Siempre que salía de casa, iba acompañado por un guardaespaldas. En ese momento, todavía no se había producido ningún llamamiento oficial para acabar con la vida del escritor.[91]

También el editor de Rushdie recibió amenazas. Decenas de miles de cartas y de quejas llegaron a la editorial Penguin. A partir de diciembre de 1988, las misivas fueron adoptando gradualmente un tono más duro. En varias ocasiones tuvieron que desalojar el edificio de Viking Penguin en Nueva York tras recibir amenazas de bomba.

Mientras tanto, Rushdie intentaba llevar una vida normal en la medida de sus posibilidades. Recibió una invitación para pronunciar una conferencia en Sudáfrica que llevaba por título una frase de Heine: «Se empieza quemando libros y se acaba quemando personas».[92]

Ese título no era fortuito. En la ciudad inglesa de Bolton (cerca de Manchester), el 2 de diciembre de 1988 una comunidad musulmana de unas siete mil personas procedió a una quema ritual del libro que había desencadenado todo aquello. Una segunda quema de libros se produjo en Bradford cuando, el 14 de enero de 1989, se reunió un grupo de unos mil manifestantes. Eran menos en número que en Bolton, pero, dada la presencia de los medios de comunicación, el auto de fe de Bradford tuvo mucha publicidad. Inglaterra en pleno pudo contemplar los libros pasto de las llamas.

Rushdie hizo un gesto para apaciguar a los manifestantes. Se esforzó por demostrar que era un buen musulmán diciendo que el profeta Mahoma había sido «uno de los grandes genios de la historia». También señaló que *Los versos satánicos* no era un libro antirreligioso, sino que debía leerse como una novela que quería tratar el fenómeno de la migración con toda la crispación y la conmoción que trae consigo. Sus intentos de reconciliación fueron en vano. Los autos de fe se extendieron a otros rincones del planeta, entre otros, Pakistán.

7. LA INJERENCIA DE IRÁN

La situación tomó un cariz muy distinto cuando un país, Irán, decidió intervenir. Y dado que el gobierno oficial de un país decidía involucrarse en el caso, éste derivó en un conflicto entre Estados.

En Irán habían seguido con interés la evolución del caso Rushdie, en especial el ayatolá Jomeini. Hay diferentes versiones sobre la forma en que Jomeini reaccionó ante la noticia. Una de ellas dice que el 13 de febrero de 1989, mientras el ayatolá veía el boletín de noticias de la noche en la televisión iraní, vio a musulmanes paquistaníes enfurecidos protestando por la publicación del libro sacrílego. Jomeini se sintió conmovido. Lo que veían sus ojos era un grupo de fieles gritando «Dios es grande» delante del centro cultural estadounidense. Jomeini mandó llamar a su secretario y le dictó el siguiente edicto *(fetua)*[93] contra Rushdie y sus editores:

> En nombre de Dios, el Todopoderoso. No hay más que un Dios al que todos volveremos. Informo a todos los musulmanes fieles del mundo que el autor del libro titulado *Los versos satánicos*, que ha sido compilado, impreso y publicado en oposición al Islam, al Profeta y al Corán, y todos los editores que eran conscientes de su contenido son condenados a muerte. Hago un llamamiento a todos los musulmanes fieles, para que los ejecuten sin dilación, dondequiera que los encuentren, para que nadie más se atreva a ofender los santuarios de los musulmanes. Todo el que muera en el intento será declarado mártir, si Dios quiere.
>
> Para terminar, si alguien tuviera acceso al escritor, pero careciese de poder para ejecutarlo, deberá entregarlo al pueblo para que pueda se castigado por sus acciones. Que la paz y la gracia de Dios os acompañen.[94]

Vemos aquí una de las manifestaciones más extremas de la teoría del mandato divino. Invocando a Dios Todopoderoso, el ayatolá Jomeini proclama una orden moral absoluta: la muerte del escritor. Ese edicto fue dado a conocer en las noticias de la televisión iraní. Como incentivo extra para el asesinato, el jefe de una organización iraní para la beneficencia ofreció un millón de dólares.[95]

El edicto de Jomeini no dejaba lugar a dudas. En ese sentido, se parece más al edicto de Felipe II que a la bula del papa Pío V. Hemos visto que Guillermo de Orange tenía que ser entregado, vivo o muerto, al rey de España. Y debían quitarle la vida si fuera necesario.[96] Esa proscripción «autorizaba a todo el mundo a causarle perjuicio y matarlo por tratarse de una peste para el conjunto de la cristiandad y un enemigo de la raza humana».[97]

Lo peculiar de la fetua de Jomeini es que se trata de una manifestación de la «variante católica» de la teoría del mandato divino. Con la declaración de Jomeini en la mano, cualquier musulmán tenía el deber religioso de matar al escritor, como Balthasar Gerards hizo con el príncipe Guillermo de Orange y como otros intentaron hacer con la reina Isabel I. En este sentido, la fetua de Jomeini era más peligrosa que las ideas que rondaban por la cabeza de Yigal Amir.

La sentencia de muerte de Jomeini fue recibida con entusiasmo. Los estudiantes de teología se vistieron de duelo para expresar su deseo de morir como mártires. El embajador iraní en el Vaticano reconoció que apretaría el gatillo personalmente si se le presentara la oportunidad.[98] El presidente iraní, Seyyed Ali Jameini, señaló que la fetua de Jomeini era una «sentencia irrevocable».

Naturalmente, la fetua también tuvo una gran repercusión en la opinión respecto a los musulmanes en los países occidentales. El edicto de Jomeini situaba a los musulmanes de todo el mundo en una posición comparable a la de los católicos en la Inglaterra del siglo XVI, que, de un día para otro, pasaron a considerarse poco menos que una amenaza para el Estado.[99]

Sin duda alguna, eso crea un gran problema. Lo fue entonces con los católicos y lo es ahora con los musulmanes. Es evidente que la mayoría de los musulmanes no tienen nada que ver con el terrorismo. Eso lleva a algunos a afirmar que no hay en absoluto ningún problema con «el islam». Con todo, podríamos decir que ésa es también una generalización irresponsable en vista de que sí hay problemas con determinadas corrientes radicales dentro del islam. Y ¿no puede argüirse además que el ayatolá Jomeini sea representativo de al menos una parte del islam? Si no fuera así, entonces tampoco el papa de Roma es representativo del catolicismo.

Como Rushdie era perfectamente consciente del carácter religioso de la amenaza que se cernía sobre él, intentó apaciguar a Irán y a Jomeini ratificando su condición de musulmán. Rushdie hizo público un comunicado en el que cabía leer un amago de disculpa. Decía así:

> Como autor de *Los versos satánicos* comprendo que muchos musulmanes de todas las partes del mundo se sientan molestos por la publicación de mi novela. Lamento profundamente que la publicación del libro haya causado tanto malestar a los seguidores sinceros del islam. Vivimos en un mundo con muchas creencias distintas, esta experiencia debería servirnos para recordar que debemos tener presente la sensibilidad de los demás.[100]

Pero esas palabras fueron descartadas por juzgarse insuficientes. En realidad lo que Rushdie había hecho aquí era transmitir un mensaje de adhesión a un hecho que al ayatolá Jomeini le traía sin cuidado, el pluralismo religioso. Rushdie da a entender que debería pronunciarse con más comedimiento sobre el islam y el profeta porque en una sociedad multirreligiosa podría haber gente que se sintiera escandalizada. Pero ése es un argumento que no significa nada para Jomeini. El ayatolá no es un multiculturalista que defienda el respeto por todas las confesiones. Jomeini cree en la única y revelada verdad del islam. A él sólo le interesa una cosa: el Corán es la palabra de Dios, el profeta habla en nombre de Dios y no se puede blasfemar sobre las cosas sagradas. Lo que preocupa a Jomeini no es que uno deba andarse con cuidado con lo que dice en una sociedad multicultural para evitar herir la sensibilidad de personas con ideales distintos.

Además, Rushdie no hace ninguna referencia al libro mismo, sino que alude solamente a la forma en que ha sido interpretado por algunos. Al día siguiente, Jomeini respondió al escritor. Hizo saber que ninguna retractación que Rushdie pudiese hacer sería suficiente. Añadió que, aun en el caso de que Rushdie se mostrara profundamente arrepentido y actuara como el musulmán más piadoso de nuestra era, el deber de todo musulmán seguiría siendo mandarlo al infierno.[101] El caso estaba cerrado.

8. INTENTOS DE CONCILIACIÓN

Llegados a ese punto, los ministros de Asuntos Exteriores de los países de la Comunidad Europea decidieron intervenir. El 20 de febrero de 1989 celebraron una reunión en Bruselas durante la cual redactaron un comunicado conjunto en el que se pronunciaban sobre la sentencia de muerte de Jomeini, que se había mantenido en pie pese a los intentos de acercamiento de Rushdie: «Los ministros ven con mucha preocupación estas amenazas. Consideran que ese llamamiento al asesinato es una violación inadmisible de los principios más elementales y obligaciones que regulan las relaciones entre Estados soberanos».[102]

También ésa era una perspectiva interesante. Rushdie había apelado al respecto mutuo que deben mostrarse los ciudadanos en una sociedad multicultural, mientras que los ministros europeos invocaban el principio de soberanía nacional. Su planteamiento era: ¿acaso no es Rushdie ciudadano británico? Y ¿no ha publicado su libro en Inglaterra? Entonces ¿qué tienen que decir al respecto en Pakistán, o en Irán?

Pero ese argumento tampoco convenció a los defensores de la teoría del mandato divino, del mismo modo que a Pío V no le había convencido el argumento de que Isabel podía hacer su voluntad en su Inglaterra. El papa se situaba en una perspectiva verdaderamente «católica» (es decir, «universal», «que abarcaba el mundo entero»).[103] Y lo mismo hacía el ayatolá Jomeini. No podía vivir con el pensamiento de que Alá tuviera que plegarse ante las fronteras nacionales. ¿Podía aceptar acaso que a un lado del ecuador Mahoma fuese sagrado y que al otro su nombre pudiese ser arrastrado por el lodo?[104]

En esa ocasión, Jomeini se mostró también inflexible y mantuvo que la fetua era irrevocable. Se había disparado una flecha y tarde o temprano alcanzaría su objetivo.[105]

En tales circunstancias, el gobierno británico hizo un gesto para calmar los ánimos. Al parecer se había decidido continuar con el asunto. ¿Qué cabía hacer salvo dejar entrever que en realidad en Inglaterra tampoco estaban muy contentos con el libro? El ministro de Asuntos Exteriores, sir Geoffrey Howe, hizo unas declaraciones en la BBC el 2 de marzo en las que admitía que el gobierno británico comprendía que el libro podía resultar ofensivo para los musulmanes. Por otra parte, el libro no sólo resultaba ofensivo para los musulmanes, sino también para otros. «Comprendemos por qué es criticable», dijo Howe. Y llegó incluso a reconocer: «El gobierno británico y el pueblo británico no sienten ningún aprecio por el libro». Y, aclarando su postura, añadía: «Se trata de un libro extremadamente crítico y grosero, también hacia nosotros». Parecía que Howe quería dar a entender al ayatolá Jomeini y a sus seguidores que, en realidad, musulmanes y británicos estaban en el mismo barco; después de todo, Rushdie había comparado a Gran Bretaña con la Alemania de Hitler. «A nosotros nos disgustan tanto esos ataques como pueden molestarles a los musulmanes que critiquen su religión.» Asimismo, dejó claro que el gobierno británico no respaldaba el libro. Lo único que defendía el gobierno británico era «el derecho de las personas a hablar con libertad y publicar con libertad».[106]

Y de ese modo se introducía un tercer principio básico que, es de suponer, dejaba gélidos a los partidarios iraníes de la teoría del mandato divino: la libertad de expresión, la libertad de poner por escrito las opiniones de uno y poder hacer partícipes de ellas a los demás, el principio sobre el cual John Stuart Mill publicó su influyente manifiesto en 1859.[107]

La prudencia multicultural (Rushdie), la soberanía nacional (los ministros europeos), la libertad de expresión y la libertad de ideas (gobierno británico) no constituyen las principales preocupaciones de los fundamentalistas religiosos. Tampoco las observaciones de Howe en nombre del gobierno británico tuvieron el efecto deseado. Los iraníes expresaron su satisfacción por el hecho de que el gobierno británico no respaldara a Rushdie, pero querían más. Querían que se confiscasen todos los ejemplares de *Los versos satánicos*, se persiguiese al escritor por blasfemia y se prohibiese que se reeditara el libro. Pero, como es sabido, eso es más de lo que un gobierno puede prometer en un Estado de derecho democrático. Significaría ejercer una forma de censura.

El 10 de marzo se vio claramente que se trataba de un choque de principios. Ese día, Rafsanjani admitió que también serviría como gesto de acercamiento que el gobierno británico ordenase quemar todos los ejemplares del libro. Pero el gobierno de Gran Bretaña tampoco se mostró dispuesto a quemar libros, así que aquel amago de reconciliación quedó en suspenso.

Entre el 13 y el 16 de marzo, la Organización de la Conferencia Islámica se reunió en Riyad, Arabia Saudí. Allí se decidió que la blasfemia no puede ser defendida apelando a la libertad de expresión. Durante la conferencia, el libro de Rushdie fue juzgado y se declaró apóstata al escritor (murtad). Además, hicieron un llamamiento a todos los países para prohibir el libro.

Una vez más, el gobierno británico expresó su comprensión por el escándalo que el libro había desencadenado. Ciertamente había sido publicado en Gran Bretaña, pero eso no significaba que el gobierno viese su contenido con buenos ojos. Lamentablemente, esas declaraciones no lograron aplacar los ánimos. Teherán tachó la respuesta de hipócrita. Si tan en contra del libro estaban, ¿por qué no lo prohibían?

Había ahí un dramático conflicto entre la lógica de una sociedad libre y la de una dictadura. Desde la perspectiva de un país dictatorial sonaba decididamente hipócrita que el gobierno dijese «estamos en contra, pero no lo prohibimos». Sencillamente, no se lo creían. Si se está en contra de algo, se lo prohíbe y asunto concluido, ¿o no? Por tanto, si el gobierno británico fuese verdaderamente sincero en sus críticas a Rushdie, debería tomar determinadas medidas: perseguir al escritor y prohibir su libro. No se puede decir que el libro es blasfemo y seguir permitiendo su publicación.

Por otra parte, las salidas del gobierno británico eran vistas como triunfos desde Teherán. Aparentemente se daba la razón a los críticos de Rushdie, concluyeron los iraníes, aunque en Occidente fuesen demasiado cobardes para enfrentarse a las consecuencias. El ministro británico Howe se rebajó aún más el 27 de marzo de 1989, cuando declaró durante una visita a Pakistán que quería evaluar detenidamente las posibilidades del gobierno británico para afrontar los problemas que la publicación del libro había originado. Asimismo, declaró su simpatía por todos los musulmanes que habían sufrido por culpa del libro.[108]

Es posible que la actitud del gobierno británico tuviera también algo que ver con la forma extremadamente desagradable con la que Rushdie trataba a sus compatriotas; por ejemplo, solía referirse a Margaret Thatcher como «Maggie the Bitch» o «Mrs. Torture».[109] Rushdie se había ganado tantos enemigos entre los políticos en Occidente que, por paradójico que pareciese, Irán era el único país donde el escritor gozaba de cierta popularidad antes de la publicación de *Los versos satánicos*. En Londres se oía que la fetua no podía haber recaído en alguien más agradable («Couldn't happen to a nicer guy»). Los críticos también dejaron caer que precisamente tuviese que ser Inglaterra, denostada por Rushdie como un Estado policial bajo el mandato de Thatcher, la que le ofreciese la protección que tanto necesitaba en semejante coyuntura.

Después de semejante conmoción, resulta asombroso que hoy en día todavía no se sepa con claridad qué fue exactamente lo que tanto escandalizó a iraníes y británicos de *Los versos satánicos*. Por extraño que resulte, ésa es una cuestión que sigue sin estar clara pese a todo lo que se ha dicho sobre el caso. Algunos aseguran que muchos musulmanes se indignaron por el hecho de que Rushdie llamara Mahound a su profeta. Mahound es una deformación del nombre de Mahoma, una deformación, según se dice, que aparecía muy comúnmente en los libelos medievales cristianos en contra del islam.[110] No obstante, siguen existiendo dudas sobre si ése fue el hecho determinante. ¿Quién era tan ducho en los detalles de los panfletos medievales para ser capaz de detectar tales referencias? Lo más cínico del caso es que en la mayor parte de países donde se produjeron las protestas más airadas, *Los versos satánicos* ni siquiera había sido publicado. Al fin y al cabo, en el mundo islámico todavía existe la censura. Así pues, había indignación por un libro que ni siquiera podían leer. Podríamos expresarlo también así: existía indignación por un libro que había indignado a «otros». Y esos «otros» conocían sólo fragmentos del libro aparecidos en reseñas o entrevistas. La indignación parece un virus que va contagiándose de un partido a otro. La indignación sagrada parece ser un fenómeno incontrolable; se apodera de las personas como lo hace un proceso natural.[111]

A eso hay que añadir que no se hacía distinción alguna entre las ideas que el autor había puesto en boca de sus personajes y las ideas que defendía el propio autor.

Con todo, algunos expertos han intentado averiguar qué era lo más subversivo del libro. Daniel Pipes, autor de un estudio sobre el caso Rushdie, opina que para un musulmán es posible hablar del comportamiento de Mahoma como líder político, del mismo modo que podría hablar sobre un califa. Pipes cree que también es posible denunciar al *establishment* religioso. Pero hay algo que jamás puede hacerse, señala. «Un musulmán no puede poner en duda bajo ningún concepto la autenticidad del Corán. Pues, si lo hiciera, estaría poniendo en tela de juicio la propia religión, lo que se considera un acto de apostasía.»[112] Y eso es justamente lo que Rushdie había hecho, según el criterio de Pipes.[113]

Si eso es cierto, no presagia nada bueno para el futuro de la crítica escrita radical que, en el seno del cristianismo, dio comienzo con la figura de Reimarus (1694-1768). También comprobamos un gran comedimiento con respecto al Corán, pero si hay tanto en juego, no cabe duda de que el proceso de crítica escrita se verá seriamente frustrado o, cuando menos, retrasado.[114]

Dejemos ya a Rushdie.

Podríamos tratar muchas otras manifestaciones de la teoría del mandato divino y del asesinato religiosamente legitimado o sancionado. Un caso conocido es el asesinato con motivaciones religiosas perpetrado el 6 de octubre de 1981 por miembros de la Jamaat al-Yihad o la Yihad islámica contra el presidente egipcio Sadat. El cabecilla de los asesinos, un oficial del ejército, dijo: «Me llamo Khalid Islambuli. He matado al faraón y no temo la muerte».[115]

En muchas ocasiones, se trata de personas menos conocidas, como en el caso del asesinato del intelectual egipcio Farag Foda (1946-1992). Otras veces sí implican a personas muy conocidas, pero no hay víctimas mortales, como sucedió con el premio Nobel de Literatura, Naguib Mahfouz (1911-2006) en 1994.[116]

Una de las amenazas más espectaculares se destapó en Inglaterra en noviembre de 2005. En el periódico británico *The Sunday Times* recibieron en mano un mensaje de vídeo de unos veintisiete minutos de duración del que ya se habían retransmitido algunos fragmentos en la emisora árabe Al-Yazira.[117] En ese vídeo, Ayman al-Zawahiri, el segundo hombre de Al Qaeda, declaraba que la reina británica era «uno de los enemigos más grandes del islam». Y se acusaba a Isabel II de haber decretado «leyes de los cruzados», aludiendo al parecer a la legislación aprobada para luchar contra el terrorismo. Al-Zawahiri elogiaba también el atentado de Londres del 7 de julio de 2005, en el que habían perdido la vida 56 personas (incluidos los propios terroristas), y criticaba a los líderes musulmanes británicos que se dejaban engatusar por Isabel como cabeza de la Iglesia anglicana. El vídeo completo circulaba en sitios web yihadistas, escribía *The Sunday Times*, y su objetivo era reclutar a nuevos terroristas.

Dadas las circunstancias, cabe preguntarse cómo debemos considerar los hechos aquí presentados. ¿Nos enfrentamos a un gran peligro? Y ¿cómo podríamos clasificar ese peligro?

En respuesta a la última pregunta, cabe decir que los asesinatos y las amenazas que hemos visto podrían calificarse en nuestro vocabulario actual como «amenaza terrorista». Los servicios secretos holandeses (AIVD) dan la siguiente descripción de terrorismo: «El terrorismo es el uso, o la amenaza seria de uso, de violencia contra vidas humanas o la causa de daños materiales graves que provocan alarma social con el fin de forzar cambios en la sociedad o influir en las decisiones políticas».[118]

Como muchos países europeos, Holanda cuenta con su propia legislación sobre terrorismo, de la que puede destilarse una definición de este fenómeno. El artículo 83 del Código Penal holandés contempla una serie de delitos que son castigados como «delitos terroristas» cuando éstos sean cometidos con un «objetivo terrorista». La definición que recoge el artículo 83 sobre qué es un «objetivo terrorista» nos da una idea de la visión que el gobierno holandés tiene del terrorismo: «Por objetivo terrorista se entiende el objetivo de causar grave alarma en la población o en una parte de la población de un país, obligar a un gobierno o a una organización internacional a hacer, no hacer o tolerar algo contrario al derecho, vulnerar o destruir las estructuras fundamentales políticas, constitucionales o sociales de un país o una organización internacional».

Todas estas definiciones son opinables. El experto en terrorismo Walter Laqueur escribe que después de treinta años de trabajar con denuedo todavía no se ha podido presentar una definición de terrorismo que cuente con el reconocimiento general.[119] No obstante, añade Laqueur, no es un hecho tan excepcional, dado que tampoco existen definiciones incontestables para el fascismo, el comunismo o el liberalismo. En ese sentido, es posible que el terrorismo siga perteneciendo a ese grupo de *essentially contested concepts* (conceptos esencialmente impugnados).

Sea como fuere, los asesinatos o las amenazas reciben en la terminología actual el nombre de *amenaza terrorista*. La reina Isabel I se vio confrontada con un poder externo (el del papa), que instigaba a los súbditos británicos a actuar en contra de su soberana. Como ocurre con el terrorismo actual, ese poder externo pretendía estar al margen de la jurisdicción nacional. En ese sentido, la pretensión del papa Pío V en 1570 no difiere mucho de la de al-Zawahiri en 2005 cuando éste criticó a los musulmanes británicos por escuchar a la «actual» reina Isabel.

SEGUNDA PARTE

LA ÉTICA AUTÓNOMA

La primera parte de este libro está dedicada a la ética religiosa. No a la ética entendida como el conjunto de valores y de normas que prescribe una religión, sino a lo que los filósofos llaman *metaética*, esto es, la forma en la que justificamos nuestros valores morales. Una teoría importante en la metaética religiosa es la del mandato divino de la moral. Hemos visto cuál es la naturaleza de esa teoría: la moral se justifica apelando a la voluntad de Dios. También hemos pasado revista a los representantes más importantes de esa teoría, entre los cuales destacan figuras bíblicas como Abraham y Moisés, pero también filósofos y teólogos como Kierkegaard y Emil Brunner. Asimismo hemos constatado lo profundamente arraigada que dicha teoría está en las tres tradiciones teístas. He procurado señalar los puntos débiles de esas teorías. Uno de los argumentos primordiales en contra ha sido analizado en un capítulo aparte: la teoría del mandato divino de la moral es una legitimación influyente así como una fuente de inspiración para el terrorismo religioso actual. Al fin y al cabo, los terroristas religiosos parecen estar dispuestos a recurrir a la violencia más extrema (asesinato y homicidio) invocando sus respectivas inspiraciones religiosas (variante mística de la teoría del mandato divino), textos sagrados (variante protestante-islámica de la teoría del mandato divino) y las órdenes de sus líderes religiosos (variante católica de la teoría del mandato divino). También hemos visto que podemos establecer bastantes paralelismos entre la violencia religiosa actual y la ejercida en tiempos pasados. La orden del ayatolá Jomeini de asesinar al escritor británico Salman Rushdie guarda muchos parecidos con el edicto de Felipe II en el que declaraba proscrito a Guillermo de Orange y la orden del papa para destronar a la reina Isabel I. Los problemas de una sociedad multirreligiosa del siglo XVI reaparecen en la Europa multirreligiosa actual.

Pero si los problemas del siglo XVI se parecen a los del siglo XXI, quizá las soluciones del pasado puedan servirnos de inspiración en nuestros días. ¿Cuáles fueron esas soluciones?

Las soluciones que se aplicaron en la Europa del siglo XVI constaban de dos elementos. El primero de ellos implicaba la elección de una ética social no fundamentada en la religión como base para la convivencia humana. El segundo consistió en crear un Estado religiosamente neutral que actuara como un árbitro imparcial en los eventuales conflictos entre personas de distintas orientaciones religiosas.

La segunda y tercera parte del libro estarán dedicadas a estas dos teorías: la de la ética autónoma y la teoría de un Estado aconfesional. Exagerando un poco podríamos decir que todo lo explicado en la primera parte era negativo, mientras que lo que viene a continuación es constructivo. La teoría del mandato divino debe ser sustituida por la ética autónoma, y eso implica una reforma de las religiones teístas.

Al decir *sustituir* no pretendo defender que se imponga una moral del Estado dictada desde arriba o que una mayoría de población imponga su moral a las minorías. Lo que debería suceder paulatinamente es que la gente se convenciera de que es mejor orientarse hacia una ética que sirva para unir a las personas en lugar de dividirlas. La ética religiosa, y más concretamente la teoría del mandato divino de la moral, es por definición una ética que separa a la gente. Más aún: cohesiona al grupo religioso, y a veces también étnico, y desintegra la sociedad.[1] Sólo la ética autónoma permite a largo plazo la convivencia pacífica entre personas de distintas tradiciones religiosas en una sociedad multicultural.

Un crítico podría argüir que he sido demasiado pesimista en mis juicios anteriores; tampoco puede decirse que nos vaya tan mal con la teoría del mandato divino de la moral, ¿no? ¿Acaso no es una minoría la que recibe una misión del más allá para cometer asesinatos y homicidios aquí en este mundo? Finés, que mata basándose en una supuesta orden divina; Mohammed Bouyeri, que liquida a Theo van Gogh; Yigal Amir, que quita la vida a Isaac Rabin; Balthasar Gerards, que mata a Guillermo de Orange, ¿no son grandes excepciones?

Es cierto que los que acaban recurriendo a la violencia forman un grupo relativamente reducido, pero, como dice el arabista Bernard Lewis, «terrorism requires only a few» («el terrorismo sólo necesita a unos pocos»).[2] Además, el caldo de cultivo para el terrorismo religioso no ha desaparecido, ni mucho menos. Se pueden hacer propuestas para aumentar la vertebración social en los Estados europeos sin necesidad de ser alarmistas. No sólo se puede, sino que se debe, en vista de que las transformaciones sociales no siguen por sí solas los mejores derroteros. Lo que espero hacer en este libro es ofrecer una respuesta constructiva acerca del terrorismo religioso que siente unas bases para una convivencia pacífica en el territorio de un Estado de personas que posean distintas tradiciones religiosas y culturales.

Un crítico considerará quizá que soy demasiado optimista por confiar en el desarrollo de una actitud vital que valore la ética autónoma. ¿Puede la ética sostenerse sin el apoyo de las religiones mundiales? Desde la Antigüedad, la religión ha estado vinculada a la moral. ¿Es posible que judaísmo, cristianismo e islam desistan de sus pretensiones de proporcionar un fundamento para la moral?

No es probable. Pero puede demostrarse que se trata de una pretensión excesiva. El problema es doble. Por una parte, se sobrevalora la religión como una base válida para la moral. Por otra, se subestima la ética autónoma. En la primera parte del libro ya he analizado el primer problema; en esta segunda parte, dedicada a la ética autónoma, me ocuparé del segundo.

Me gustaría empezar esta segunda parte diciendo algo del origen de la ética autónoma en la Antigüedad griega (Platón). A continuación me detendré en el pensamiento de algunos autores contemporáneos que han mostrado la ambición de defender la ética autónoma frente a la ética teónoma. Por último analizaré las dos tradiciones más importantes de la ética autónoma: el utilitarismo y el kantismo.

LA ÉTICA AUTÓNOMA ANTIGUA Y LA CONTEMPORÁNEA

1. EL ORIGEN DE LA ÉTICA AUTÓNOMA: EL «EUTIFRÓN» DE PLATÓN

El origen de la idea de una ética autónoma se halla en uno de los diálogos de Platón. El *Eutifrón* aborda la cuestión de la esencia de la santidad. En griego se refiere al *to hosion*. La palabra *hosios* puede tener muchos significados, señala el traductor de Platón al neerlandés Xaveer de Win.[1] Puede referirse a lo «santo» o «sagrado» y, en alusión a personas, también podría traducirse por «piadoso, santo o devoto». Por otra parte, puede referirse tanto a personas como a actos «moralmente buenos». Esas diferencias no tienen demasiada relevancia para el asunto que nos ocupa aquí. A nosotros nos interesa si el bien moral (o lo santo o lo piadoso) lo es en sí mismo o debe apoyarse en la voluntad divina para adquirir fuerza imperativa.

El *Eutifrón* empieza de la misma forma que muchos diálogos platónicos. Eutifrón se encuentra a Sócrates y ambos se enzarzan en una conversación sobre una virtud abstracta, en este caso, sobre la santidad. Eutifrón está a punto de acusar a su propio padre por haber castigado a un esclavo que había cometido una falta y haberlo dejado tirado en una fosa profunda, atado de pies y manos, a resultas de lo cual el esclavo había perdido la vida. ¿Debería Eutifrón llevar a su padre ante la justicia? ¿Eso es lo que la «piedad» exigía?

Como es habitual en los diálogos platónicos, Sócrates no ofrece una respuesta directa a esa pregunta, sino que reflexiona primero a propósito de la definición de *piedad*. ¿Qué es lo piadoso? ¿Sabe Eutifrón distinguir entre un acto pío y otro impío? Eutifrón está convencido de que sí: «Ciertamente no valdría yo nada, Sócrates, y en nada se distinguiría Eutifrón de la mayoría de los hombres si no supiera con exactitud todas estas cosas».[2] A continuación ofrece la siguiente definición. Eutifrón llama piadoso, por ejemplo, a lo que él hace en esos instantes, acusar al que comete delito y peca, sea por homicidio, sea por robo de templos o por cualquier cosa de ese tipo, aunque se trate precisamente del padre, de la madre o de otro cualquiera. Pero Sócrates le responde que no ha satisfecho plenamente su pregunta, ni le ha enseñado lo que son las cosas pías, sino que sólo le ha dado un ejemplo de ellas. Y no es lo mismo.[3] Sócrates repite su pregunta: «Exponme, pues, cuál es realmente ese carácter a fin de que, dirigiendo la vista a él y sirviéndome de él como medida, pueda yo decir que es pío un acto de esa clase que realices tú u otra persona, y si no es de esa clase, diga que no es pío».[4] Sólo después de que se le haya recordado a Eutifrón lo que se le ha pedido, éste ofrece la siguiente definición y dice que es piadoso lo que agrada a todos lo dioses y que, por el contrario, lo que todos los dioses odian es impío. Con ese argumento, Eutifrón ofrece una definición de lo pío (o del bien moral) que constituye el punto de partida de toda ética religiosa: el bien es lo que agrada a Dios o a los dioses. El mal es lo que desagrada a Dios o a los dioses. Sócrates parece muy satisfecho con esta explicación, al menos formalmente. Eutifrón ha cumplido su tarea y ha ofrecido una definición, lo que no significa, sin embargo, que haya dado una buena definición. El siguiente paso consiste en poner a prueba esa definición en un diálogo crítico para ver si se sostiene o no.

Naturalmente no lo hace, pues la primera objeción surge ante el hecho de que los dioses discrepan y no están en absoluto de acuerdo sobre qué es lo piadoso. En consecuencia, el criterio de que lo pío «debe ser agradable a los dioses» no nos sirve para nada, dado que lo que es agradable a un dios le es odioso a otro.

Por cierto que Sócrates está dispuesto a echarle una mano. ¿Podríamos decir que lo santo es aquello que agrada a todos los dioses? Eutifrón acepta la propuesta con gratitud y afirma entonces que lo pío es lo que aman todos los dioses y lo impío lo que todos ellos aborrecen. Pero la satisfacción le dura poco, porque en seguida Sócrates le formula la pregunta principal: «¿Acaso lo piadoso es querido por los dioses porque es piadoso, o es piadoso porque es querido por los dioses?».[5]

Así se plantea de forma inequívoca la cuestión sobre la autonomía o heteromía de los juicios morales. Eutifrón se muestra incapaz de dar una respuesta y no es de extrañar. Muchos filósofos se han roto la cabeza reflexionando precisamente sobre esta cuestión: Tomás de Aquino, Hugo el Grande, Spinoza, Leibniz, Kant, Eduard von Hartmann, Nicolai Hartmann y Jean-Paul Sartre. ¿La obligación moral se crea por un mandato divino? ¿O tiene razón Cudworth en su tratado *Eternal and Immutable Morality* («Moralidad eterna e inmutable») cuando propone que determinados actos son buenos o malos «por naturaleza», mientras que otros lo son por «pura voluntad»?[6]

Las dos opciones parecen ocasionar serios problemas a la conciencia religiosa. Si optamos por una ética autónoma, significará que la religión no tiene nada que ver con el bien moral. También significaría que ya no podemos basarnos en los textos sagrados para legitimar los mandatos morales y tampoco en la voluntad de Dios o de los dioses. Pocos pensadores piadosos han querido llegar a semejante conclusión. A fin de cuentas, en lo relativo a las cuestiones morales La Biblia o el Corán tienen tan poca autoridad como para las ciencias naturales o la biología.[7]

Pero también la heteronomía tiene sus aspectos desagradables, como ya hemos señalado con anterioridad. Convierte el bien moral en algo arbitrario. Divinamente arbitrario, es cierto, pero arbitrario al fin y al cabo. Sólo pensadores intrépidos como Tertuliano o Kierkegaard se han atrevido a aceptar ese hecho con todas sus consecuencias, pero la mayoría se arredra ante ello.

Una parte considerable de la cultura occidental está marcada por el contraste entre la «tradición socrática» y la «tradición abrahámica». En el primer caso, el lugar central lo ocupa la línea secular, la ética autónoma. En el segundo caso, la confianza en Dios, la sumisión de la voluntad humana a la divina. «Una religión se fundamenta en la piedad, que es el hábito de someterse a los mandatos divinos», escribe el filósofo inglés Roger Scruton.[8] Es una excelente cita, porque en ella Scruton establece una relación entre tres nociones que son fundamentales en este libro. La primera de ellas es la noción de *piedad*, sobre la que versa el diálogo entre Sócrates y Eutifrón. Esa idea de piedad está estrechamente vinculada a la religión. La piedad basada en la religión se asocia con el hábito de someterse a los mandatos divinos. Un rasgo típico de la ética autónoma es el intento de liberarse de esa noción de piedad o religión. Ésa es la tradición que Sócrates inicia.

Sé que Sócrates también hace algunas observaciones que nos recuerdan a la teoría del mandato divino. Para empezar, Sócrates cree en un dios. La idea de un espíritu divino que gobernaba la vida en la tierra no era desconocida en el siglo v antes de Cristo.[9] En la *Apología de Sócrates*, éste dice que un dios le comunicó que debía dedicar su vida al estudio de la filosofía, esto es, al conocimiento de sí mismo y de los demás. «¿No obraría yo indignamente, atenienses, si abandonara mi puesto por temor a la muerte o a cualquier otra cosa?»[10]

De ese modo, Sócrates reprocha a las autoridades atenienses que lo condenen a beber la cicuta.[11] Asimismo, Sócrates sugiere que los atenienses obran en contra de la voluntad de los dioses al condenarlo. «En efecto, si me condenáis a muerte, no encontraréis fácilmente, aunque sea un tanto ridículo decirlo, a otro semejante colocado en la ciudad por el dios del mismo modo que, junto a un caballo grande y noble pero un poco lento por su tamaño y que necesita ser aguijoneado por una especie de tábano.»[12] De ese modo utiliza indistintamente los términos *dios* (o ¿debería escribir Dios?) y *dioses*, de manera que resulta difícil establecer lo que quiere decir realmente.

Así pues, a pesar de que la iniciativa de una ética autónoma parte de Sócrates, vemos que no es consecuente, sino que parte de la misma idea que Gandhi, con quien empecé este libro. Suscribe los postulados de una ética autónoma, pero después vuelve a mezclarlos con elementos de la ética religiosa, como si no fuese posible liberarse del peso de la tradición. Por otra parte, eso es un rasgo que no sólo encontramos en Gandhi y Sócrates, sino también en la mayoría de los pensadores que se han ocupado de este tema. Sólo en la era moderna hallamos algunos autores que defienden de forma explícita y coherente la ética autónoma.

2. UNA ÉTICA AUTÓNOMA COHERENTE EN LOS PENSADORES CONTEMPORÁNEOS

En ese sentido, la tradición de la ética autónoma es relativamente joven. El filósofo H.O. Mounce apunta que la moral como categoría autónoma es bastante reciente[13] e ilustra esta afirmación aludiendo a los Diez Mandamientos. Los primeros cuatro mandamientos están relacionados con nuestras obligaciones en relación con Dios. Los otros seis señalan obligaciones hacia nuestro prójimo. Hoy en día podríamos calificar los primeros cuatro mandamientos de religiosos y los seis últimos de morales o éticos. No obstante, esta clasificación no se hacía en tiempos premodernos.

La moral, como categoría autónoma, nace a raíz del proceso de secularización, sostiene Mounce. Primero la secularización dentro de la ciencia y después en la sociedad.[14]

Ahora bien, la secularización va pareja a una corriente cultural histórica, la Ilustración. Así pues, podríamos decir que la autonomía de la moral es un producto típico de la Ilustración, como argumentaba Copleston. Por lo tanto, quien quiera someter a discusión la autonomía de la moral (y eso es lo que de hecho sucede en todos esos alegatos a favor de la ética religiosa) tiene que criticar de hecho la Ilustración.

Con ello no se pretende decir que la idea de la autonomía de la moral comience en el siglo XVIII, siglo asociado por antonomasia con la Ilustración. Ha habido otros períodos en la historia de la cultura que comparten ciertas características con la Ilustración, pese a ser muy anteriores a ella en el tiempo. Pensemos en la Atenas de Pericles, la época de Sócrates y Platón.[15] Aunque por analogía con la Ilustración del siglo XVIII, cabría referirse a esa época como la Ilustración griega. Como Windelband escribe, Sócrates y los sofistas estaban ciertamente «en el terreno común de la Ilustración».[16] Los griegos ilustrados insistían en la importancia del juicio individual, como apunta Luce, y fomentaban las ideas democráticas e igualitarias. Sócrates y los sofistas propiciaban, asimismo, la tolerancia y la libertad de expresión. «El espíritu de la época era antiautoritario —de nuevo según Luce— y las creencias religiosas eran sometidas a debate.»[17]

Por lo demás, calificar la tradición de la autonomía de la moral como una tradición ilustrada tiene algunas desventajas retóricas. Un oyente o un lector actual versado en el posmodernismo reaccionará a menudo exclamando: «Ah, la Ilustración, pero ésa no es más que otra perspectiva». Tampoco es neutral u objetiva. Es cierto que la ética religiosa parte de una posición parcial, pero la ética autónoma también, se arguye. Del mismo modo que la ética religiosa está basada en una postura ideológica o religiosa —la posición de las tres religiones teístas—, también la ética autónoma se fundamenta en otra posición ideológica o religiosa, la de la Ilustración.[18] Sea como fuere, la autonomía de la moral tiene la pretensión de ser una perspectiva que actúa de intermediaria entre distintas tradiciones ideológicas. No es, en sí misma, uno de los elementos en la lucha entre las tradiciones ideológicas, sino la plataforma donde esa lucha puede desarrollarse.

¿Es posible que se cumpla esta pretensión? Hasta aquí sólo he mostrado que la ética religiosa queda atrapada en aporías y que debería ser sustituida por una ética autónoma. Pero eso era principalmente la formulación de un deseo. ¿Cuántas oportunidades reales tiene ese deseo de verse realizado? ¿Existe ya una ética autónoma? O, probablemente, ¿existen diversas formas de sistemas éticos autónomos? Y ¿qué peso tienen? ¿Pueden convertirse realmente en las directrices que guíen la vida de la gente normal o están abocadas a ser siempre cuestiones académicas?

A continuación presentaré el pensamiento de autores contemporáneos que han defendido explícitamente la ética autónoma y analizaré los argumentos que han aducido.

Los dos pensadores más destacados del desarrollo de la moral autónoma son, en opinión de Mounce, dos representantes de la filosofía analítica, G. E. Moore (1873-1958) y H. A. Prichard (1871-1947). Se los ha llamado *intuicionistas* porque creen que se puede tener un conocimiento moral directo. Mounce se refiere al célebre artículo de Prichard de 1912, «Does moral philosophy rest on a mistake?» («¿Está basada la filosofía moral en un conjunto de errores?»), en el que se plantea la cuestión de por qué debemos actuar moralmente.[19]

Supongamos que a la pregunta de «¿por qué debo actuar moralmente?» se contesta «porque eso te hará feliz». En ese caso podríamos aducir en tono de reproche: «pero entonces está claro que actúas por propio interés». La única respuesta que lograría soslayar este problema es: «actúo moralmente por mor de la propia moral». De esa forma, se deja constancia de que la moral es un tema sui géneris. «Es ahí donde hallamos la filosofía que da una expresión definitiva a la visión moderna de que la moral es autónoma.»[20]

Otro filósofo contemporáneo que ha defendido con fervor el ideal de la autonomía de la moral es el canadiense Kai Nielsen.[21] Los partidarios de la ética religiosa aducen a menudo el argumento de que la gente sólo puede mantenerse en el redil porque existe un Dios vengativo, señala Nielsen. Si éste falta, «men will go wild» (las personas actuarían como salvajes). Pero si eso fuera así, dice Nielsen, no se explica que en la Edad Media, tan devota, se cometiesen tantas atrocidades. Y ¿qué decir de las sangrientas guerras de religión?[22] Quien sostiene «si Dios muere ya no importa nada» (la postura de Dostoievski)[23] es como un niño consentido que nunca ha mirado al prójimo con compasión.

El filósofo Patrick Nowell-Smith ofrece un análisis muy estimulante del carácter «infantil» de una moral que sólo puede estar fundamentada en Dios. Nowell-Smith sostiene literalmente que la moral religiosa es «infantil»[24] y dice haber observado a menudo una reacción determinada por parte de las personas con las que habla de religión y moral. Cuando les confiesas que no tienes creencias religiosas, la pregunta que suelen formular es: «¿De dónde proceden entonces tus convicciones morales?». En ese momento cabe la posibilidad de dar una respuesta histórica y decir que tanto tus padres como tus amistades han tenido influencia sobre tus principios morales. Pero, apunta Nowell-Smith, eso no es lo que verdaderamente les interesa. No quieren saber de quién has recibido tus convicciones morales, sino cuál es la autoridad que te hace cumplirlas. Al parecer, se toma la moral como algo que le debe ser ordenado a uno por alguien que cuenta con la autoridad necesaria para dar esas órdenes. Y seguidamente argumentan que sólo Dios posee ese poder y por tanto tiene la autoridad para hacerlo. En consecuencia, la moral debe estar basada en la religión. De no ser así, la moral no sería válida.[25]

Después Nowell-Smith compara la interpretación griega de la moral con la de las religiones teístas (a las que él se refiere como la interpretación hebrea). La interpretación griega sostiene que la moral es buena para algo. Se trata de una visión teleológica de la moral. Desde la perspectiva griega podría decirse que el hombre no es para el sabbat, sino el sabbat es para el hombre.[26]

Nowell-Smith analiza el carácter «infantil» de la interpretación hebrea con ayuda de las ideas de Jean Piaget. Piaget (1896-1980), famoso por su contribución en la psicología del desarrollo, distingue tres fases en el desarrollo infantil. En la primera fase, el niño lanza al aire sus juguetes; no hay una estructura en su juego. Pero eso cambia en los niños entre los cinco y los nueve años, un momento en el que surge una enorme fijación a las reglas. En esa fase, las reglas son sagradas e inviolables. Nowell-Smith se refiere a ella como la «fase deontológica». En este contexto, se contemplan las reglas como si se tratase de las leyes en una sociedad primitiva. Son transmitidas en un estadio temprano, son inmutables y forman parte de un orden natural que no puede ser violado bajo ningún concepto.

Sólo al entrar en la tercera fase el niño empieza a preguntarse para qué sirven esas reglas. A partir de entonces, la regla se considera el resultado de un acuerdo subyacente, algo que debe respetarse en virtud de la lealtad hacia los otros compañeros de juego o de la convivencia con los demás. Según la terminología de Piaget, ésta sería la fase «autónoma».[27]

Nowell-Smith pretende demostrar que esa actitud infantil respecto de las reglas es la que pervive en la actitud de los cristianos adultos en relación con la moral (y, es de suponer, también en la de los representantes de las demás religiones teístas).[28]

Encontramos una objeción parecida a la teoría del mandato divino en el filósofo Norman Kretzmann, quien critica específicamente el ejemplo de Abraham, que se muestra dispuesto a sacrificar a su propio hijo.[29] A partir de ahí, Kretzmann va analizando detalladamente las premisas de la teoría, esto es, que la bondad y la omnipotencia de Dios implican que las acciones que Dios aprueba sean buenas moralmente mientras que las que Dios rechaza sean moralmente reprobables. Kretzmann dice que ésta es la tesis general de la moral religiosa.[30] Ésa es la teoría sobre la que se asienta la visión del mundo de Abraham, pero también es la teoría de la que parte Eutifrón antes de ser sometido al interrogatorio intelectual de Sócrates. En ambos casos, Dios aprueba determinadas cosas y repudia otras, y las personas tienen la posibilidad de establecer qué es lo que agrada y lo que desagrada a Dios. No se trata meramente de una historia aislada, afirma Kretzmann, sino que constituye la esencia de la ética religiosa, que encontramos en numerosos ejemplos de las Sagradas Escrituras. Kretzmann hace una distinción entre las teorías de la autonomía moral y las de la teonomía moral, a las que llama, respectivamente, objetivismo teológico (TO) y subjetivismo teológico (TS).[31] El TS sostiene que la aprobación de Dios es el único criterio al que podemos recurrir para conocer el bien moral. Y eso significa que la afirmación de que Dios es bueno deja de tener sentido semánticamente, pues implicaría que Dios se aprueba a sí mismo, como ya hemos visto.[32]

Ahora bien, no pretendo presentar aquí la mayor variedad posible de críticas a la teoría del mandato divino. Lo que quiero dejar claro con los ejemplos de Kai Nielsen, Patrick Nowell-Smith, Norman Kretzmann y otros es que en la filosofía actual hay pensadores interesados en desarrollar de forma explícita una ética autónoma. Y, al decir «explícitamente», me refiero a que están formulando una ética autónoma en contraposición a la ética heterónoma de la teoría del mandato divino de la moral. Si, en vez de centrarnos en una ética autónoma explícita, buscásemos iniciativas implícitas para una ética autónoma, podríamos citar muchos más ejemplos a lo largo de la historia de la filosofía. A continuación me referiré a dos tradiciones que en cualquier manual de ética reciben una atención especial: el utilitarismo y el kantismo. Estas corrientes se consideran dos de las alternativas más importantes de la ética autónoma frente a la ética religiosa y, más concretamente, respecto de la teoría del mandato divino de la moral.

Empezaré con el utilitarismo.

II

EL UTILITARISMO

I. EL UTILITARISMO

El utilitarismo no es una doctrina que goce de especial popularidad. Podríamos considerar representativos los comentarios que el
gran ideólogo político francés Alexis de Tocqueville (1805-1859)
hace del utilitarismo en su correspondencia. El rechazo que Tocqueville siente por esa corriente ideológica resulta evidente y tiene
mucho que ver con el carácter secular de ésta, es decir, su pretensión de desarrollar una moral desligada de la religión. Tocqueville
escribe que, cuando la sanción sobrenatural de la moral se desmo-
rona, es necesario buscar otra. Desde su punto de vista, el utilitarismo es una solución de emergencia, que surge cuando la legitimación divina de la moral deja de ser posible. Los utilitaristas
británicos *(utilitaires anglais)* adoptan una moral atea como fundamento de su filosofía.[1] Ese proceso se realizó en gran medida
durante el siglo XVIII.[2]

Es posible aceptar la descripción de Tocqueville aunque no
compartamos su valoración.[3] Si los utilitaristas hubiesen triunfado
en su intento de crear una perspectiva secular coherente de la ética,
habría sido un logro nada desdeñable. Pero ¿lo consiguieron? Ésa
es la cuestión que intentaremos responder a continuación.

El término *utilitarismo* procede del inglés *utilitarianism*, que
contiene la idea de *utility* o utilidad. En el utilitarismo, la noción de
utilidad desempeña un papel primordial. El utilitarista considera
que lo que hace que un acto sea moralmente responsable es justamente que sea útil. Pero ¿qué entendemos por *útil*? El utilitarista

define la utilidad como «la felicidad humana». Los partidarios de esta corriente creen necesario aumentar la felicidad en el mundo. De lo que se trata es de obtener «la mayor felicidad posible para el mayor número posible» (Bentham).

De esa forma, los utilitaristas adoptan un concepto que cuenta con una larga tradición en la filosofía. Se adhieren a la tradición del hedonismo, una corriente de la filosofía griega en la que el placer *(hedonè)* ocupa un lugar prominente.

El utilitarismo posee otra característica. El utilitarista verifica si una acción, o una regla, es buena o mala en virtud de las consecuencias que se derivan de ella. En la jerga técnica se dice que los utilitaristas son «consecuencialistas».

Una tercera característica del utilitarismo es que los intereses de todo el mundo merecen el mismo trato. La felicidad de uno no puede tener más peso que la felicidad de otro.

2. EL HEDONISMO DE EPICURO

El precedente del utilitarismo, el hedonismo, se remonta al filósofo griego Epicuro, que vivió entre el 341 y el 270 a. C. y fundó una escuela filosófica que acabó estableciendo su sede en Atenas en el año 306 a. C.[4] Los estudiantes solían reunirse en la casa de Epicuro, aunque también pasaban muchas horas en el jardín, de ahí que también se los conociera como «los filósofos del jardín».

Resulta llamativo que las mujeres y los esclavos también pudiesen tomar parte en las conversaciones. Un gesto aparentemente muy igualitario y moderno, aunque es de suponer que muy pocos entre ellos podían disfrutar de tiempo libre para dedicarlo a la especulación. Por ese motivo, los discípulos de Epicuro se exponían a que les reprochasen cierto elitismo.[5]

En ese sentido, tales recriminaciones estaban tan bien fundadas que Epicuro y sus discípulos adoptaron una actitud desdeñosa respecto a la participación en la vida pública. Epicuro señalaba que aquel que se expone abiertamente se convierte con facilidad en objeto de burlas y de odio y corre el riesgo de que sus ideas sean interpretadas maliciosamente. «Estar permanentemente en el interés público conduce a una situación potencialmente estresante», con estas palabras resume el filólogo clásico A. V. Luce la postura de Epicuro.[6] De ahí su máxima «Vive en el anonimato». Así, por ejemplo, no se debe participar en la vida política a menos que uno tenga un carácter tan inquieto que le sea imposible hallar la paz llevando la existencia retirada de un filósofo. Séneca compara en una ocasión la actitud de Epicuro con la de Zenón: «Según Zenón, el sabio debe tomar parte en la vida pública a menos que algo se lo impida. Según Epicuro, el sabio no intervendrá en la vida pública a menos que algo lo fuerce a ello».[7]

Epicuro es importante para la ética, entre otras cosas, por el gran valor que otorga a la enseñanza filosófica. La filosofía, sostiene, es una medicina para la mente, y aconseja que no se demore el estudio de la filosofía en la juventud y que en la vejez no se deje de filosofar. Nadie es demasiado joven ni demasiado viejo para estar mentalmente sano. El que dice que el tiempo de filosofar no le ha llegado o le ha pasado ya es semejante al que dice que todavía no le ha llegado o que ya ha pasado el tiempo para la felicidad. Así que deben filosofar tanto el joven como el viejo; éste para que, en su vejez, rejuvenezca por la alegría de lo vivido; aquél, para que sea joven y viejo al mismo tiempo por su falta de temor al futuro.[8]

Lamentablemente, apenas nos ha llegado nada de sus textos. Se cree que escribió unas trescientas obras, sin embargo conocemos sus ideas a través de unas pocas cartas y por la obra de terceros.

Epicuro tuvo muchos seguidores en Roma. Allí vivía el escritor T. Lucrecio Caro (91-51 a. C.). Lucrecio explicó la filosofía epicúrea en un largo poema titulado *Sobre la naturaleza de las cosas (De Rerum Natura)*, que Zeller calificó de «evangelio de la liberación de todas las formas de locura supersticiosa» (ya veremos lo que quería decir con esto).[9]

Epicuro, y también Lucrecio, consideran que el criterio de nuestra interpretación moral está en el sentimiento, en concreto en el sentimiento del placer y del dolor. Lo único absolutamente malo que tenemos que procurar evitar en cualquier circunstancia es el dolor.

Lo único incondicionalmente bueno que debemos aspirar a realizar en cualquier circunstancia es el placer.

Ahora bien, esta postura da pie a toda clase de malentendidos muy extendidos, que sostienen que los epicúreos sólo estaban interesados en el placer y en la felicidad inmediata. «Bebamos y comamos, porque mañana moriremos» *(Let us eat and drink, for tomorrow we die)*: de este modo resume John Stuart Mill el «sentimiento y la doctrina epicúreos».[10] Pero se trata de un resumen muy limitado e incluso engañoso. Epicuro señala justamente que debemos procurar vivir la vida de forma placentera, lo que probablemente conduce a una vida moderada.

Veamos el ejemplo de un yonqui que toma heroína para desayunar, porque eso le proporciona una satisfacción inmediata, aunque a la larga le causará la muerte. O un ejemplo menos extremo, el del fumador que disfruta al fumarse un cigarrillo, aunque su salud se resienta y se quede sin resuello al subir la escalera. Epicuro diría que hay que sopesar cuidadosamente las ventajas y los inconvenientes del fumar.

Podemos hacer una segunda observación. Epicuro reparó también en que es preferible no orientarse hacia la búsqueda de la felicidad y el placer, sino procurar evitar el dolor. Asimismo, consideraba que debemos alcanzar un equilibrio óptimo en la vida y concentrarnos más en lograr placeres espirituales que placeres carnales.

3. BENTHAM Y MILL

Así pues, el utilitarismo hunde sus raíces en la Antigüedad, en la filosofía del epicureísmo.[11] Un impulso decisivo en el desarrollo de estas ideas se produce en el siglo XVIII, concretamente en el pensamiento de Bentham.[12]

Jeremy Bentham nació en 1748, el mismo año en el que Montesquieu publicaba *De l'esprit des lois*, y murió en 1832. Bentham siguió la tradición del pensamiento británico iniciada por el filósofo escocés David Hume (1711-1776), y su obra fue continuada a su vez por sus discípulos, el más importante de los cuales es John Stuart Mill (1806-1873).

La tesis central del utilitarismo queda expresada en la frase con la que Bentham empieza una de sus obras: «La naturaleza ha colocado a la humanidad bajo el gobierno de dos amos soberanos, el dolor y el placer. Les corresponde sólo a ellos señalar lo que debemos hacer, así como determinar lo que haremos».[13]

Llegados a este punto, debemos establecer una clara diferencia entre psicología y ética. La psicología se ocupa de «explicar» el comportamiento humano, mientras que la ética se ocupa de «justificar» ese comportamiento humano. ¿En qué terreno se mueve el utilitarismo? Podría afirmarse que se trata de una teoría psicológica y ética al mismo tiempo. Esto es, el utilitarista parte del supuesto de que el comportamiento humano tiende hacia la felicidad (explicación) y sostiene además que eso es lo bueno (justificación). Como se desprende de la cita que acabamos de enunciar, Bentham era un utilitarista en los dos sentidos expuestos, lo que significa que creía que la conducta humana estaba enfocada hacia la felicidad y además le parecía correcto que así fuese.

El dolor y la felicidad nos gobiernan en todo lo que hacemos, dice Bentham. «Nos gobiernan en todo lo que hacemos, en todo lo que decimos, en todo lo que pensamos; todo esfuerzo que hagamos para librarnos de nuestra sujeción servirá sólo para demostrarla y confirmarla.»[14] Podemos decir «de palabra» que no estamos sometidos a la soberanía del dolor y el placer, pero «en realidad» deberíamos reconocer esa soberanía. Lo que Bentham hace con su ética es sencillamente reconocer que ese principio tiene una importancia fundamental *(the principle of utility recognises this subjection)*. A continuación, Bentham ofrece la siguiente definición: «El principio de utilidad significa aquel principio que aprueba o desaprueba cada una de las acciones según la tendencia que aparentan tener para aumentar o reducir la felicidad de la parte cuyo interés está en cuestión o, lo que es lo mismo en otras palabras, para promover u oponerse a esa felicidad».[15]

Aunque no lo parezca a juzgar por estas citas, Bentham no era un escritor demasiado sugestivo, y es muy probable que su filosofía no hubiera tenido tanta resonancia de no ser porque otro filósofo elaboró un poco más sus teorías. Nos referimos a John Stuart Mill.

Mill es uno de los filósofos más destacados del siglo XIX. Escribió libros sobre todos los campos de la filosofía, desde la teoría del conocimiento hasta la ética, pasando por la filosofía de la religión. En un breve ensayo titulado *El utilitarismo* (*Utilitarianism*, 1861) expuso con mucha elegancia los principios de esta doctrina. Allí escribe:

> El credo que acepta como fundamento de la moral la utilidad, o el principio de la mayor felicidad, mantiene que las acciones son correctas *(right)*, en la medida en que tienden a promover la felicidad, e incorrectas *(wrong)*, en cuanto tienden a producir lo contrario a la felicidad.[16]

Y ¿qué es la felicidad? Por felicidad se entiende el placer y la ausencia de dolor *(By happiness is intended pleasure, and the absence of pain)*. Con este postulado no sólo nace una teoría capaz de explicar y justificar el comportamiento humano, sino que ofrece además una idea de la «vida buena».[17]

¿Qué es la vida buena para un utilitarista? Mill responde lo siguiente:

> Según el principio de la mayor felicidad [...] el fin último por razón del cual son deseables todas las otras cosas —indiferentemente de que consideremos nuestro propio bien o el de los demás— es una existencia exenta de dolor y abundante en goces, en el mayor grado posible, tanto cuantitativa como cualitativamente.[18]

Lo que se desprende de este principio es que las cosas no tienen valor en sí mismas, sino que su valor depende de lo que aporten a la felicidad humana. Una sinfonía de Beethoven no posee ningún valor por sí sola, lo que le otorga valor es el hecho de que la gente escuche la música de Beethoven y la aprecie. Un puente que atraviesa un río no tiene valor en sí mismo. Su valor viene dado por el hecho de permitir que las personas crucen el río. Tampoco adquirir conocimientos es un fin en sí mismo (según las célebres palabras de

Newman, «El conocimiento es un fin en sí mismo»),[19] sino que sólo
lo es en la medida en que contribuye al bienestar de las personas.

Mill insiste asimismo en que no sólo debe interesarnos nuestra
propia felicidad y placer *(our own good)* (recordemos la tercera característica que mencionábamos sobre el utilitarismo). Debemos
también tener presente la felicidad de los demás *(that of other people)*. Sólo cuando obramos así se cumple la idea de la buena vida.
La vida buena es la que ofrece la mayor felicidad posible y el menor dolor posible, y eso no es sólo aplicable al género humano,
sino hasta donde la naturaleza de las cosas lo permita, a toda la
creación consciente.[20]

Esta formulación no sólo tiene consecuencias de gran magnitud
para la ética utilitarista, sino también para toda nuestra visión del
mundo. Mill dice que el fin de la conducta humana (la felicidad) es,
al mismo tiempo, el criterio con el que debemos juzgar dicha conducta. Y añade que la felicidad no es sólo importante para los seres
humanos, sino también para el resto de la «creación consciente»
(whole sentient creation). Esto tiene consecuencias potenciales
para la condición jurídica de los animales y para determinar si éstos pueden aspirar a un estatus moral. Un destacado utilitarista
contemporáneo como Peter Singer respondería afirmativamente a
esta cuestión.[21]

4. LA UTILIDAD DE LA RELIGIÓN SEGÚN MILL

¿Por qué constituye el utilitarismo una alternativa a la ética religiosa? ¿Por qué supone una ruptura radical con la teoría del mandato
divino?

A un lector actual quizá le cueste imaginar que las ideas de Bentham y de Mill causasen tanta polémica. La Declaración de Independencia de Estados Unidos de 1776 expresaba la voluntad de los
colonos estadounidenses al fundar su nuevo Estado:[22] «La vida, la
libertad y la búsqueda de la felicidad» *(Life, Liberty and the Pur-
suit of Happiness)*. Podríamos considerar que esta tríada contiene
los típicos valores modernos. Quizá en la actualidad éstos levanten

poca controversia, pero no siempre ha sido así. Tal vez podamos argüir que el utilitarismo ya no es fuente de polémica en nuestro tiempo porque ha tenido éxito en su campaña en favor de la felicidad. En el siglo XXI hemos adoptado muchas de las ideas del utilitarismo. Pese a ello, sigue existiendo hoy en día bastante tensión entre el utilitarismo y una mentalidad más tradicional, y eso es algo que constatamos cuando reflexionamos en lo que el utilitarista realmente defiende.

El utilitarismo es por excelencia una visión mundana de la ética. El lugar central no lo ocupa Dios, sino el hombre; no la vida después de la vida, sino esta vida, aquí y ahora. El ser humano no debe orientarse hacia otra realidad, sino hacia esta realidad.

Lucrecio, el discípulo romano de Epicuro antes mencionado, lo formula en los siguientes términos:

> ¡Oh, míseros humanos pensamientos!
> ¡Oh, pechos ciegos! ¡Entre qué tinieblas!
> Y a qué peligros exponéis la vida,
> ¡Tan rápida, tan tenue! ¿Por ventura
> No oís el grito de la naturaleza,
> Que alejando del cuerpo los dolores,
> De grata sensación el alma cerca,
> Librándola de miedo y de cuidado?[23]

Para algunos, eso no significa necesariamente que la religión deba desaparecer, sólo implica que deberá ser juzgada en función de su capacidad para contribuir a la felicidad humana. Si una religión cumple ese propósito, será juzgada favorablemente desde el punto de vista utilitarista, pero si una religión no lo cumple, no contará con su aprobación.

Fue el propio Mill quien abordó el tema de forma explícita en su ensayo titulado *La utilidad de la religión (The Utility of Religion)*. Con él, Mill pretendía valorar si la religión es «útil», lo que, según el criterio de un utilitarista, implica averiguar si promueve la felicidad humana.[24]

Cuando la verdad de la religión era aún incontestable, nadie se atrevía a cuestionar su utilidad, señala Mill, sin embargo, esto cambió cuando muchos empezaron a poner en entredicho dicha verdad.[25] En ese momento surgió la pregunta de si la religión es útil. Mill opina que esta pregunta posee una especial relevancia para la ética. Es perfectamente razonable decir que la doctrina religiosa es moralmente útil pese a que no se sostenga intelectualmente.[26] Si una religión es útil, entonces se la podría interpretar como un argumento para inducir a los incrédulos a practicar una hipocresía bienintencionada *(to practice a well meant hypocrisy)*.[27] Un juicio positivo sobre la utilidad de la religión podría considerarse asimismo una forma de incitar a los críticos a moderar sus críticas y abstenerse de expresar sus dudas, en vista de la importancia de la religión.[28]

Mill ofrece una explicación matizada de por qué es útil la religión. Señala que la religión ha estado históricamente ligada a toda suerte de atrocidades. Recordemos el sacrificio de Ifigenia, la hija de Agamenón. Sin embargo, se pregunta si tales actos son imputables a la religión. ¿Están esos problemas inherentemente unidos a la propia religión o, por el contrario, sólo se refieren a una forma determinada de religión? Parece como si Mill quisiera liberar la religión en general de algunas de sus formas y manifestaciones odiosas.[29] Además, dice que esos llamémoslos «puntos negativos» de la religión actual (es decir, la de su tiempo) ya no son dominantes.

Así pues, Mill cree en el progreso, también en el progreso de la religión, y añade que ese proceso de mejora de las ideas y de los sentimientos de las personas es continuo *(this process of extirpation continually goes on)*. Los rasgos inmorales y repudiables que pudieran eliminarse de la religión, aduce Mill, ya no los encontramos en nuestro tiempo.

No es necesario argumentar que en nuestros días, en esta época que vuelve a calificarse como «El siglo del terror religioso»,[30] en la que la teoría del mandato divino de las grandes tradiciones teístas está experimentando un resurgimiento, las ideas de Mill siguen teniendo plena vigencia. Ahora bien, ¿tenemos motivos para mostrarnos hoy en día tan optimistas como Mill? ¿Es cierto que las religiones siempre evolucionan hacia una mayor liberalidad y formas pacíficas?

Mill divide la pregunta sobre la utilidad de la religión en dos partes. La primera de ellas se refiere a lo que la religión significa para el individuo; en la segunda, se centra en lo que la religión significa para la sociedad en su conjunto.

A propósito de la utilidad social de la religión, Mill constata que muchas personas sienten la inclinación de atribuir a la religión valores positivos que acaso no tengan ninguna base religiosa. La lealtad de los espartanos hacia su ciudad, por ejemplo, se explica por el patriotismo espartano, no por su religión. Mill señala asimismo que los griegos en general estaban moralmente desvinculados de la religión.[31] Esa circunstancia tenía mucho que ver con la opinión que sustentaban sobre sus dioses, quienes parecían poco dispuestos a mezclarse en los asuntos humanos.

En 1993, cuatro años después de la fetua, Salman Rushdie escribió que si en verdad existía algún Dios, no creía que pudiera sentir el menor interés por *Los versos satánicos*. En realidad, ese Dios no sería «Dios» si un libro pudiese hacerlo tambalear en su trono.[32] No obstante, y con todos los respetos, podemos considerar «muy griega» esta afirmación. El dios teísta tiene gran interés en lo que se escribe y en lo que se piensa de él, como queda demostrado en un buen número de pasajes del libro en el que Dios mismo dice estar furioso por la conducta irreverente de los israelitas (Finés).

Por otra parte, el concepto epicúreo y utilitarista de la religión está reñido con el teísta. Es evidente que los utilitaristas discreparán de todas esas corrientes religiosas que se oponen tajantemente a orientarse hacia la felicidad terrena. El utilitarismo es una doctrina optimista, que tiende hacia la felicidad humana. De ahí que una concepción del mundo en la que primen las nociones de culpa, pecado, pesimismo y desaliento será rechazada ipso facto por un utilitarista. Nadie se sorprenderá, pues, porque Mill exprese una opinión decididamente negativa acerca de la teoría de Calvino *(Calvinistic theory)*.

De todo lo dicho se desprende que una teoría ética como el utilitarismo tiene enormes repercusiones. La ética se ocupa del bien y del mal, no de la teología y tampoco de la religión. Esa afirmación fue poco menos que una revolución.

5. VOLTAIRE ACERCA DE DIOS

Así pues, hemos visto que Mill planteaba la cuestión sobre la utilidad de la religión. Pero es lógico pensar que uno vaya un paso más allá y se pregunte por la existencia de Dios desde la perspectiva utilitarista. ¿Cuál es la utilidad de Dios? Y si Dios es útil, ¿es ésa razón suficiente para que creamos en él o para animar a otros a creer en Él? Y supongamos que uno no cree en Dios o que duda de su existencia y, sin embargo, está convencido de que resulta útil que Dios exista en la mente de los demás, ¿debería guardarse para sí esa incredulidad o esas dudas para, como decía Mill, practicar una hipocresía bienintencionada *(to practice a well meant hypocrisy)*?[33] Ésa parece ser la postura de un conocido intelectual del período ilustrado, Voltaire. Él se centrará muy especialmente en una de las cuestiones planteadas por Mill: la utilidad de la religión para la sociedad.

Voltaire (1694-1778) es conocido por sus terribles diatribas contra la religión. William Blake lo expresa en un poema:

> *Mock on, mock on, Voltaire, Rousseau;*
> *Mock on, mock on, 'Tis all in vain.*
> *You throw the sand against the wind.*
> *And the wind blows it back again.*[34]

> Burlaos, burlaos, Voltaire y Rousseau,
> Burlaos, burlaos, que es en vano;
> Lanzáis el polvo contra el viento,
> y el viento os lo devolverá.

Edmund Burke, el gran crítico de la Revolución francesa y del legado de la Ilustración, estudió a quienes, en su opinión, fueron los precursores intelectuales de esa revolución social: Rousseau y Voltaire.[35] Las ideas de la revolución habían sido abonadas por los filósofos de la Ilustración. La revolución no fue buena y, por lo tanto, la Ilustración tampoco. Se trata de una idea algo simplificada que encontramos en muchos otros críticos de la Revolución francesa, entre los cuales cabe destacar a Joseph de Maistre y Edmund Burke. «¿Quién no soñaba con tener a Rousseau y Voltaire de legisladores?», escribe Burke en una carta de 1790. Voltaire tiene el mérito de escribir muy bien, concede Burke con cierto desdén, pero nadie ha acumulado tal cantidad de blasfemias y obscenidades.[36] De Maistre va aún más lejos en su escarnio hacia Voltaire, al que llamó el «más despreciable de todos los escritores» *(le plus méprisable des écrivains)*.[37]

Ahora bien, el rechazo que los escritores conservadores del siglo XIX muestran hacia Voltaire es comprensible. En una determinada fase de su vida, éste firmaba todas sus cartas con *Écrasez l'infâme* («destruyan al infame»). Ese «infame» aludía a la Iglesia católica. Voltaire era además un anticlerical y un crítico implacable de determinados pasajes de las Sagradas Escrituras.[38] Pero, como manifestó con frecuencia, no era ateo,[39] sino que se refería a sí mismo como un teísta. Su idea de Dios es una fe realmente pura (y simple, según algunos) en un Dios todopoderoso que se venga del mal después de la muerte. Dios sería un ser supremo, creador de todo lo que existe y que castiga los malos actos sin ensañamiento, y otorga la máxima recompensa por los buenos.[40] En su disertación *Epístola al autor del libro «Los tres impostores»* (*Epître à l'auteur du livre des Trois Imposteurs*) Voltaire ofrece una aclaración sobre su concepto de Dios.[41] Es ahí donde hallamos la idea de un «Dios útil» en el que todos deberíamos creer necesariamente. Voltaire dice que todos los sabios y todos los pueblos han concebido la idea de un señor, un juez, un padre todopoderoso y absolutamente bondadoso. La creencia en este Dios es lo que forma el vínculo sagrado que une a las personas en la vida en sociedad y constituye el fundamento de la justicia y el freno para el criminal *(Le frein du scélérat)*.

Así pues, aquí se nos presenta un Dios como el gran castigador y vengador de las malas acciones. Dios como un agente de policía cósmico. Ése es el Dios al que Voltaire alude unas líneas más adelante: «Si Dios no existiera, tendríamos que inventarlo» *(Si Dieu n'existait pas, if faudrait l'inventer)*.

Dejemos que los sabios anuncien esa fe y que los reyes la teman.[42] Si los reyes nos subyugan —sigue diciendo Voltaire— deben recordar que en el cielo les aguarda el gran vengador: «aprended a temblar». Ésa es la «fe útil» *(croyance utile)* que Voltaire quiere propagar.[43]

La pregunta es si es posible lo que Voltaire propone. En realidad está defendiendo la hipocresía bienintencionada *well meant hypocrisy*, que Mill planteaba como posibilidad. Pero ¿es posible actuar con integridad y recomendar a los demás que crean en algo en lo que uno no cree? Imaginemos que usted es ateo. ¿Podría mantenerlo en secreto sólo porque le parece útil que su vecino sea creyente? Y ¿cómo debería actuar con sus propios hijos? ¿Debería compartir con ellos el secreto de que la religión no es sino un mito y pedirles después que no se lo digan a sus compañeros de clase?

Vemos pues que la postura de Voltaire como filósofo de la Ilustración es un tanto ambivalente. Por una parte somete la religión al criterio de la utilidad. Algo que entraña por fuerza cierto riesgo para ésta, dado que si no puede demostrar su utilidad, deberá desaparecer. Por otra parte, el planteamiento utilitarista puede resultar favorable a la religión. En ese caso, aunque los postulados teológicos puedan parecer increíbles desde el punto de vista de la razón, seguiríamos defendiéndola por motivos puramente prácticos. Voltaire cree que la religión puede demostrar su utilidad y, por consiguiente, no se le puede considerar un pensador radical de la Ilustración. Holbach, Diderot, La Mettrie y otros fueron mucho más críticos con Dios y la religión.

Ese enfoque típicamente utilitarista de la religión está más extendido de lo que se cree. Bentham constata —sin duda, con satisfacción— que muchos pensadores de quienes no cabría esperar tal reacción emplean razonamientos utilitaristas de forma implícita. Un buen ejemplo es Pascal.

6. LA APUESTA DE PASCAL SOBRE DIOS

Acabamos de ver que Voltaire era un teísta que abogaba por aceptar la existencia de Dios. No es algo con lo que suela asociarse el nombre de Voltaire. Otra extraordinaria argumentación en favor de la existencia de Dios la hallamos en el pensamiento del apologista cristiano Blaise Pascal (1623-1662). Pascal, del que a menudo se ha dicho que está en las antípodas de Voltaire,[44] se ocupó de la segunda pregunta planteada por Mill. Así pues, no enfocó su atención en la utilidad de la religión para la sociedad en general, sino que se centró en sus implicaciones para el ser humano individual. Pascal es cristiano, sin embargo, aduce un curioso argumento que coincide de hecho con el planteamiento de Voltaire y que podríamos considerar eminentemente «utilitarista». La argumentación de Pascal en favor de la existencia de Dios aparece en un conocido pasaje de su obra *Pensamientos (Pensées)*, de 1670.

Pascal empieza constatando la dificultad de decidir sobre la existencia de Dios, pues, según parece, resulta imposible llegar a tener una certeza absoluta al respecto. Así pues tenemos que apostar por Dios. Esta reflexión se conoce por el nombre de «el argumento de la apuesta» o *le Pari*.[45]

Pascal empieza con una proposición: «Dios existe o Dios no existe». ¿Por cuál de las dos opciones debemos decantarnos? La vía del conocimiento no nos ofrece las claves para resolver esta cuestión. Basándonos en supuestos racionales llegamos a varias conclusiones, así pues parece razonable no elegir. Pero eso es algo que Pascal considera inadmisible; hay que apostar. ¿En qué nos basamos para tomar tal decisión? Lo más sensato sería optar por lo que nos procurase mayor provecho. Si uno cree en Dios y Dios existe, lo gana todo. Si uno no cree en Dios y resulta que sí existe, lo perderá todo. Para Pascal la elección está muy clara. «No lo dudéis y apostad por la existencia de Dios», concluye.

La argumentación de Pascal muestra un razonamiento típicamente utilitarista, y eso es algo que no cabría esperar en alguien con su orientación filosófica. Su doctrina se parece a la de Voltaire, pero hay una importante diferencia. En el caso de Voltaire se trata de la función social de la religión. La convivencia parece imposible sin la fe en un Dios todopoderoso y justiciero. En Pascal, por el contrario, se trata solamente de la salvación del individuo. Si nos preocupa la salvación de nuestra alma, resulta útil elegir a Dios. En suma, lo mejor es apostar por Dios.

¿Resulta convincente esa argumentación? Nos asaltan ciertas dudas al respecto. En primer lugar nos topamos con el problema de que no es posible creer algo sólo por las consecuencias útiles que dicha creencia nos pueda deparar. Volvemos pues a la misma objeción que ya empleamos con el razonamiento de Voltaire. Uno cree algo o no lo cree. En este sentido, podríamos comparar el acto de creer con el de amar. Veamos un ejemplo: Jan se lleva muy bien con Marie y ella con él. A los dos les gusta charlar. Los dos disfrutan con el teatro y la música. A los dos les encanta salir. Y ¿qué decir de las vacaciones? Mejor, imposible; a los dos les atraen unas vacaciones activas: escalar, nadar, montar en bicicleta. ¿Qué más se podría pedir?

Pero resulta que Jan no está enamorado de Marie. Jan está enamorado de Tanja, aunque ella no siente lo mismo por él. ¿No sería mucho más fácil, suspira Jan, si pudiese enamorarse de Marie? Así las probabilidades de que la relación funcionase serían mucho mayores, ¿no? Jan intenta entonces enamorarse de Marie, pero no funciona; sigue irremediablemente enamorado de la inaccesible Tanja.

Vemos que el amor y la fe tienen mucho en común. No es posible forzar el amor y tampoco puede imponerse la fe. Creer en Dios porque es útil para nosotros es una misión imposible.

Otro problema de la argumentación de Pascal es que a muchos les desagradará su «oportunismo» e incluso su «cinismo». De hecho, Pascal aconseja creer en Dios porque eso nos da una ventaja. Esa actitud tiene algo de despreciable. Pascal puede apoyarse en una fuente típicamente cristiana para su argumentación: el propio Jesucristo. Cristo auguró condenas terribles para los que no aceptasen su mensaje religioso: «A la manera, pues, que se recoge la cizaña y se quema el fuego, así será en la consumación del mundo» (Mateo 13, 40). Así, la advertencia de Pascal ante la mala elección no es infundada.

He aquí la visión que Jesús ofrece del futuro. Al final de los tiempos se procederá a una gran división.

> Enviará el Hijo del hombre a sus ángeles, y recogerán de su reino todos los escándalos, y todos los obradores de iniquidad, y los arrojarán en el horno de fuego, donde habrá llanto y crujir de dientes. (Mateo 13, 41-42)

A primera vista, no cabe duda de que la apuesta de Pascal parece favorable. A pesar de que no estemos del todo convencidos de la existencia de Dios, parece que lo mejor es apostar por él. Si durante toda la vida nos guiamos por sus preceptos y después resulta que Dios no existe, pues no pasa nada. Pero si no nos hemos guiado por los mandatos divinos y resulta que Dios sí existe, todo estará perdido. Ahora bien, ¿es ésa una actitud moral responsable? ¿No resulta mucho más correcta la perspectiva de Spinoza, quien afirma que la virtud es su propia recompensa? ¿Quién elogiará a un creyente que ha llegado a su fe después de concluir que eso le reportará ventajas? Hay algo de cierto en la objeción que se hace a la argumentación de Pascal: «El razonamiento de la apuesta de Dios de Pascal no es tanto un argumento como un intento de intimidación psicológica».[46]

Un tercer reparo que podría hacérsele a Pascal es una «crítica interna», esto es, una crítica que parte de los supuestos de Pascal y reflexiona sobre si el filósofo ha elaborado su argumentación de forma coherente. Para aclarar esta cuestión, debemos plantearnos primero qué entendemos por «la elección equivocada». Desde la perspectiva cristiana, está muy claro: quien no elige a Dios, será castigado por el Dios cristiano después de la muerte, mientras el que sí elige a Dios, será recompensado por ello en el más allá. Pero éste es en cierto modo un pensamiento «cristocéntrico» o, en otras palabras: Pascal sólo implica en su historia al Dios cristiano. Y quizá en su tiempo ésa fuese la única opción real, pero hoy en día ya no lo es. Conocemos innumerables creencias religiosas. Pascal no es el único que nos exhorta a creer en su dios. Lo mismo hacen los musulmanes, los hindúes, los budistas y los representantes de otras confesiones. Si todas esas religiones poseen dioses justicieros que montan en cólera si no son ellos los elegidos, no vamos nada bien.

En un tiempo como el nuestro, con un exceso de información sobre todos los dioses imaginables, tanto en otros rincones del mundo, como en otras épocas de la historia, las posibilidades de elección son prácticamente infinitas. Conocemos a los dioses de los vikingos, de los griegos, de los romanos, de los musulmanes, de los egipcios, y podríamos seguir con la lista. Muchos de esos dioses (sobre todo los teístas) imponen castigos draconianos si no se cree en ellos. Una opción segura *à la Pascal* sería creer en todos esos dioses. Pero eso es algo que ellos no aceptan. Los dioses (los teístas por descontado) son criaturas celosas. No quieren que sus adoradores sean amigos de todos. Exigen el derecho a la adoración exclusiva. Así pues, el ser humano debe escoger. Y ¿qué estrategia es la más sensata dadas las circunstancias? El ateo dirá: «la mía». Al fin y al cabo, cabe la posibilidad de que alguien que siempre ha creído en el dios de los cristianos tenga que ajustar cuentas después de su muerte con el dios de los vikingos. Y, como los propios vikingos, sus dioses no serán blandos. Hasta es posible que tengamos que enfrentarnos a dioses cuya existencia ni siquiera conocíamos. Por supuesto, a nuestro juicio, sería muy irracional por su parte castigarnos por no creer en ellos en vista de que no se nos han revelado. Pero ¿quién nos garantiza que los dioses actúan de forma racional? ¿Quién nos garantiza que su lógica es la misma que la nuestra?

También podemos elucubrar sobre los castigos que nos impondrán. Por ejemplo, nos clavarán al mástil de una nave vikinga por los siglos de los siglos. Quién sabe, tal vez nos encontremos allí a Pascal, sometido a los tormentos más espantosos, cual Prometeo cristiano, por haber apostado al caballo equivocado (léase *al dios equivocado*).

Otros arguyen que con Pascal no llegamos muy lejos. Sus argumentos dan que pensar, pero están lejos de ser convincentes.

7. EPICURO ACERCA DEL MIEDO A LOS DIOSES

¿Cuál es el resultado de este *tour d'horizon* a lo largo de las teorías sobre la utilidad de la religión? El resultado no es unívoco. Tanto Voltaire como Pascal proclaman la utilidad de Dios, pero si partimos de unas premisas utilitaristas, ¿no deberíamos en realidad descartar a Dios? ¿Es cierto que con la fe todo son ganancias?

Parece que ha llegado el momento de repasar el pensamiento del primer utilitarista, Epicuro. Epicuro también especuló sobre la existencia de los dioses y dijo que el conocimiento que tenemos de ellos es «evidente».[47] Pero a la vez señala que los dioses no son como los considera la gente, sino que poseen cualidades muy distintas de las que se les suelen atribuir.

Epicuro estaba convencido de que lo que despierta la inquietud de la gente son las imágenes erróneas que tienen en la mente. Por ejemplo, las falsas ideas que tienen sobre los dioses y sobre la muerte.

A propósito de la muerte, Epicuro sostiene que no es nada para nosotros, puesto que todo bien y todo mal —explica— están en la sensación, y la muerte comporta la pérdida de sensación.[48] Epicuro dice que la «recta visión» consiste en saber que la muerte no es nada para nosotros. El que posee esa recta visión puede disfrutar de la vida. «Nada hay terrible en la vida para quien está realmente persuadido de que tampoco se encuentra nada terrible en el no vivir.»[49] Decir que se teme a la muerte no es más que divagar. Así pues, el más estremecedor de todos los males, la muerte, no es nada para nosotros, ya que mientras nosotros somos, la muerte no está presente y, cuando la muerte está presente, entonces ya no somos.[50]

Resume su mensaje de forma breve y concisa: «La muerte no es nada para nosotros; al fin y al cabo, todo lo que se descompone carece de sensación y todo lo que carece de sensación no es nada para nosotros».[51] Con esta visión acerca de la muerte y de la religión, el primer utilitarista aporta uno de los comentarios más críticos a la religión en general.

Las reflexiones que acabamos de mencionar significan que una consideración utilitarista acerca de las ventajas y las desventajas de la religión no nos conduce a un resultado unívoco según los filósofos a los que hemos citado.

De lo anterior se desprende también que cabe plantear serias dudas al enfoque utilitarista de la religión, dado que podríamos preguntarnos si es un enfoque intelectualmente íntegro. Uno no puede creer (o pretender que cree) basándose sólo en razones puramente utilitaristas. No es una opción digna. Uno no le cuenta a su hija que Dios existe en contra de sus propias creencias sólo porque cree que eso la hará más feliz. ¿O me equivoco?

Eso nos lleva al tercer y último aspecto del que quiero hablar a propósito de una reconciliación entre utilitarismo y religión. Ese último aspecto no se refiere a un acercamiento entre utilitarismo y religión, sino a una postura atea. Ya hemos visto con anterioridad que Bentham y Mill eran considerados radicales peligrosos por sus contemporáneos *(philosophical radicals)*.[52] El *establishment* religioso en particular no siente mucho aprecio por el utilitarismo. Ya hemos visto que se han hecho esfuerzos encaminados a reconciliar el utilitarismo y la religión, incluso a fundamentar la religión en una concepción utilitarista. ¿Cómo es posible que ni la Iglesia ni los creyentes se sintieran impresionados? ¿Cómo se explica que se mostraran en todo momento desconfiados hacia los radicales Bentham y Mill? Personalmente creo que es algo que tiene que ver con la tensión inevitable que siempre surge entre una teoría ética y una visión religiosa que interfiere en las cuestiones acerca del bien y el mal. La ética y la religión no hacen muy buenas migas, porque al final surge siempre la pregunta ¿quién tiene la última palabra en relación sobre el bien y el mal?, ¿la ética? ¿O la religión, como enseña la teoría del mandato divino?[53] El dilema planteado por los seguidores de la teoría del mandato divino es, por lo tanto, un dilema real. Es comparable con la pregunta que formula Holbach. Siempre que el líder espiritual (el papa) y el líder terreno (el emperador) pretendan imponer reglas imperativas para los ciudadanos, tarde o temprano surgirá la pregunta de cuál de estas formas de derecho (y por tanto qué líder) tiene primacía sobre la otra. En ese sentido, la observación de Holbach es muy atinada, como ya he dicho. Si tanto la religión como la ética dicen tener un juicio sobre el bien y el mal, tarde o temprano surge la pregunta de cuál de las dos disciplinas tiene prioridad.

Analicemos este asunto partiendo del ejemplo de una filósofa del siglo XX.

8. ¿SE PUEDE SER FILÓSOFO ÉTICO Y CREYENTE?

La pregunta principal es si se puede ser un especialista en ética y creyente a la vez. Muchas personas creen que es posible. Más aún, creen que es algo muy natural. El ejemplo más elocuente de una relación entre ética y religión es la teoría del mandato divino. Sin embargo, incluso los que no la suscriben parten a menudo de una relación armónica entre la ética y la religión. Podríamos señalar por ejemplo la conocida filósofa británica Elizabeth Anscombe (1919-2001).

El filósofo ético estadounidense James Rachels (1941-2003) la ha considerado la filósofa más destacada de todos los tiempos.[54] Anscombe se pronunció en contra del aborto y también de la utilización de la bomba atómica en Hiroshima.[55] Pero no sólo era filósofa ética, sino que también era católica. Y esos criterios éticos tenían mucho que ver con sus convicciones católicas, según Rachels, quien dice: «sus criterios éticos reflejaban la doctrina católica».[56] Por ejemplo, Anscombe elogió en 1968 las reflexiones del papa Pablo VI a propósito del control de natalidad y, de muy mayor, fue arrestada por participar en una protesta delante de una clínica abortista.

La cuestión es ¿cómo se articulan sus opiniones éticas en relación con las de la Iglesia católica? Podemos diferenciar dos opciones.

La primera es que ella, en su condición de filósofa ética, desarrolló varios supuestos fundamentándose en teorías éticas. En ese sentido, no importa si eligió el utilitarismo, el kantismo o cualquier otra teoría. Lo que importa es el hecho de que adoptara una teoría moral como premisa, en vez de partir de un concepto religioso, y después considerara los postulados de la Iglesia católica comparándolos con las conclusiones a las que había llegado como filósofa. En ese caso, la ética pasaría por delante de la religión, que debería amoldarse a la primera. Entonces podría hablarse de una postura de autonomía de la moral.

Desde esta perspectiva, Anscombe habría llegado al catolicismo porque esta doctrina proclama una visión moral que coincide con la suya. Un cúmulo casual de casualidades, pues.

La segunda posición propone que en realidad Anscombe no desarrolló sus teorías éticas a partir de un análisis ético independiente, sino que las tomó de la doctrina cristiana. En tal caso no es la ética la que prima, sino la religión (a través de la Iglesia).

Hay una antigua tradición en la que la filosofía, y por tanto también la ética, se considera la «sirvienta de la teología».[57] Esta doctrina se conoce con el nombre de «heteronomía, o teonomía, de la moral».[58]

Como ya he dicho anteriormente, mi opinión es que la pretensión de la ética sólo puede ser la primera: la autonomía de la moral. En consecuencia, el «eticismo» prevalece sobre el «catolicismo», el «protestantismo» y el «islamismo» o cualquier otra perspectiva que pueda competir con la ética, que, por otra parte, son casi siempre religiones.

En resumen, respecto al bien y al mal siempre se planteará la pregunta de a qué instancia nos encomendamos. ¿A la de la ética o a la de la religión? El utilitarismo como planteamiento ético expuso claramente este tema. Bentham presentó el dilema sin hacer ningún compromiso. La humanidad está bajo el gobierno de dos amos soberanos, el dolor y el placer. Ellos son los encargados de marcar la dirección y ningún otro más. Es comprensible que la religión ortodoxa de su tiempo tuviera que rechazar esa tesis, porque sus consecuencias son radicales.[59] Implican inevitablemente que, en tanto se trate de temas morales, la religión está bajo la tutela de la ética. El bien y el mal son asuntos que trata la ética. La salvación en un mundo más allá del nuestro es un ámbito que pertenece a la religión. Así pues, la religión y la ética son conciliables, pero sólo si ambas se mantienen en su propio terreno. La religión no tiene la última palabra sobre asuntos éticos como tampoco la tiene en cuestiones referentes a la astronomía o a la biología. La soberanía de la ética sobre la religión fue razonada claramente por el utilitarismo y antes aún por el epicureísmo. El filósofo alemán Eduard von Hartmann dice muy oportunamente que las religiones no están en condiciones de fundar una moral *(echte Moral zu begründen)*. Hace también un llamamiento a las religiones para superar el «momento heterónomo» en sus doctrinas *(Überwindung der Periode der He-*

teronomie) y alcanzar la autonomía moral.[60] Bentham lo hace. Parte de la perspectiva de la autonomía de la moral o, dicho en otras palabras, de la separación entre moral y religión.

Eso me conduce hasta la segunda forma de ética autónoma que también se perfila como una alternativa a la ética religiosa, el kantismo.[61] Suele decirse que la filosofía de Kant supuso el alumbramiento de la ética autónoma, aunque, en rigor, no es cierto, puesto que también el utilitarismo partía de un sistema autónomo. No se sabe a ciencia cierta qué tiene de especial la filosofía de Kant para llevarse los méritos de la «autonomía». Tal vez se deba a que, en el pensamiento kantiano, la palabra *autonomía* tiene una especial relevancia. Si Bentham daba más o menos por supuesta la autonomía de la ética, Kant llega a proclamar la autonomía de su ética.

Por lo general, se presenta al kantismo como la perspectiva competidora del utilitarismo. Y de hecho es así. Kant desarrolló su ética en oposición a la ética del utilitarismo. Lo cual no es óbice para constatar que, cuando comparamos las teorías de Bentham y de Kant con las de la ética teológica, no hallemos más similitudes entre el kantismo y el utilitarismo de las que habríamos sospechado a primera vista. Me centraré sobre todo en los aspectos que comparten Kant y Bentham: la ruptura con la ética teónoma.

III

EL KANTISMO

Algunos pensadores son muy precoces; otros, sin embargo, escriben su obra maestra a una edad avanzada. Schopenhauer (1788-
1860) contaba con treinta y un años cuando publicó su obra cum-
bre, *El mundo como voluntad y representación* (*Die Welt als Wille
und Vorstellung*, 1819). David Hume (1711-1776) tenía veintio-
cho años cuando vio la luz su *Tratado de la naturaleza humana*
(*A Treatise on Human Nature*, 1739-1740). Sabemos que John
Stuart Mill, igual que Leibniz, poseía dotes extraordinarias ya de
niño. Kant, sin embargo, tuvo un florecimiento tardío.

Immanuel Kant (1724-1804) contaba cincuenta y siete años
cuando publicó su obra más importante, *Crítica de la razón pura*
(*Kritik der reinen Vernunft*, 1781), un libro que ha sido considerado una de las obras más significativas (si no la más) de la era
moderna.

Para conocer la ética de Kant, debemos destacar otras tres
obras: *Fundamentación de la metafísica de las costumbres* (*Grundlegung zur Metaphysik der Sitten*, 1785), *Crítica de la razón práctica* (*Kritik der praktischen Vernunft*, 1788) y *Metafísica de las
costumbres* (*Metaphysik der Sitten*, 1797). La postura de Kant
como pensador de la Ilustración aparece esbozada en su ensayo
¿Qué es la Ilustración? (*Was ist Aufklärung?*, 1784).[1] Conside-
raré también esta última obra como una parte de su pensamiento
ético.

Podemos estudiar la ética kantiana en función de tres pasos.

I. PRIMER PASO: LA BUENA VOLUNTAD

Uno de los rasgos que caracteriza la teoría ética de Kant es empezar con la buena voluntad. «Nada puede considerarse bueno sin restricción, a no ser tan sólo la buena voluntad.» Éste es, como bien apunta el filósofo británico C. D. Broad (1887-1971), el punto de partida de la ética de Kant.[2] Se ha señalado también la buena voluntad autónoma como el «principio fundamental de la filosofía kantiana».[3] Kant lo formuló con estas palabras en un conocido pasaje de su *Fundamentación de la metafísica de las costumbres*:

> Ni en el mundo ni en general fuera de él es posible pensar nada que pueda ser considerado bueno sin restricción, excepto una buena voluntad. El entendimiento, el ingenio, la facultad de discernir o como quieran llamarse los talentos del espíritu, o el valor, la decisión, la constancia en los propósitos como cualidades del temperamento son, sin duda, buenos y deseables en muchos sentidos, aunque también pueden llegar a ser extraordinariamente malos y dañinos si la voluntad que debe hacer uso de estos dones de la naturaleza, y cuya constitución se llama propiamente *carácter*, no es buena.[4]

Es fácil pensar en ejemplos de situaciones en las que la buena voluntad tenga, pese a todo, consecuencias terribles. Supongamos que el ayudante de un médico le administra a un paciente el medicamento equivocado, de resultas de lo cual el paciente muere. Buena voluntad, pero consecuencias desastrosas.

Pero, desde la perspectiva kantiana, puede argüirse que las consecuencias no eran intencionadas. La buena voluntad estaba presente y las consecuencias del ayudante no deberían ser tenidas en cuenta (al menos no con demasiada severidad).[5] Fue un «accidente», no un acto fruto de «la mala intención». Y eso es lo que cuenta, según el kantismo.

Un buen ejemplo de un juicio moral en el que se haga especial hincapié en la voluntad es lo que el historiador holandés Robert Fruin dice de Felipe II de España. Como ya hemos visto, Felipe II lanzó un edicto en el que declaraba proscrito a Guillermo de Orange. «Es el único rey de su tiempo que entrega a otro monarca, su igual en cuna y linaje, al primer asesino», escribe Fruin.[6] Ahora bien, no fue ésa la única vez que Felipe II recurrió a ese método. En abril de 1580, el monarca español también declaró proscrito a uno de los aspirantes al trono de Portugal. Cualquiera que quitara la vida al pretendiente al trono, don Antonio, percibiría 30.000 coronas y un ducado. Desafortunadamente para Felipe II, el condenado a muerte se enteró de sus planes y logró huir con los insurrectos holandeses. En este caso, pues, la proscripción no logró el resultado deseado: la muerte de la víctima. Pero eso no cambia el asunto en lo que a Felipe se refiere —subraya Fruin—, pues, en este caso, la voluntad vale tanto como el acto en sí.[7] Ése sería un razonamiento típicamente kantiano.

Otro ejemplo con el que puede ilustrarse el significado de la intención lo hallaríamos en la historia de Abraham e Isaac. Como ya hemos comentado, Abraham estaba dispuesto a ofrecer a su hijo en sacrificio, pese a que en el último momento no llegara a consumarlo. ¿Cómo deberíamos juzgar moralmente el comportamiento de Abraham? También en este caso debemos decidir si nos concentramos en los hechos o en la voluntad. Si nos concentramos en los hechos, siempre podemos alegar que el asesinato no llegó a producirse. Bien mirado, no pasó nada. Pero si nos atenemos a la voluntad de Abraham, a su intención, entonces cabe hacerle un duro reproche: estaba dispuesto a sacrificar a su propio hijo, y semejante acto no merece nuestra admiración, sino nuestro horror y repulsa.[8]

2. SEGUNDO PASO: LA BUENA MOTIVACIÓN

Del ejemplo anterior se desprende que el hecho de que la voluntad sea buena o no dependerá de la motivación. Esto es, una buena voluntad está motivada por las consideraciones justas. Y ¿cuáles son esas buenas consideraciones? La consideración es buena cuando alguien actúa en virtud de un determinado «principio». Una mala consideración será aquélla en la que alguien obra movido por una «inclinación» o por impulso.[9]

Para ilustrar esta afirmación consideremos, por ejemplo, que uno quiere ayudar a un amigo que está atravesando graves problemas económicos. Y supongamos también que actúa partiendo de la consideración de que su amigo está sufriendo a causa de la situación en que se halla y eso lo incomoda enormemente. Es bastante probable que si esa persona no fuese su amigo, sus apuros económicos no le hubiesen afectado tanto. En este caso, por tanto, la iniciativa de ofrecerle ayuda no es el resultado de una reflexión basada en un principio, sino de un «impulso» o «inclinación» para ayudarlo.

Según la ética de Kant, ésa sería una consideración errónea. En este caso, uno ayuda a la persona no porque existan razones objetivas para ello o porque se base en cualquier otro principio, sino sólo porque siente «simpatía» por el otro, una simpatía que está basada en el hecho puramente fortuito de que se trata de un amigo.

Podríamos comparar esta situación con la de una organización de ayuda humanitaria, por ejemplo, Médicos sin Fronteras. Una organización de ayuda humanitaria no puede trabajar de forma arbitraria. Tiene que contar con una serie de criterios que le permitan decidir en qué situaciones puede prestar ayuda y en cuáles no. En otras palabras: hay una lista de control. Si un caso determinado cumple todos los requisitos, el resultado será dispensar ayuda. Si, por el contrario, no los cumple, lamentablemente se le denegará la ayuda.

Según Kant, este ejemplo sería ofrecer ayuda ateniéndose a un determinado principio. Sólo esta última forma de comportamiento merece ser calificada de «moralmente justa».

3. TERCER PASO: EL IMPERATIVO CATEGÓRICO

En realidad, al determinar la buena voluntad no hemos hecho sino formular uno de los requisitos imprescindibles para actuar moralmente bien, pero con eso no basta. Para lograr que un acto sea en principio moralmente correcto hay que satisfacer otra premisa. Según Kant esas acciones genuinamente morales deben pasar la prueba del «imperativo categórico».

Sólo podemos comprender el contenido de un imperativo categórico si lo contrastamos con otra clase de imperativo, el hipotético. Un imperativo hipotético formula una regla de conducta que es imperativa en función de un determinado objetivo que se desea alcanzar. Tomemos como ejemplo una anécdota sobre el asesinado realizador y columnista Theo van Gogh. Van Gogh era un bebedor nato, pero un buen día decidió no volver a probar ni una gota de alcohol. Todo el mundo estaba sorprendido; Theo no bebía. ¿Por qué? Van Gogh explicó que era por prescripción médica. Si seguía bebiendo al ritmo que era habitual en él, no viviría mucho tiempo más. Pese a ello, seguía poniendo sus paquetes de cigarrillos sobre la mesa (sí, no uno sino varios). Cualquiera podía pedirle un cigarrillo y él mismo fumaba como una chimenea. ¿No era eso tan poco saludable como el beber? Van Gogh no estaba de acuerdo en este punto. Al fin y al cabo, él no quería morir «a corto plazo», lo que habría sin duda sucedido de persistir en la bebida, pero llegar a viejo y, para conseguirlo, tener que dejar de fumar o recortar mucho la cota de cigarrillos se le antojaba un precio demasiado alto para él.

Ante esta postura, la prohibición «no debes fumar» pierde en realidad todo su fundamento. Ese fundamento se basa en el supuesto de que uno quiere llegar a viejo. Pero si alguien te dice «es que yo no quiero llegar a viejo», ¿qué se puede añadir?

Este ejemplo nos pone sobre la pista de por qué el principio de que uno no debería fumar debería ser imperativo. Y queda claro que éste depende completamente de la suposición (hipótesis) de que todos nosotros deseamos tener una larga vida. Si esa suposición no se cumple, esa prescripción carece por completo de fundamento. El imperativo «no debes fumar» es por consiguiente un imperativo hipotético.

Kant opinaba que los imperativos hipotéticos no dictan juicios morales auténticos, dado que carecen del carácter obligatorio y necesario que va implícito en los verdaderos juicios morales. Una característica de las prescripciones éticas es que formulan una regla que no debe su carácter obligatorio a una determinada suposición, sino que es un fin en sí mismo. Podríamos decir que el principio debe ser «absoluto» (la palabra *absoluto* procede del latín *absolvere*, que significa «desvincularse»; un precepto absoluto estará por lo tanto desvinculado de toda suposición).

Kant denomina a esos preceptos absolutos «imperativos categóricos». En las palabras de C. D. Broad: «Un imperativo categórico sería un imperativo que es aceptado por sus propios méritos y no como una regla que nos permita alcanzar determinados objetivos».[10] Kant sostiene que el imperativo categórico se refiere a una acción que es necesaria en sí misma y que no está al servicio de ningún otro fin.[11]

Así pues, la ética de Kant es diametralmente opuesta a la ética de los utilitaristas. Los utilitaristas son «consecuencialistas»; es decir, lo que hace que una acción sea buena son sus consecuencias. En opinión de Kant, ese «consecuencialismo» contamina la ética con elementos que no le son propios.

Una acción debe ser buena en sí misma. Un ejemplo de mandato absoluto sería: «No se debe mentir». Es algo que no sólo vale para las personas, sino para todos los seres racionales.[12]

Kant se refiere también al mandamiento de Cristo que nos insta a amar a nuestros enemigos. Este mandamiento sirve para ilustrar la noción del *deber*. Amar a alguien que nos atrae no tiene mucho mérito. Esa clase de amor carece también de valor moral. Pero nadie se siente inclinado a amar a sus enemigos. Y, por eso precisamente, ese amor posee mayor valor moral: amar porque estás obligado a ello.[13]

Kant ofrece diversas definiciones del imperativo categórico, y los especialistas en su obra tienen opiniones divididas sobre si se trata de conceptos distintos o de dos formulaciones distintas que, en realidad, vienen a decir lo mismo.

La primera forma dice que debemos obrar sólo según una máxima tal que podamos querer al mismo tiempo que se torne en ley universal.[14] Hallamos esa formulación en varios escritos de Kant, siempre con ligeras modificaciones.[15]

La segunda formulación en la que se presenta este imperativo categórico kantiano parece poner el acento en otra parte. Aquí el principio fundamental lo constituye la idea del valor humano.

Kant dice que el ser humano, en tanto que ser racional, existe como fin en sí mismo. No es sólo un medio que los demás puedan utilizar a su antojo, sino un fin en sí mismo. Kant se refiere a esos seres racionales también como «personas».[16] Son *Gegenstand der Achtung* (objeto de respeto).[17] Eso lo lleva a una formulación del imperativo categórico en la que el lugar central está ocupado por el hombre en tanto que persona, no puramente como un medio, sino como un fin en sí mismo.[18]

4. KANT CONTRA SCHULZ

¿Cómo llega Kant a defender esta teoría?

A veces se da el caso de que los grandes pensadores que en sus principales obras se pierden un poco en divagaciones y tienen cierta dificultad para expresar la esencia de sus razonamientos, consiguen resumir sus ideas con mayor fortuna en sus obras menores —ensayos, cartas, reseñas— para provecho del estudioso. Kant tiene fama de ser un notorio mal escritor. Al menos en su última época. En su obras más tempranas, tiene salidas más ocurrentes (Vorländer, biógrafo de Kant, ensalza *Los sueños de un visionario (Träume eines Geisterssehers)*, por su ironía y humor,[19] pero cuando empieza la fase crítica de su pensamiento (el período que precisamente tiene mayor repercusión para la posteridad) su estilo se resiente seriamente («*his style gravely suffers*», escribe el filósofo estadounidense Josiah Royce; las frases de Kant «gimen y suspiran bajo su contenido»).[20]

Con todo, Kant es capaz a veces de escribir de forma clara y deslumbrante. Sobre todo en sus ensayos breves. Uno de esos escritos en los que el filósofo alemán plasma con lucidez la línea general de su argumentación es la reseña de un libro de Johann Heinrich Schulz (1739-1823), *Versuch einer Anleitung zur Sittenlehre*. Me detendré en este texto sobre Schulz porque nos permite vislumbrar cómo Kant quiere dar cuerpo a su ética autónoma.

Gulyga, biógrafo de Kant, sostiene que Schulz fue un pastor, pero no un pastor cualquiera sino uno bastante controvertido. Era un *Freigeist vor dem Altar* (un incrédulo ante el altar).[21] Una de las acciones más controvertidas del tal Schulz fue intentar convencer a Federico el Grande de que el ateísmo era extremadamente útil. Al fin y al cabo, la religión como apoyo para la corona no merecía mucha confianza. Los ateos serían súbditos mucho más fiables que los creyentes. Schulz tuvo ciertas dificultades a causa de esas ideas, pero Federico el Grande lo tomó bajo su protección, siguiendo su lema de que uno puede pensar lo que quiera y sobre lo que quiera en tanto se muestre obediente.[22]

Schulz derribó bastantes de los pilares tradicionales de la doctrina moral. En comparación con él, Kant mantenía una postura mucho más tradicional y opinaba que el determinismo y el fatalismo de Schulz podían tener consecuencias desastrosas para la ética. De esa forma, escribe Kant «convierte toda obra y omisión humanas en un juego de títeres» y la vinculación de la moral queda en el aire.[23] Kant está de acuerdo con Schulz en que a lo largo del camino teórico pueden arrojarse algunas de las premisas tradicionales de la moral, pero —arguye— sobre las razones de los actos, lo práctico, no se puede ignorar la libertad necesaria. Si uno pregunta ¿qué debo hacer?, la libertad es una suposición necesaria.[24] Cuando se habla de acciones, deben suprimirse todas las reflexiones escépticas sobre la falta de libertad de la voluntad. Hasta el escéptico más recalcitrante debe admitir que, cuando se trata de actos, todos sus sofismas se evaporan.[25] E incluso el fatalista más convencido debe actuar de acuerdo con su deber «como si» fuese libre.[26]

Resumiendo, en nuestras acciones se presupone siempre la autonomía de voluntad. Sin esa autonomía no existiría la ética y la vida no sería sino un «juego de instintos e inclinaciones».[27]

Ésta es la postura que Kant tomó en 1783 como reacción al ateísmo y al determinismo de Schulz[28] y que posteriormente desarrolló en *Fundamentación de la metafísica de las costumbres* (1785), *Crítica de la razón práctica* (1788) y en *Metafísica de las costumbres* (1797).

5. KANT ACERCA DE LA TEORÍA DEL MANDATO DIVINO

De todo lo dicho hasta ahora se desprende que Kant no era un representante especialmente radical de la tradición de la ética autónoma. En este sentido se parece más a Voltaire (que quiere mantener a Dios como fundamento de la moral) que a Bentham (que rompió con esa idea). Sin embargo, Kant posee una reputación enorme en la filosofía y, por esa razón, el moderado desarrollo que hizo de la idea de la ética autónoma tuvo mayor repercusión que otras versiones más radicales como las que encontramos en filósofos como Schulz.

El hecho de que Kant suscriba la autonomía de la moral tal como se expone aquí, es decir, una moral que no esté justificada por la religión, parece más bien implícito que explícito. Podemos deducirlo, por ejemplo, por la forma en que analiza la historia que está desempeñando un importante papel en este libro, la historia de Abraham dispuesto a sacrificar a su hijo. Kant analiza la cuestión en su libro *La religión dentro de los límites de la mera razón* (*Die Religion innerhalb der Grenzen der blossen Vernunft*, 1793).[29]

Kant empieza la obra afirmando que es evidente que nadie puede quitar la vida a otro por razones de índole religiosa.[30] Y la afirmación de que Dios hubiese podido expresar un mandato tan terrible sólo se apoya en documentos históricos (*Geschichtsdokumente*) que nunca son apodícticos. A continuación, expone un argumento que tiene cierta afinidad con el de Paine *(revelation to that person only)*,[31] y es que la revelación siempre nos llega «a través de personas» y, por tanto, es explicada por personas. Aunque pareciese que la orden provenía de Dios, como Abraham pensaba, es posible que se trate de un error.[32]

Naturalmente, es bastante evidente cuál sería la respuesta que un defensor de la teoría del mandato divino ofrecería. Lo que Kant parece estar haciendo aquí es «simular» que considera la revelación la fuente de la moral, pero en realidad toma claramente partido por la moral autónoma. Después de todo, el camino que Kant aconseja aquí podría llevar a que, cada vez que el mandato divino

entre en conflicto con lo que nos parece un mandato moral, pudié-
ramos argüir que Dios no ha podido ordenar algo así. Así pues, lo
que Kant recomienda en realidad es aceptar la autonomía moral
absoluta. Con todo, guarda las apariencias de que para él el libro
sagrado sigue conservando su autoridad.

Kant vuelve a referirse a este punto en *El conflicto de las facultades* (*Der Streit der Fakultäten*, 1798).[33] Cuando Dios se dirige
verdaderamente a una persona *(wenn Gott zum Menschen wir-
klich spräche)* nunca podemos estar completamente seguros de que
sea Dios el que habla. De ese modo, Kant introduce también el argumento agnóstico: los seres humanos nunca podrán llegar a comprender lo infinito.[34] En algunos casos, podemos estar bastante seguros de que no es la voz de Dios la que uno cree haber oído:
cuando el mandato recibido infringe la ley moral. Por muy majes-
tuosa que pueda sonar esa voz, el sujeto de la revelación debe estar
equivocado.[35] Kant cita entonces el ejemplo del mito del sacrificio
de Abraham (vemos, pues, que lo llama *mito)*. El pobre niño llevaba la leña para el fuego sin saber lo que le esperaba, comenta Kant.
Abraham debería haber contestado a la supuesta voz de Dios:
«que no debo matar a mi hijo es seguro, pero no puedo estar seguro de que vos, que os aparecéis ahora ante mí, seáis Dios, ni siquiera por el hecho de oír que vuestra voz procede de los cielos».[36]

Llama la atención la forma en la que Kant, escritor «adusto»,
se refiere al sacrificio infantil con emotivas palabras. Su lenguaje
contrasta vivamente con el de la Biblia y el del Corán.

Por lo demás, la historia de Abraham no es un caso aislado.
Hallamos un relato parecido en lo que se nos cuenta de Jefté. Viendo que Jefté no hacía progresos en su lucha contra los amonitas «el
espíritu de Yavé fue sobre Jefté».[37] Jefté le prometió al Señor: «Si
pones en mis manos a los hijos de Ammón, el que a mi vuelta,
cuando venga yo en paz de vencerlos, salga de las puertas de mi
casa a mi encuentro, será de Yavé y se lo ofreceré en holocausto».
El desenlace es predecible. Jefté atacó a los amonitas y el Señor se
los entregó. Así pues, Jefté estaba en deuda con el Señor. Cuando
Jefté regresó a su casa, en Mispá, lo recibieron bailando al son de
panderetas. Y ¿quién salió a recibirlo? Su única hija; Jefté no tenía

más descendencia. Al verla, rasgó sus vestiduras y exclamó: «¡Ah, hija mía, me has abatido del todo, y tú misma te has abatido al mismo tiempo! He abierto mi boca a Yavé sobre ti y no puedo volverme atrás». Sin que la hija llegue a preguntar por el contenido de la promesa que aparece narrada en el libro de los Jueces, se da cuenta inmediatamente de la situación y se ofrece voluntaria para acatar su destino, como ya vimos con Isaac, y responde: «Padre mío, si has abierto tu boca a Yavé, haz conmigo lo que de tu boca salió, pues te ha vengado Yavé de tus enemigos, los hijos de Ammón».[38] Y el padre cumple la promesa.

Historias asombrosas. Voltaire habla del «abominable pueblo judío» que permitía los sacrificios humanos. Eran bárbaros y, obedeciendo esa clase de leyes y de moral, Jefté accedió a sacrificar a su hija.[39] ¿Quién podría quitarle la razón a Voltaire en este caso? Los relatos son en verdad sobrecogedores, sobre todo por el laconismo con el que se narran los hechos más dramáticos. No obstante, desde la perspectiva de la teoría del mandato divino de la moral es completamente lógico y también bastante natural para los adeptos de una de esas culturas teístas, a quienes no se les puede negar haber captado claramente el contenido de la esencia del teísmo y lo que, en su opinión, era insoslayable. ¿No es en cierto modo superior la perspectiva moderna que cree posible reconciliar el teísmo y la autonomía? Hemos visto aquí cómo Immanuel Kant sigue en realidad la autonomía de forma implícita, aunque en apariencia no rechace el teísmo de forma explícita. Lo mismo hace Chateaubriand (1768-1848). Después de lanzar una crítica destructiva contra los filósofos de la Ilustración (después volveré sobre este punto), Chateaubriand dice cómo debe considerarse el bien en relación con Dios. Lo que hay que hacer, propone, es reflexionar desde la consecuencia hasta la causa: no demostrar que el cristianismo es perfecto porque procede de Dios, sino que procede de Dios porque es perfecto.[40] De lo que Chateaubriand no parece darse cuenta es que con esta estrategia se sitúa en la premisa de la autonomía de la moral (el maldito dogma de los filósofos de la Ilustración que él había denostado). En un primer sentido, rechaza la perspectiva de Kierkegaard (o la posición que defiende Eutifrón en el diálogo homónimo de Platón). En el segundo sentido, abraza el pensamiento de la autonomía de Sócrates (contra Eutifrón). Así pues, Chateaubriand también parte, *malgré lui*, desde la premisa de la autonomía de la moral. Igual que Kant y que Sócrates.

Todos los ilustrados aceptan, ya sea de forma implícita o explícita, la autonomía de la ética. Ése es un punto que tienen en común tanto los utilitaristas como los seguidores de Kant. Con ello se presenta una alternativa a la teoría del mandato divino. Si se quisiera tipificarlos bajo la referencia de un período histórico cultural determinado, podríamos decir que tanto Kant como Bentham y los utilitaristas fueron partidarios de la Ilustración.

Kant hizo una descripción de los principios de la Ilustración en un breve ensayo que publicó en 1784 con el título de *¿Qué es la Ilustración?* y que tuvo una gran influencia posterior. A continuación hablaré con mayor detalle sobre él.

6. «ATRÉVETE A PENSAR»

El biógrafo de Kant, Gulyga, formula mejor que nadie en qué consiste el significado de la ética kantiana. Empieza hablando de la metaética y dice al respecto: «Kant es uno de los primeros pensadores que proclama el valor independiente de la personalidad humana, desligada de su pertenencia a una raza, nacionalidad o clase».[41] En ese sentido, la segunda variante del imperativo categórico de Kant quizá es más clara que la primera. Toda la ética kantiana está basada en el principio del valor intrínseco de la personalidad humana. Esa personalidad posee valor en sí misma y no porque la persona forme parte de un grupo o una clase determinada. Además, ese valor es universal y a la personalidad humana le corresponden valores y normas que están por encima de las fronteras de la cultura, la nación o el grupo.

Así pues, Kant era un universalista convencido. El universalista cree que todos los seres humanos son iguales desde el punto de vista moral. Su pertenencia a determinada tribu, clase, nación o raza no justifica que se hagan distinciones en sus derechos o en su dignidad. La tesis de Kant es, en esencia, la misma que la de Gandhi, aunque lo que Kant argumenta detalladamente es más o menos lo que Gandhi da por sentado.

Más adelante veremos también que esa postura universalista tiene consecuencias para la organización del Estado. La ciudadanía no se basa en la pertenencia a un determinado grupo, clase, tribu o cultura, sino que apela a valores comunes que son iguales para todos los ciudadanos.[42] Mario Vargas Llosa lo expresó enérgicamente al formular aquello en lo que siempre había creído: «Que todas las "entidades" colectivas basadas en la nacionalidad, la raza, la cultura o la religión no son sino campos de concentración, donde la soberanía y la libertad del individuo se hunden».[43]

En el ideal francés del laicismo se ha intentado de forma especial aplicar esta filosofía en la organización del Estado.[44] En la sociedad, los individuos pueden ser miembros de un grupo, tribu, cultura, asociación, etcétera, pero en el Estado esos individuos son solamente ciudadanos. En la tercera parte del libro seguiré hablando de este tema.

Kant cargó contra el utilitarismo, pero, como ya hemos visto, no está tan claro que las teorías kantianas estuviesen tan alejadas de las del utilitarismo. El filósofo Kai Nielsen parece haber construido una síntesis convincente a partir de las dos corrientes cuando escribe que la moral exige que distribuyamos la felicidad lo más proporcionalmente posible. Debemos ser honestos. Cada individuo vale por uno y nadie vale por más de uno, por mucho que sea un miembro muy útil para la sociedad. Un trato desigual no puede justificarse con el pretexto de que uno nos resulte más antipático que otro.[45]

Lo que llama la atención de la consideración de Nielsen es que es posible conciliar kantismo y utilitarismo. De ese modo, se muestra de acuerdo con otros filósofos éticos contemporáneos como Peter Singer[46] y Richard M. Hare, quienes también intentan salvar el profundo abismo que se ha señalado.

Hare (1919-2002) es muy elogiado por su perspicaz análisis de las prescripciones morales en las que coinciden el universalismo de Kant y el utilitarismo.[47] En *Libertad y razón* (*Freedom and Rea-*

son, 1963),[48] Hare constata además puntos en común entre su propia postura y la del utilitarismo, pero el análisis más detallado de este tema aparece en su libro *Reflexiones morales* (*Moral Thinking*, 1981).[49] Todo juicio moral, si verdaderamente es un juicio moral, debe ser universal. Dicho con otras palabras, que cualquiera en circunstancias diferentes debería querer lo mismo que quiere la instancia que juzga. Dejemos aquí el elemento kantiano. Al hablar de este universalismo, deberíamos tener en cuenta los intereses de todos los que se ven implicados por una acción o una regla. Ése es el elemento utilitarista (más concretamente el tercer elemento del utilitarismo tal como lo habíamos presentado antes).

Desde la perspectiva de este libro, no nos interesan tanto las diferencias entre Kant y Bentham como su rasgo común: los dos suscriben principios de la Ilustración, como la separación de la moral y la religión.

Gulyga resume el tenor de la ética kantiana diciendo que «cada uno debe decidir por sí mismo». Cada uno debe ser consciente de su deber moral y dar forma a su propia vida. Ésa es la esencia de la ética kantiana, severa y carente de compromisos.[50]

En ningún otro lugar expresa Kant con tanta claridad esa idea como en su célebre ensayo titulado *¿Qué es la Ilustración?* (1784).[51] En realidad, esa obra contiene las premisas de la autonomía de la ética que Kant desarrolla en mayor profundidad en sus obras más técnico-filosóficas. Ahí escribe: «La Ilustración es la salida del hombre de su minoría de edad. Él mismo es culpable de ella. La minoría de edad estriba en la incapacidad de servirse del propio entendimiento, sin la dirección de otro. Uno mismo es culpable de esta minoría de edad cuando su causa no yace en un defecto del entendimiento, sino en la falta de decisión y ánimo para servirse con independencia de él, sin la conducción de otro. *Sapere aude!* ¡Ten valor de servirte de tu propio entendimiento! He aquí la divisa de la Ilustración».[52]

La palabra *ilustración* (literalmente *iluminación* en muchas otras lenguas) posee una vaga connotación religiosa. Buda alcanza el estado de iluminación. Los místicos aspiran a lo mismo. La iluminación es la unión con Dios. Pero en el sentido histórico-cultural, la Iluminación-Ilustración se refiere a otra cosa completamente distinta: alude a un determinado período de tiempo que se sitúa aproximadamente en la primera mitad del siglo XVII y se extiende hasta la primera mitad del siglo XVIII. Aunque cabe decir que la delimitación de los períodos históricos siempre tiene algo de arbitrario y los historiadores sostienen opiniones dispares sobre este punto. Un conocido historiador especializado en el pensamiento de la Ilustración es Paul Hazard (1878-1944). En los años treinta del siglo XX escribió un libro que tuvo mucha importancia y repercusión en el que se centraba de forma especial en la primera etapa de la Ilustración.[53] El gran giro en el pensamiento europeo se produjo en el período entre 1680 y 1715. Antes de ese momento había un sistema jerárquico basado en la autoridad. Se creía que la vida estaba fundamentada en un principio dogmático. El cristianismo era poco menos que incontestable. Dios había dictado una ley para todo el universo. Durante el *Grand Siècle*, es decir, antes del período de la Ilustración, los pensadores tenían la impresión de que no había necesidad de renovar, sino tan solo de imitar. ¿Cómo podían escribirse mejores tragedias que las de Racine?, ¿mejores comedias que las de Molière?, ¿o mejores fábulas que las de La Fontaine? Sin embargo, en el plazo de unos años, esa mentalidad cambió bajo la influencia de la Ilustración.

Para Paul Hazard, el año 1680 fue una fecha importante. El historiador británico Jonathan Israël sitúa el nacimiento de la Ilustración un poco antes, en 1650.[54] A partir de ese momento se desencadenó un proceso de racionalización y secularización a raíz del cual la hegemonía teológica empezó a tambalearse en poco tiempo. Numerosas ideas, no sólo sobre el ser humano, sino también sobre la sociedad, la política, el cosmos e incluso la veracidad de la Biblia fueron sometidas a intenso debate. Freiherr Veit Ludwig von Seckendorff (1626-1692), un famoso cortesano del siglo XVII, describió espléndidamente esa nueva era. Lo que querían los radicales, dijo, era tomar como premisa la «vida en este mundo», tanto para la existencia individual como para la política.[55]

En Alemania, a la Ilustración se la llamó *Die Aufklärung*, en Francia, *Siècle des lumières* y en el mundo anglosajón *The Enlighten-*

ment o *The Age of Reason*. Se asocian a la Ilustración filósofos e intelectuales como John Locke, David Hume, Voltaire, Lessing y Kant.
Pero Jonathan Israël también incluye a Spinoza entre ellos. Es más,
considera a Spinoza el padre de la Ilustración.

Propios de la Ilustración son también determinados proyectos
como la Enciclopedia francesa, una obra que compendiaba el conocimiento existente en todas las ciencias y que, a diferencia de las
enciclopedias que consultamos en la actualidad, poseía una tendencia ideológica muy acusada.[56] Con esto último me refiero a que
la Enciclopedia francesa elogiaba la adquisición de conocimiento, la
utilidad de aglutinar conocimientos y las reflexiones a propósito del
conocimiento, un punto que escritores del siglo XIX como Chateaubriand y muchos otros rechazaron con contundencia. «Es imposible
estudiar a fondo la filosofía de los enciclopedistas —escribe Chateaubriand—, porque la mayoría de ellos han sido olvidados y lo que
ha quedado es la Revolución francesa.»[57] ¿Qué quería esa «secta»,
como Chateaubriand llama a los enciclopedistas?: «La destrucción» *(la déstruction. Détruire, voilà leur but; détruire, leur argument)*.[58] ¿Qué pretendían poner en lugar de lo que habían destrui-
do? «Nada», sostiene Chateaubriand.

Benjamin Constant (1767-1830), un crítico liberal de la Ilustración radical, explica que mientras leía la obra de Holbach *Sistema de la naturaleza (Système de la Nature)*, se sentía a menudo tur-
bado por lo que él llamaba la sed inexplicable de destrucción que
hallaba en esas páginas *(cette inexplicable soif de la déstruction)*.[59]

Se trata de una crítica que viene de lejos y que, al parecer, ya estaba
de moda en tiempos de Voltaire. El propio Voltaire llegó a dar una respuesta. Cuando lo acusaron de no proponer nada que sustituyese al
cristianismo contestó: «¿Cómo? ¿Libero al género humano de las ga-
rras de una bestia feroz y se me pregunta qué pondré en su lugar?».[60]

Para los críticos de la Ilustración del siglo XIX, tiene especial
prominencia la presunta línea que va desde la Ilustración hasta la
Revolución francesa. Y de la Revolución al terror.[61] ¿No es Voltaire en realidad el filósofo del terror? De ese modo, la filosofía de la
Ilustración de los enciclopedistas se rechaza por las supuestas consecuencias que ocasionó: la Revolución francesa.

Ya nos hemos encontrado esas mismas opiniones en Burke, que adelantándose siete años a Chateaubriand escribió algo en la misma línea. Chateaubriand podría considerarse pues un precursor de los críticos del «fundamentalismo ilustrado» a lo John Gray.[62] Chateaubriand condena a los ilustrados por no construir nada. Se refiere a la «intolerancia de opiniones» con la que se rechazaba cualquier forma de pensar diferente.[63]

Pero ¿fue la Ilustración verdaderamente tan censurable? ¿Existe una relación directa entre la filosofía de la Ilustración y los excesos de la Revolución francesa, como algunos críticos del siglo XIX quieren hacernos creer?[64]

El manifiesto más conocido de la Ilustración es el breve ensayo de Kant del que ya he citado una parte importante. En él, Kant exhorta al uso de la propia razón. La Ilustración empieza en el momento en que el ser humano deja de aceptar las cosas sólo por autoridad y se pone a pensar por sí mismo. Él, y ella también, por supuesto, «se atreve» a pensar. Quizá sea menos conocido que el propio Kant otorga un significado limitado a esa exhortación e intenta demostrar que la libertad de pensamiento no conduce necesariamente a la anarquía. Probablemente lo dijo para tranquilizar a los monarcas de su época. Y demuestra que hay infinidad de situaciones en las que la libertad de pensamiento no puede ser ilimitada. Pensemos por ejemplo en un militar o en un religioso que actúa en nombre de una comunidad religiosa, o en un funcionario que no obra en su propio nombre sino obedeciendo a la instancia para la cual trabaja. En todos esos casos es preciso aceptar de buen grado una serie de limitaciones. Esas limitaciones, arguye Kant, no tienen nada que ver con el pensamiento en sí mismo. Los pensamientos son libres, podríamos decir resumiendo el tenor de su manifiesto. En este sentido, también podría decirse que Kant fue un «librepensador», aun cuando fuese un librepensador moderado.[65]

Es conocido el pasaje hacia el final del ensayo en el que Kant plantea la pregunta de si vivimos ahora en una época ilustrada. Y seguidamente contesta que no, pero que sí vivimos en una época de ilustración. En suma, hay esperanza. Kant parece basar esa esperanza en cierta confianza en la naturaleza humana o en el proceso de civilización. Así, dice: «Los hombres salen gradualmente del estado de rusticidad por propio trabajo, siempre que no se trate de mantenerlos artificiosamente en esa condición». Alude asimismo a la importancia que los soberanos tienen para propiciar el proceso de ilustración. A este respecto, elogia la figura de Federico el Grande. «Un príncipe que no encuentra indigno de sí declarar que sostiene como deber no prescribir nada a los hombres en cuestiones de religión, sino que los deja en plena libertad», escribe Kant. Por esa razón propone que la época de la Ilustración se conozca también como «el siglo de Federico».

Si tomásemos el elogio de Kant a Federico como la descripción de una situación verdaderamente existente, no se le condenaría por adulación, pero quizá el filósofo haya sido más listo de lo que podría suponerse. Siguiendo a una de las especialistas en Kant, Susan Neiman, cabría afirmar que en ¿Qué es la Ilustración? el filósofo intenta indicar una norma al soberano.[66] Expone lo que debería ser un buen rey: un rey que incitase a sus súbditos a «pensar por sí mismos».

¿Tiene algo que decirnos el ensayo de Kant hoy en día? Neiman comenta que ha hecho bostezar a muchas generaciones de estudiantes alemanes. Es conocido el comentario irónico de Heinrich Heine sobre un estilo que después de Kant se convirtió en moneda corriente: «entre nosotros existía la creencia de que uno no podía ser filósofo si escribía bien».[67] No obstante, ¿Qué es la Ilustración? sigue siendo una lectura fascinante. En un tiempo en el que la libertad de ideas y la libertad de expresión vuelven a estar especialmente sometidas a mucha presión, el alegato de Kant adquiere un significado nuevo. Concluiré esta segunda parte respondiendo a la pregunta de por qué la libertad de pensamiento se halla nuevamente censurada.

7. ¿POR QUÉ LA LIBERTAD DE PENSAMIENTO SE HALLA DE NUEVO CENSURADA?

Hemos repasado el alegato de Kant en favor de la libertad de pensamiento y la libertad de expresión. ¿Cómo podríamos cuantificar la libertad de expresión? En tiempos de Kant, la referencia era el

Estado y sus leyes. Si existía censura u otras limitaciones a la libertad de expresión, lo normal es que procediese del Estado y del soberano. Pero la cosa cambia cuando el Estado ya no es capaz de mantener el monopolio de la violencia, porque hay personas o grupos que imponen sanciones a las opiniones que les son ingratas. Y de esta forma volvemos de nuevo al tema del terrorismo religioso.

Porque ésa es la situación en la que Salman Rushdie, entre otros, se ha visto atrapado. Rushdie es ciudadano británico y, en ese sentido, no escribe coaccionado por la amenaza de la censura estatal. A la vez, no cabe duda de que todas sus acciones son seguidas de cerca por personas y grupos que consideran que el escritor no debería escribir sobre determinados asuntos. Lo que esos grupos hacen y piensan no está exento de importancia para Rushdie, dado que el monopolio de la violencia del gobierno británico, el único poder que formalmente está por encima de él, no es absoluto. De modo que el escritor no puede por menos de tener en cuenta esas opiniones, de la misma manera que los dibujantes de las caricaturas de Mahoma saben, desde el asunto de las viñetas, qué reacciones pueden esperar.[68] Por otra parte, esas reacciones no se limitan solamente a la violencia de grupos radicales. Cada vez es más frecuente que los gobiernos europeos se pronuncien en contra de escritores, artistas o directores cinematográficos por considerarlos responsables de la violencia que los radicales quieren usar contra ellos.

Una manifestación de este fenómeno la hallamos en el debate sobre el documental del parlamentario holandés Geert Wilders.

El 27 de marzo de 2008, Wilders colgó en internet un documental de dieciséis minutos de duración de tendencia claramente antiislámica titulado *Fitna* (calvario).[69] En circunstancias normales, esta película apenas habría tenido repercusión en los medios de comunicación, pero en una situación de amenaza terrorista la cosa es muy distinta. No sólo mantuvo muy ocupado al gobierno holandés meses antes de su emisión, sino que, una vez que fue proyectado, los portavoces de varias organizaciones internacionales se sintieron obligados a pronunciarse al respecto (en todos los casos para manifestar su rechazo).[70] Por ejemplo, los ministros de asuntos exteriores de los veintisiete países de la Unión Europea emitieron un comunicado conjunto en el que se distanciaban del documental del parlamentario holandés.[71] Lo hicieron con una asombrosa combinación de opiniones. Esa combinación decía que a) la producción entra dentro del ejercicio de la libertad de expresión, pero b) se rechaza frontalmente la presentación de unos contenidos que identifican la violencia con el islam. Así pues, los ministros de asuntos exteriores de la Unión Europea se creen en la obligación de criticar un documental, a pesar de que, según su propia opinión, entra «dentro» de la legalidad y, podríamos añadir, está amparado por los derechos humanos vigentes en la Unión Europea. ¿Por qué lo hacen? Al parecer porque, con motivo de la emisión de la película de un diputado holandés, quieren ofrecer la visión de una religión refrendada por el gobierno. Es insólito. ¿Desde cuándo es tarea de los ministros de Asuntos Exteriores ofrecer una visión conjunta sobre la situación de la religión?

La reacción de los ministros de Exteriores de la Unión Europea no fue en absoluto un incidente aislado. El presidente esloveno de la Unión ya se había pronunciado sobre *Fitna* días antes, en cuanto la película fue emitida. En su declaración sostenía que Wilders no tenía otro objetivo con ese documental que «fomentar el odio».

Vemos pues que el presidente de la Unión Europea se dedica a analizar los motivos que un parlamentario holandés pudo tener para rodar su cortometraje. Nuevamente se trata de un hecho sin precedentes.

Pero eso no es todo. El 28 de marzo de 2008, el secretario general de las Naciones Unidas, Ban Ki-moon, también tuvo duras palabras de condena hacia la película de Wilders. Según Ban Ki-moon, *Fitna* era «ofensiva y antiislámica» y no existe nada que «justifique las expresiones de odio y la instigación de la violencia».

De hecho el secretario general de las Naciones Unidas consideraba ya de por sí censurable que una película se manifestase en contra de una religión. Aquí la palabra *crítica* se asocia a «expresión de odio» e incluso a «instigación de la violencia».

Menos sorprendente aunque digna de mención fue la condena que la Organización de la Conferencia Islámica, compuesta por cincuenta y siete países, hizo contra *Fitna* por medio del secretario general, Ekmeleddin Ihsanoglu.

A primera vista, sus declaraciones venían a ser más o menos idénticas a las de otros representantes políticos, pero jurídicamente existe una gran diferencia entre las dos. Los ministros de Asuntos Exteriores de la Unión Europea se están metiendo en realidad en un debate teológico. La tesis de que el islam no es una ideología o una religión intrínsecamente violenta es una cuestión teológico-filosófica. El hecho de que la Unión Europea y con ella la política tomen una posición frente a cualquier tesis no es en absoluto algo natural.

En el pasado, los Estados y los gobiernos intervenían en cuestiones como la Santísima Trinidad o el debate sobre si Jesús era un hombre o el hijo de Dios, o las dos cosas a la vez. Se habla del *cesaropapismo* (el monarca o la autoridad es quien determina el contenido de la fe).[72] Pero, en un orden jurídico democrático moderno, la autoridad sólo tiene que ocuparse de garantizar que todo el mundo pueda elegir libremente su fe. Y eso consiste en que alguien pueda expresar su afiliación con determinado credo, pero también que pueda distanciarse de una religión o criticarla. Y el Estado no tiene por qué inmiscuirse en ello.

A diferencia de los ministros de la Unión Europea que ofrecieron una opinión oficial sobre la religión, el presidente esloveno de la Unión Europea se limitó a hablar desde una perspectiva jurídica. Después de todo «instigar al odio» es punible en virtud del artículo 137c del Código Penal holandés. Cuando los ministros europeos de Asuntos Exteriores dijeron más tarde que no había nada punible en el acto en sí, se estaban distanciando de su propio presidente.

Esta situación es característica de la torpeza con la que las instancias oficiales reaccionan ante un documental como el de Wilders. En 1859, el filósofo británico John Stuart Mill escribió: «Si todos los hombres, menos uno, fueran de la misma opinión, la humanidad no tendría más justificación para hacerlo callar que la que tendría ese hombre si tuviera la fuerza necesaria para obligar a callar a toda la humanidad».[73] Ahora que la comunidad internacional, por medio del secretario general de las Naciones Unidas, se plantea hacer callar a ese hombre solo, Wilders, el ejemplo de Mill cobra de pronto una actualidad inusitada.

Antes de que la comunidad mundial se pronunciara en relación con la película, en Holanda la discusión llevaba ya meses encendida. Durante bastante tiempo el gobierno holandés estuvo secuestrado por la emisión del cortometraje. Todas las relaciones constitucionales habituales parecían invertidas durante esos días. La Constitución neerlandesa contempla que se convoque la representación popular para controlar la gestión del gobierno. En los días posteriores a la emisión del documental asistimos a los reiterados intentos por parte del primer ministro holandés, Balkenende, y de otros de inculcar a un diputado lo que debería pensar. Eso originó situaciones insólitas. Una de ellas fue el llamamiento que hizo el ex ministro de Asuntos Exteriores y actual ministro de Estado, Hans van den Broek, para recurrir a la vía legal como medio para censurar la proyección de la película de Wilders. Van den Broek fue muy explícito sobre su deseo de que se prohibiese la película.[74] La propuesta de Van den Broek atenta directamente contra el artículo 7 de la Constitución neerlandesa, que dice claramente: «Nadie necesita autorización previa para hacer públicas ideas u opiniones salvo la responsabilidad que la ley pueda atribuir a cada uno». El rechazo constitucional a la «autorización previa» (o sea, la prohibición de la censura) es uno de los pilares fundamentales de nuestro Estado democrático de derecho. No sólo de Holanda, sino también de la mayor parte de los países europeos. Por tanto vemos que un importante consejero del gobierno holandés sugirió de forma explícita atentar contra la Constitución. Ésta es una más de las manifestaciones de confusión que se han apoderado de la élite política y administrativa como consecuencia de este asunto.

Otro incidente, que tuvo menos resonancia en los medios de comunicación pero que fue igualmente llamativo, lo protagonizó el director del comité que agrupa a ex musulmanes en Holanda, el político Ehsan Jami Minder, que el 1 de abril de 2008 comunicó que no publicaría su cinta de animación The Life of Mohammed.[75] De ese modo, atendía al llamamiento público del ministro de Justicia, que lo había instado a no emitir la película. El ministro Hirsch

Ballin había advertido a Jami que tendría que «aceptar su responsabilidad».

Jami se plegó ante esa petición y reconoció: «Holanda no puede protegerme». En esta ocasión vemos también una película que no llegó a ser proyectada después de producirse amenazas de violencia y de que las propias autoridades pidieran de forma explícita una autocensura.

Se trata de un asunto llamativo por dos razones. En primer lugar, tenemos a un ministro de Justicia que exhorta públicamente a un político y ciudadano holandés de veintitrés años a no hacer una película animada. Se trata de un hecho sin precedentes en la historia de Holanda. La segunda razón que hace que esta situación sea tan excepcional es que, al parecer, desde el otro extremo del mundo intimidan a un ciudadano holandés por haber expresado su intención de hacer una película. Un factor bastante decisivo para Jami fue el hecho de que algunos periódicos iraníes publicasen artículos que contenían amenazas contra él.

¿Cuál es la causa de este insólito estado de cosas? Pues que, desde 1989, tras la promulgación de la condena a muerte del escritor británico Salman Rushdie, hemos ido a parar a lo que parece ser una situación completamente nueva. Ésta implica que los límites reales (en oposición a los límites expresados en el texto jurídico) de libertad religiosa, libertad de pensamiento y libertad de expresión ya no vienen fijados por la autoridad (el monarca del que Kant hablaba favorablemente en sus escritos), sino en gran medida por organizaciones e individuos de tendencias violentas. Los límites del artículo 10 del Convenio Europeo de los Derechos Humanos (sobre la libertad de expresión) no los pone la «ley» (como lo formula el segundo apartado de este artículo), como viene impuesto por el Ministerio Fiscal y el poder jurídico, sino el poder de los grupos terroristas y de individuos extremistas. Hoy en día son Finés y sus secuaces quienes imponen los límites de lo que puede decirse y lo que no.

Por el momento, las autoridades holandesas y europeas parecen estar atenazadas por el miedo para tratar estos asuntos. Nuestros políticos no hacen más que repetir consabidos mantras como «no herir los sentimientos» y «entablar un diálogo», pero es como si no fuesen muy conscientes de los principios que están en juego. Resulta también sorprendente lo poco que las autoridades europeas aprenden de incidentes pasados en este terreno. Por ejemplo, deberían haber aprendido lecciones importantes del asunto Rushdie, del que ya hemos hablado en este libro.

Es evidente que esta situación es bastante amarga para las personas que viven en una situación precaria bajo la amenaza de la violencia. En 1988, antes aún de que la polémica por su libro hubiese alcanzado su punto álgido, Ruhdie admitió sentirse celoso de escritores como Bashevis Singer, que podían permitirse toda clase de libertades respecto a su Dios. Rushdie califica incluso de «blasfemias» esas libertades, pues, según señala él mismo, habla de «errores de Dios». Rushdie sabe que él jamás osará hacer algo así.[76]

¿Puede decirse que la situación haya mejorado algo en estos años? Es triste constatarlo, pero la respuesta en un rotundo «no». La situación ha empeorado. Veinte años después de la publicación de *Los versos satánicos*, la libertad material de expresión (en contraposición con la formal) apenas ha aumentado. En el caso de Rushdie, vemos por ejemplo que formalmente posee libertad de expresión, pero, informalmente, hacer uso de esa libertad le supone tantos riesgos que el escritor está sometido a toda clase de constricciones. Rushdie escribe bajo una forma de censura informal.

Eso conlleva numerosos problemas interpretativos a la hora de abordar su obra, pero también las declaraciones que pueda hacer durante las entrevistas. Cuando alguien escribe bajo el peso de la censura, como ha sucedido en la mayor parte de la historia de la humanidad y en la mayor parte del mundo,[77] se debe descifrar su mensaje.

Con motivo de la publicación de su nuevo libro *Shalimar el payaso*, Rushdie dijo en una entrevista que muchos críticos habían malinterpretado su novela. «[...] Esta novela no trata, no solamente, del fundamentalismo islámico. Esta novela trata básicamente de lo que sucede en una determinada parte del mundo, en concreto en el valle de Cachemira, donde uno de los personajes principales, por culpa de una serie de calamidades que se abaten sobre él, acaba abrazando el islamismo radical y se convierte en un asesino.»[78]

En casi todas las reseñas se habla de un «nuevo ataque» de Rushdie hacia el fundamentalismo musulmán, pero el propio Rushdie lo negó, al menos en parte.

¿Podemos creer lo que Rushdie nos dice aquí? Los periodistas desenvueltos no tienen el menor reparo a la hora de formularle preguntas. Pero ¿qué libertad puede tener alguien que es objeto de amenazas terroristas para responder con franqueza? Por una parte, cabría admitir que sí es libre. Pero quizá no deberíamos acabar de creernos nada de lo que Rushdie dice. Igual que Montesquieu, Voltaire y Rousseau en el siglo XVIII, Rushdie escribe detrás de un velo, por emplear la frase de Paine. Si volviese a desatarse el escándalo por uno de sus libros, podría valerle otra fetua que lo abocaría a un régimen de seguridad aún más duro, que en poco se diferencia al de una prisión.

En semejante ambiente, no hay nada libre de compromiso, tampoco las críticas a la obra de Rushdie por parte de intelectuales occidentales. Si algunos críticos políticamente correctos escriben que lo que Rushdie dice es ofensivo para el islam o contraproducente para la integración o resulta «islamófobo» o cualquier otra cosa, estarán dando cierta imagen de su persona que podría despertar nuevamente el interés de los terroristas.

Para algunos comentaristas, recurrir a palabras como *racismo* e *islamofobia* supone un juego interesante que contribuye a sacar lustre a su propia imagen como defensores de los censurados y oprimidos. Sidney Hook (1902-1989) comentó en una ocasión que una acusación injusta de racismo puede ser tan repulsiva como el propio racismo. Esa falsa imputación priva a la palabra de su significado.[79]

A veces a esos críticos de la islamofobia y de la xenofobia se les considera valientes por atreverse a ir en «contra de la opinión dominante». Pero en realidad no se precisa ningún valor para actuar así cuando no se cierne sobre ellos ninguna amenaza.

Para personas como Rushdie todo es muy distinto. Arriesga su vida por lo que escribe y, también, por un principio sobre el que se apoya nuestra convivencia libre: la libertad de expresión. Esa libertad de expresión real (en oposición a la libertad en el papel) sólo puede seguir existiendo si las personas están dispuestas a defenderla. En ese sentido, el juez estadounidense Learned Hand tenía mucha razón al decir que el espíritu de la libertad no se halla en las leyes, sino en la cultura. Si el sentimiento hacia la libertad muere en los corazones de las personas, ninguna ley o constitución podrá hacer nada para cambiarlo.[80]

¿Cuán vivo está ese sentimiento en los «corazones de las personas»? Para algunos ese sentimiento está muy presente. «A mí pueden matarme, pero a mis ideas no», dice la periodista canadiense Irshad Manji.[81] Parece que en Manji todavía pervive el espíritu de la libertad. Pero ¿es justo permitir que la señora Manji cargue con la bandera de la libertad mientras que los gobiernos europeos, los ministros de Asuntos Exteriores de la Unión Europea y otros que deberían trabajar en aras de la libertad se escabullen? Al igual que su amiga Hirsi Ali,[82] Manji sale en defensa de dos grupos de personas: 1) las mujeres musulmanas y 2) la mayoría de ciudadanos de las democracias occidentales. Por paradójico que parezca, ambos grupos aseguran no necesitar el mensaje de Manji, como se explica en *The Trouble with Islam*. Las musulmanas dicen «nos ofendes, eres demasiado crítica con nuestra fe, nosotras ya estamos emancipadas aunque llevemos pañuelo». Y los ciudadanos de las democracias occidentales dicen: «Usted es demasiado tajante, deles más tiempo, nada de ideas controvertidas, por favor, los problemas se resuelven por sí solos, confíe en la capacidad autorregeneradora de las sociedades, no debemos interferir en asuntos como éstos». Manji considera que no tenemos tiempo que perder. La radicalización continúa. Si no se toman medidas para frenarla, los radicales no encuentran ninguna traba en su camino. Temo que Manji tiene más razón que quienes la dejan en la estacada, pero la pregunta que seguimos planteando es: ¿debe Manji arriesgar su vida cuando los dos grupos a los que dice defender hacen oídos sordos a sus palabras?

Lamentablemente, lo dicho para Rushdie y Manji puede aplicarse también a los que podríamos llamar los «hijos de Rushdie». Me refiero a Ayaan Hirsi Ali, Wafa Sultan, Taslima Nasreen,[83] Nonie Darwish,[84] Mina Ahadi,[85] Seyran Atas[86] y otras, todas ellas

mujeres valientes que se oponen a las posturas intolerantes del islamismo y que deben pagar un precio muy alto por ello. Algunas de
ellas, como Taslima Nasreen, se han convertido en lo que yo llamo
«nómadas modernas». No están en casa en ningún sitio: en sus
países de origen no pueden garantizarles protección y en el extran-
jero nadie se muestra deseoso de dar cobijo a un objeto de interés
terrorista. Esas personas deben ir por la vida bajo vigilancia conti-
nua, como es el caso de Ayaan Hirsi Ali, o preocuparse constante-
mente por su integridad física.

En ese sentido, el resurgimiento del fanatismo religioso supone
una amenaza considerable a nuestra libertad, lo que, combinado
con la corrección política de la élite europea, resulta verdaderamente letal. Lo que Mill no pudo prever es que la religiosidad radical o las variantes extremistas de la experiencia religiosa iban a ex-
perimentar una gran revitalización en los siglos XX y XXI.

Vemos cómo también aquí la teoría del mandato divino es literalmente mortal para la libertad de los escritores. Voltaire creía
que la idea de un Dios todopoderoso y justiciero mantenía a raya a
la gente. Tal vez eso parecía funcionar en su época. Pero, en las
presentes circunstancias, la idea de un Dios todopoderoso y justiciero parece tener justamente el efecto contrario. Se convierte en
una legitimación perfecta para el uso de la violencia (en vez de ser
un freno para esa violencia, como imaginaba Voltaire).

En la variante protestante de la teoría del mandato divino radical o en la variante mística radical, cada uno sienta su propia norma. En los sitios web radicales puede leerse: «No necesitamos fetuas, el Corán es nuestra fetua». En una cultura radicalizada eso
significa: «no queremos que unos eruditos moderados nos frenen y
nos digan lo que debemos hacer. Leemos un texto, lo tomamos de
forma literal y no rehuimos la violencia si existe una base en las escrituras que la defienda».

El joven radical dice «está escrito» y «eso es lo que defiendo, no
puedo evitarlo». Si el exegeta le indica que debe interpretar el texto
de otra forma, el chico irá a ver al siguiente imán *(imam-shopping)*
para que le proporcione la legitimación para la violencia que él cree
necesitar basándose en las incitaciones contenidas en el texto.

Se trata de un problema que hallamos especialmente en el mundo islámico, porque la ideología que ha resurgido desde los años ochenta del siglo pasado tiene un rasgo marcadamente «protestante» y no «católico».[87] Eso significa que ya nadie va a hacer consultas sobre las escrituras a un grupo de eruditos religiosos, que tal vez ofreciese una interpretación moderada de las Sagradas Escrituras, iluminara los pasajes espinosos que justifican el uso de la violencia y disuadiera a los radicales de poner en práctica sus planes violentos.

Llama la atención cómo en poco tiempo la sanción divina sobre la moral parece haber pasado de ser «una agradable palmadita en el hombro» de la policía y la justicia (Voltaire) a un problema social considerable.

Un filósofo británico con el fabuloso nombre de John McTaggart Ellis McTaggart (1866-1925) escribió en 1906 un elegante libro en el que expresaba con llaneza su filosofía de la religión. McTaggart defendía una curiosa combinación de principios que consistía en la existencia de un Dios no todopoderoso, la inmortalidad y el ateísmo. A esa excéntrica trinidad McTaggart le añadía además la idea de la reencarnación *(preexistence)*. En 1915 volvió a publicar los dos capítulos de su libro en los que exponía sus ideas sobre la inmortalidad individual y la reencarnación (capítulos 3 y 4), con el fin de alimentar la esperanza de la multitud de soldados que en aquellos días se veían a dos pasos de la muerte.[88]

Todo eso está muy bien, pero en esta época de terrorismo internacional quizá nos alegraríamos de que no se ofreciera a la gente la perspectiva de un más allá ni se les prometiera el paraíso por sus actos de guerra. Dadas las presentes circunstancias, la paz estaría mejor asegurada si prevaleciera la mentalidad epicúrea, esto es, el convencimiento de que los dioses no se interesan por las guerras ni por los conflictos interreligiosos. De ese modo, la gente tendría que inventarse una legitimación moral para la violencia, la guerra o el terrorismo.

También vendría muy bien que se reinterpretasen los pasajes de las escrituras sagradas en los que se prometen recompensas divinas para actos de violencia cometidos en la tierra. El arabista alemán

Christoph Luxenberg (pseudónimo) ha hecho un notorio descubrimiento en este terreno. Sostiene que muchos pasajes del Corán son comprensibles si se presta atención al origen arameo de determinadas expresiones. Así, en el pasaje en que se prometen «vírgenes» para los mártires habría un error de traducción y en realidad se estaría hablando de «uvas cristalinas».[89]

Relativizar el texto sagrado de ésta y otras muchas formas posibles podría tener un efecto muy saludable para la moral y acaso también para la paz mundial.

Algunos opinan que la ética está a punto de dar un importante paso hacia delante. El filósofo británico Derek Parfit, por ejemplo, escribe que «la historia de la ética no ha hecho más que comenzar».[90] Hay personas que creen que no se pueden hacer progresos en la ética, pero Parfit lo pone en duda y arguye que la ética todavía no dispone de suficientes estudiosos que hayan consagrado su obra a una ética explícitamente no religiosa. En la mayoría de civilizaciones, los individuos creían en uno o más dioses. Sólo había una escasa minoría de no creyentes. Además, los que se manifestaban no creyentes han reflexionado a menudo acerca de las consecuencias que una ideología sin dioses tendría para la ética. Podríamos citar como ejemplos a Buda y Confucio y a unos cuantos griegos y romanos (a few Ancient Greeks and Romans). Pero siempre han sido excepciones.[91] Sólo a partir de los años sesenta del siglo XX empezó a desarrollarse en serio una ética no religiosa. «Comparada con otras ciencias —escribe Parfit—, la ética es la más joven y la menos avanzada.» Y precisamente por eso todavía queda mucho por hacer. Con la progresiva secularización, la ética se liberará de la religión, del mismo modo que ya sucedió en el pasado con la física y la biología.

TERCERA PARTE
EL ESTADO ACONFESIONAL

Quiero concluir aquí la parte dedicada a la ética propiamente dicha y encaminarme hacia la política filosófica. También podríamos formularlo así: quiero plantear la cuestión de lo que la separación de la moral y la religión significaría para la composición de nuestras instituciones constitucionales y, más concretamente, para el Estado.

En el primer capítulo de la primera parte he esbozado el perfil de la teoría del mandato divino como una perspectiva en la que la moral y la religión se incluyen mutua y explícitamente. En el segundo capítulo de la primera parte hemos visto que es posible articular críticas convincentes a a esta perspectiva. El tercer capítulo analiza la manifestación más radical de la teoría del mandato divino, el asesinato sancionado religiosamente.

En la segunda parte hemos visto cómo sería la ética secular o filosófica que puede servir de alternativa para la ética religiosa (kantismo, utilitarismo).

La cuestión que quiero abordar en esta tercera y última parte es la siguiente: ¿cómo es el Estado que aspira a realizar la separación de la moral y la religión a nivel institucional? Llegamos al dogma de la división entre Iglesia y Estado, el Estado aconfesional o, en francés, la *laïcité*.

Sobre este tema, como ya sucedía con la literatura sobre la moral y la religión, hay disponible una gran cantidad de material intrigante. Lo único que no acaba de satisfacerme es que la separación de Iglesia y Estado no se enfoca como la realización institucional del ideal de una ética autónoma que permitiría así que se pueda construir sobre unos buenos fundamentos. Un Estado aconfesional es un Estado que quiere poner en práctica la separación de moral y religión en sus instituciones.

En mi opinión, el Estado, o la autoridad, tiene una importante función en este terreno. El Estado tiene asimismo la tarea de servir de ejemplo para los ciudadanos.[1] Por mucho que a los ciudadanos individuales se les permita tener su lado irracional y basar su moral en la religión, al Estado no se le debe tolerar. Es cierto que sucede, pero quiero mostrar aquí que podría ser de otro modo.

El equivalente político-filosófico de la ética autónoma, el Estado aconfesional es aquel en el que se ha llevado a cabo la separación de la Iglesia y el Estado, o que se ha aplicado lo que en francés se llama la *laïcité*. A continuación trataré con mayor detalle el modelo francés y el estadounidense del ideal del Estado religiosamente neutral.

I

CINCO MODELOS DE RELACIÓN
ENTRE EL ESTADO Y LA RELIGIÓN

Antes de ponernos a bosquejar el modelo del Estado aconfesional debemos saber cuáles son las alternativas con las que contamos. La eventual elección de un modelo determinado sólo tiene sentido en relación con las otras formas posibles en las que el Estado se sitúa respecto a la religión. ¿Cuáles son esos modelos? Distinguimos cinco.[1]

1. EL ATEÍSMO POLÍTICO

El primer modelo es el del ateísmo político. Aquí, el ateísmo es una doctrina de Estado. Lo denomino «ateísmo político» porque en este primer modelo, el ateísmo no se considera la opción personal de alguien que no cree en Dios, sino una doctrina política que debería tener una repercusión estatal. Los defensores del ateísmo político propugnan un «Estado ateo», es decir, un Estado que debe propiciar el ateísmo entre sus ciudadanos e intentar reprimir cualquier forma de creencia religiosa. Naturalmente, semejante tarea presupone por una parte un enorme poder estatal y, por otra, la ambición del Estado de controlar la vida de sus ciudadanos hasta en los detalles más insignificantes. De ahí que sea posible tachar este modelo de totalitario. Es tan totalitario como el intento de la Iglesia católica, en una fase concreta de su historia, de conservar la única fe verdadera mediante la represión y la violencia, elaborando por ejemplo un índice de libros prohibidos (que existió de 1559 a 1966) y creando la Inquisición (abolida en 1820).[2]

Es poco conveniente calificar de secular este primer modelo. El secularismo implica una postura determinada en la relación entre la Iglesia y el Estado, sin embargo, no se fija en lo que pasa en el fuero interno de la gente. Y precisamente ésa es la pretensión del primer modelo: se quiere cambiar el interior del individuo. O mejor dicho, se quiere eliminar la religión empleando para ello el poder del Estado. Por eso mismo, la designación más adecuada es la de «ateísmo político». Es «ateo» porque tiene que ver con la experiencia religiosa interior. Es «político» porque aspira a hacer del ateísmo una doctrina política.

El Estado ateo existió en la Unión Soviética y en los Estados comunistas satélites desde 1917 hasta 1989, buena parte del siglo XX por tanto. La postura de un Estado ateo respecto de la religión está muy influida por la creencia de que la religión manifiesta una «conciencia equivocada». Se trata de una idea que se apoya en la obra de Karl Marx, quien, en el célebre prefacio a su *Crítica de la filosofía del Estado de Hegel* (1843-1844), escribe: «La crítica a la religión es el preludio de toda crítica».[3] El hombre hace la religión; la religión no hace al hombre.

> *Das religiöse Elend ist in einem der Ausdruck des wirklichen Elendes und in einem die Protestation gegen das wirkliche Elend. Der Religion ist der Seufzer der bedrängten Kreatur, das Gemüt einer herzlosen Welt, wie sie der Geist geistloser Zustände ist. Sie ist das Opium des Volks.*[4]

> La miseria religiosa es, al mismo tiempo, expresión de la miseria real y de la protesta contra esta miseria. La religión es el suspiro de la criatura agobiada, el estado de ánimo de un mundo sin corazón, porque es el espíritu del estado de cosas carentes de espíritu. La religión es el opio del pueblo.

Hasta aquí, los no marxistas también podrían suscribir esa crítica a la religión. De hecho, no fue Karl Marx el primero en exponerla, sino Ludwig Feuerbach en su *Escritos en torno a la esencia del cristianismo* (1841).[5] Lo que distingue la crítica marxista de la de Feuerbach es que con Lenin y Stalin la primera se convierte en una tarea del Estado. El Estado se propone liberar al pueblo de la religión y, por ende, combatir la fe religiosa.

Aquí no encontramos solamente una diferencia importante respecto al ateísmo premarxista, sino también respecto al ateísmo actual. El ateísmo de pensadores contemporáneos como Richard Dawkins,[6] Sam Harris,[7] Christopher Hitchens,[8] Daniel Dennett[9] y otros (estos autores aparecen reunidos bajo el nombre de The New Atheism o Neoatheism [nuevo ateísmo o neoateísmo] no tiene la ambición de hacer del Estado un instrumento de propaganda atea. Los pensadores pueden criticar la religión a título personal, pero ésa no es tarea de la autoridad. Esos escritores consideran que tanto la convicción religiosa como el rechazo de la fe constituyen opciones personales que, si bien es cierto que pueden expresarse en el ámbito público, como cualquier otra creencia religiosa, no deben formar parte de la política oficial del gobierno. Eso nos conduce al segundo modelo.

2. EL ESTADO ACONFESIONAL

En este primer reconocimiento del terreno me referiré someramente al segundo modelo porque ya lo analizaremos en detalle más adelante cuando hablemos de la variante francesa y la estadounidense. Baste decir aquí que el segundo modelo no pretende tomar una postura contra la religión, como hacía el primer modelo, sino que aspira a adoptar una postura neutral. Todas las religiones pueden estar representadas en la sociedad, pero el Estado no contrae obligaciones con ninguna de ellas, es decir, el Estado no debe defender, subvencionar u ofrecer cualquier clase de privilegios a los adeptos de estas religiones respecto a los no creyentes.

3. EL ESTADO MULTIRRELIGIOSO

El tercer modelo es el de «un Estado multirreligioso o multicultural». Aquí la autoridad intenta tratar por igual a todas las religiones y facilitar todas las confesiones de la misma manera.

El rasgo más característico es que la autoridad no puede manifestar ninguna preferencia por una religión o una corriente ideológica concreta. Todas las ideologías deben ser consideradas de forma equiparable e imparcial. En este modelo, las ayudas económicas no están prohibidas, pero sí deben ser distribuidas equitativamente entre todas las ideologías.

A veces este modelo recibe el nombre de *pluralismo*, pero es desafortunado en la medida en que también el laicismo tiene la ambición de servir al pluralismo. Después de todo, también en un Estado laico puede florecer la pluralidad religiosa en la sociedad. El Estado es el único que no puede ser ni religioso ni pluriforme.

4. LA IGLESIA OFICIAL

Una cuarta variante es la de la iglesia oficial, en la que suele hablarse de un «modelo de Iglesia establecida que goza de una serie de privilegios». En esta visión, el Estado y la iglesia oficial o las iglesias favorecidas forman un tándem que persigue conjuntamente objetivos civiles y eclesiásticos comunes. «Las demás religiones o ideologías pueden ser toleradas, pero tienen una posición mucho más débil», escribe el holandés Ben Vermeulen, especialista en derecho público.[10]

Este cuarto modelo conserva vestigios de una época en la que la población todavía era bastante homogénea en términos religiosos. En ese sentido, es un modelo premoderno y cuenta con una gran significación histórica. Procede de la máxima *cuius regio, eius religio,* en la que el *regio* se caracteriza por tener una *religio* dominante. En el modelo de la religión oficial, esa *religio* puede servir de inspiración y fomentar la cohesión social de la comunidad.

En la situación actual, se trata de la perspectiva nostálgica por excelencia. Algo más propio del poeta alemán Novalis que, en su poema *La cristiandad o Europa* (1799), expresa un anhelo sentimental por la época en la que Europa estaba unida por una misma fe, el cristianismo.[11] Pero eso ya no sucede en nuestros tiempos. Por supuesto sé que hoy en día sigue habiendo gente que acaricia todavía esa idea cuando señalan que vivimos en una «cultura judeocristiana» y advierten que no podemos renegar de esa tradición. A continuación, se nos recuerda cómo esa cultura judeocristiana ha marcado nuestra identidad.[12] Se trata de la visión que defiende por ejemplo el jurisconsulto estadounidense de origen judío Joseph Weiler, en su ensayo *Una Europa cristiana*, en la que aboga por mencionar el cristianismo en el preámbulo de la Constitución Europea.[13]

El problema con alegatos como ése es que presenta un hecho que soslaya la cuestión real. Intentan convencernos de que el cristianismo ha tenido una gran influencia en la cultura europea. Pero eso es algo que nadie puede negar.[14] Lo único que se cuestiona es si es sensato y oportuno «de cara al futuro» ensalzar ese hecho como la mejor forma de fomentar la integración y la convivencia pacífica de personas de distintos orígenes y orientaciones religiosas.

5. LA TEOCRACIA

El quinto modelo es el de la teocracia en la que el Estado se apoya sólo en una religión y apenas concede algo de espacio —si lo hace— a otras confesiones. En su versión más radical, los partidarios de otros credos distintos al oficial son perseguidos y condenados a muerte.[15]

Un Estado en el que se aplica este quinto modelo es el de Irán. En 1969, el ayatolá Jomeini, líder religioso y político iraní, publicó una disertación que pasa por ser uno de los textos esenciales del islam político, el *Velayate Faqih*.[16] Jomeini argumenta que el líder político del islam, el propio Mahoma, tenía unas ideas muy claras sobre la relación entre política y Estado. Jomeini escribe: «Nuestro profeta fue también un político». El profeta nombraba gobernadores, ejercía de juez, despachaba embajadores a otras tribus y países, firmaba tratados y hacía la guerra.

Por supuesto, la idea de que el liderazgo religioso y el político deben coincidir es también conocida en la historia europea, pero Europa no guarda una buena experiencia de ello. Conocemos dos variantes. El primero es el modelo de la teocracia. El filósofo Tzve-

tan Todorov la define así: «*Le pouvoir temporel est simplement
mis au service du projet religieux*».[17] (El poder temporal está sim-
plemente al servicio del proyecto religioso). En otras palabras, el líder religioso está por encima del líder político, lo que en Europa
venía a significar que el papa estaba por encima del emperador. La
imagen invertida en este caso sería el cesaropapismo, en el que la
primacía no está en manos del poder religioso, sino del político. Es
el emperador quien determina la religión y la utiliza para llevar a
cabo sus propios fines políticos. La lucha entre el papa y el emperador por la primacía del poder (véase lo que he escrito antes al comentar las ideas de Holbach) se decidió en última instancia mediante la separación del poder político y el poder religioso.[18] Anular esa
separación desencadenaría de nuevo la lucha entre los teócratas y
los cesaropapistas que durante tanto tiempo dividió los ánimos de
la gente en Europa. Dejemos aquí los cinco modelos.

Es evidente que ni el primer modelo ni el último armonizan con
los principios de un Estado democrático de derecho. Pero las tres
fórmulas intermedias sí lo hacen, aunque quizá existan ciertas dudas respecto a la cuarta. La pregunta que tendrá una gran relevancia en las próximas décadas es: ¿cuál de estos modelos es el más
idóneo para encauzar satisfactoriamente las relaciones de ciudadanos de distintas tradiciones culturales y religiosas? A ese respecto,
espero que la lucha intelectual se centre fundamentalmente en la
contraposición entre el segundo y el tercer modelo. Parece que el
segundo modelo está experimentando cierto resurgimiento. El multiculturalismo que en los años setenta del pasado siglo fue defendido por importantes pensadores políticos como Will Kymlicka,[19]
Charles Taylor[20] y Bhikhu Parekh,[21] está siendo muy criticado por
los laicistas y otros detractores del multiculturalismo.[22]

6. OBJECIONES A UN ESTADO MULTIRRELIGIOSO

La primera objeción de los laicistas tiene relación con lo que podríamos llamar un punto fundamental, esto es, el carácter discri-
minatorio del Estado multicultural.

Hemos visto que el Estado multicultural pretende cumplir con las exigencias de ofrecer un trato igualitario a todas las religiones. «Sí —arguye entonces un laicista—, pero todas las religiones obtienen los mismos beneficios en contraste con las posiciones no religiosas.» De ese modo, el budismo, el hinduismo, el islam, el cristianismo, el judaísmo y los demás credos obtienen ventajas frente a la opción no religiosa y, con ello, el multiculturalista cree que ya está garantizada la igualdad.

Aun así, la crítica que airean los laicistas es que acaso la posición multicultural no sea discriminatoria con las religiones, pero sí lo es con los no creyentes. En el Estado multicultural, la autoridad opta por dar facilidades (léase *ventajas*) a la religión en cuanto a tal frente a la opción no religiosa.

Una segunda crítica que a menudo se esgrime es que en las presentes circunstancias, con la amenaza de la desintegración de la convivencia, el Estado multicultural no es la respuesta más oportuna para nuestros problemas actuales. Podría añadirse que ya no podemos permitirnos el multiculturalismo. La gente se aísla en función de su religión y de su etnia.[23] Para mantener una cohesión nacional en esas circunstancias debemos invertir en la unión social nacional, no en la regionalización o la particularización.[24] He aquí una de las grandes ventajas del laicismo: estimula una orientación hacia la unidad nacional.[25] Naturalmente, el laicista considera que, en líneas generales, Francia actúa mejor que Inglaterra. Sí, hemos asistido a los disturbios en los barrios parisinos, pero todavía no puede hablarse de un Paristán mientras que sí existe ya un Londrestán.[26]

Me parece justificado que en los últimos años haya aumentado la oposición contra el multiculturalismo en tanto que ideología. Se trata de una discusión muy delicada que despierta fuertes emociones. El presidente de la Comisión Británica para la Igualdad Racial (CRE), Trevor Phillips, dijo en relación con el asunto de las caricaturas danesas que la gente debería aceptar la ofensa mutua, *«to offend each other»*.[27] Añadió asimismo que los musulmanes que quieren implantar la sharia en Gran Bretaña harían mejor en abandonar el país. «Ya tenemos unas leyes, que son decididas por un grupo de personas, los miembros del Parlamento, y no hay más que hablar.»

El ex alcalde de Londres, Ken Livingstone, un conocido multiculturalista, reaccionó airadamente ante las opiniones de Phillips y las calificó de «*absolutely disgraceful record*» («un hecho absolutamente vergonzoso») para la Comisión por la Igualdad Racial.[28] Acusó a Phillips de «*to move the race agenda away from a celebration of multiculturalism*» («apartar los asuntos raciales de la celebración del multiculturalismo»).

Llaman la atención las pomposas palabras «celebración del multiculturalismo». Al parecer, el multiculturalismo es algo que debe «celebrarse», según Livingstone. Para el ex alcalde de Londres, el multiculturalismo contiene una suerte de filosofía del Estado oficial, o eso parece, de la que no es posible desviarse. Livingstone parece contemplar con impotencia cómo las críticas contra el multiculturalismo van en aumento, y no sólo por representantes de los partidos políticos de derechas, sino también por personas que proceden de minorías étnicas, como es el caso de Phillips.[29]

Eso nos conduce al modelo del Estado religiosamente neutral. Vamos a ocuparnos a continuación de dos de sus ejemplos más destacados, el francés y el estadounidense.

II

EL ESTADO ACONFESIONAL EN FRANCIA

El 17 de diciembre de 2003, el presidente francés Jacques Chirac pronunció un impresionante discurso a propósito de este tema en el que dijo: «El debate sobre el principio de la separación entre la Iglesia y el Estado resuena en lo más profundo de nuestra conciencia. Refleja nuestra cohesión nacional, nuestra aptitud para la convivencia, nuestra capacidad para unirnos en torno a lo fundamental».[1]

También en Estados Unidos se conoce el ideal de la separación entre Iglesia y Estado, aunque se exprese en términos distintos a los empleados en Francia. Allí se considera que es una parte de la primera enmienda a la Constitución (podríamos llamarlo el primer gran derecho fundamental del ciudadano estadounidense). Esa primera enmienda no reconoce ninguna religión estatal para Estados Unidos: «*Congress shall make no law respecting an establishment of religion, or prohibiting the free exercise thereof*» («El congreso no hará ninguna ley sobre la instauración de una religión o la prohibición de su ejercicio»).

Regularmente se producen debates sobre la interpretación que se debe dar al artículo. Un padre ateo pronunció un alegato en un tribunal de California exigiendo que su hija no tuviera que pronunciar cada mañana el Pledge of Allegiance (juramento de lealtad) en la escuela. En el juramento se proclama que Estados Unidos es «una nación bajo Dios», lo que entraría en contradicción, según el padre, con el principio de la separación de Iglesia y Estado, tal como se recoge en la primera enmienda de la Constitución estadounidense.[2]

Como sucede en Francia, en Estados Unidos también se da por sentado la separación de Iglesia y Estado. Así lo defienden también los padres fundadores. En 1843, el presidente estadounidense John Tyler expresó magníficamente los ideales en los que se apoyaba la primera enmienda donde se establece esa separación. Asimismo explicó por qué eso era tan importante en una sociedad formada por personas de distintas religiones que tenían que convivir en paz. Dijo que Estados Unidos había iniciado un experimento grande y noble, la separación completa de Iglesia y Estado. Todo el mundo era libre para adorar a Dios a su manera. «Aquí, los musulmanes —dijo Tyler— pueden adorar a Dios como prescribe el Corán, pero lo mismo vale para los budistas. Éste es el ambiente de tolerancia que intentamos poner en práctica en nuestras instituciones.»[3]

En los últimos tiempos se percibe en el debate público la tendencia a condenar la separación entre Iglesia y Estado, en especial en su forma más radical conocida como laicismo, como algo reprobable. A continuación intentaré despejar algunos de esos malentendidos.

1. EL ESTADO ACONFESIONAL ES AJENO A LA CULTURA EUROPEA

Un primer grupo de argumentos contra el Estado aconfesional sostiene que éste es ajeno a la cultura nacional de muchos de los países de Europa, con la excepción de Francia. Así, a menudo se arguye que la cultura cristiana (completada eventualmente con la cultura judeocristiana y la humanista) ha dejado huellas muy profundas en la historia cultural europea. No podemos renegar de eso. Se trata de un argumento muy común entre los historiadores. Y es comprensible que así sea. Algunos historiadores, también los que no han reflexionado sobre la metodología, tienden a mostrar cierto determinismo histórico y cultural. Creen que tal como fue siempre será. Si el cristianismo fue un factor determinante para la cultura europea en el pasado, entonces seguirá siéndolo en un futuro lejano. Al menos, será muy difícil desligarse de esa cultura enraizada en la historia.

Lo primero que cabe decir aquí es que nadie niega la influencia de la cultura judía, cristiana o humanista en Europa. El laicismo no consiste en eso. El laicismo no es una corriente del campo de la historiografía que tenga como objetivo negar la influencia de cualquier religión en la vida pública. El Estado religiosamente neutral es un concepto acerca de la naturaleza de la autoridad del Estado. Contiene además una recomendación, no una descripción de la realidad social o política. Afirmar que el cristianismo (o cualquier otra religión) haya tenido una influencia genuina y profunda en nuestras instituciones es algo que ningún laico negará. Más bien está completamente convencido de ello. Lo que pasa es que ante ese hecho extrae consecuencias distintas a las de los detractores de un Estado aconfesional.

2. EL ESTADO ACONFESIONAL
ES UN PRODUCTO DEL PENSAMIENTO DOGMÁTICO

También hay personas que lanzan sus dardos contra la supuesta forma en la que el Estado aconfesional sería defendido: con dogmatismo, machaconería, virulencia o sin la menor sensibilidad por los matices. De esta forma, el oponente del laicismo se posiciona como moderado, tolerante, no radicalizado y atento a las relaciones. Ése es el talante de los escritores posmodernos que se sitúan a medio camino entre lo que ellos llaman «fundamentalismo ilustrado» y el fundamentalismo religioso de los talibanes o del islam político.

Sin embargo, habría que hacer una distinción entre la forma en la que el Estado religiosamente neutral puede ser defendido (o argumentado) y el contenido de la tesis del laicismo. No hay nada en la naturaleza del concepto de Estado aconfesional que conduzca al dogmatismo. Bossuet (defensor de la teocracia)[4] no es más moderado ni tolerante que Victor Hugo (defensor del laicismo).[5] Constantino el Grande (teocracia)[6] no es un modelo de tolerancia como tampoco Juliano el Tolerante, conocido en la tradición cristiana como Juliano el Apóstata, es un modelo de intransigencia.[7]

Quizá podría decirse que algunas ideologías no se prestan a ser defendidas con templanza por su propio carácter. Es difícil imaginar un alegato temperado del nacionalsocialismo. Sea como fuere, el Estado religiosamente neutral puede ser defendido de buenos modos, con comedimiento y apoyándose en la fuerza de los argumentos.

3. EL ESTADO ACONFESIONAL ES ENEMIGO DE LA RELIGIÓN

Un tercer argumento que suele aducirse en contra del Estado aconfesional es que éste mostraría animadversión hacia la religión. Así, hay muchos escritores que sostienen que Dios «se ha tomado la revancha»,[8] empleando las célebres palabras de Gilles Kepel, y que el ateísmo machacón de los ilustrados del siglo XVIII y de sus seguidores decimonónicos ha quedado anticuado.[9] Admitámoslo: los humanos son animales religiosos.

Analicemos primero la afirmación de que Dios se ha tomado la revancha. Por conocida que sea la frase y por muy a menudo que se cite, cabe decir algo al respecto. Esta sentencia puede ser correcta o no según se la interprete. En todo caso, no es el Dios de Abraham y de Isaac el que se ha tomado la revancha. No es el dios teísta (Dios) el que ha regresado. Parece que se trate más bien de unos dioses y diosecillos excéntricos que creen dominarnos. ¿No podríamos hablar con la misma razón del regreso del paganismo, el animismo o el politeísmo?

Lo que parece haber regresado es el vago sentimiento de que debe de haber «algo más».

—¿Tú tampoco crees que haya algo más?

—Bueno, en realidad sí.

—Entonces ¿también eres religioso?

—Sí, sí, pero no soy ningún fanático. No voy a la iglesia ni rezo antes de las comidas. No bautizo a mis hijos ni doy dinero a instituciones de caridad. No creo que Dios tenga una forma personal. No creo que enviara a su hijo a la tierra. ¿Que si hay vida después de la muerte? Pues no lo sé. Pero sí, debe de haber algo más.

—Ah, bien, entonces yo diría que sí eres creyente.

Lo que también ha vuelto son formas de teísmo muy vehementes que defienden que los infieles y los creyentes de otras religiones deben morir. Timothy Garton Ash cuenta su sorpresa al ver las frases y las consignas que aparecían en los pósteres y las pancartas con las que se protestaba por las caricaturas de Mahoma publicadas en unos periódicos daneses y que desencadenaron una crisis mundial en 2006: «Decapitad a los que ofenden al islam».[10]

¿La revancha de Dios? Sin duda, pero con una interpretación de la palabra *revancha* bastante militante. Lo más curioso es que apenas se preste atención a esa relación entre religión y violencia.[11] ¿A qué se debe? Personalmente creo que es porque los que escriben y debaten sobre la religión casi siempre lo hacen desde un «enfoque positivo». Y a los que albergan opiniones contrarias se les exhorta a no mostrarse «tan negativos». No está bien ser un aguafiestas. ¿A qué viene esa necesidad de despreciar lo que para otros es sagrado?

Pero el Estado aconfesional no tiene nada que ver con la propaganda a favor del ateísmo o con la visión extremadamente negativa de la religión. Hay que saber diferenciar muy bien entre el laicismo y el ateísmo. El ateísmo es el convencimiento de que Dios no existe. El laicismo es una doctrina acerca de la naturaleza del poder del Estado. Los dos conceptos no son excluyentes. Uno puede creer en Dios y defender el laicismo, como hace por ejemplo Lamennais (1782-1854) en *Paroles d'un croyant*.[12] Hasta podría señalarse que los fundamentos del pensamiento laico se hallan en el cristianismo, como hace Marcel Gauchet.[13]

4. EL ESTADO ACONFESIONAL
ATENTA CONTRA LOS DERECHOS DE LOS CREYENTES

Quiero hablar de un último argumento que se esgrime a menudo en contra del laicismo. Algunos, ya sean musulmanes o cristianos, aunque más estos últimos, dicen que los laicistas irían en contra de sus derechos. ¿Por qué no iban a tener «derecho» los creyentes a dar testimonio público y abierto de sus motivaciones más profundas? ¿Acaso no consta ese derecho en la Constitución y en los tra-

tados que garantizan la libertad de culto? ¿No es muy «intolerante» de parte de los laicistas oponerse a ello? ¿No sería una muestra
de «respeto» hacia los creyentes no exigirles que dejen sus creencias guardadas en un cajón?[14]

He entrecomillado algunas palabras porque considero que en
este contexto son utilizadas de forma incorrecta. No se pone en duda
ni se priva a nadie de su «derecho» como ciudadano. Como ciudadano, uno tiene «derecho» a defender sus ideas con todos los argumentos que juzgue efectivos. Así, uno puede basar cualquier principio
moral en el argumento de que se corresponde con lo que Buda pensaba. También se pueden defender las decisiones morales aduciendo
pruebas astrológicas. No obstante, eso no es muy recomendable si
uno tiene una función pública. Un juez no puede basar una sentencia
en la astrología. No se aceptará su argumento de que, como ser humano, posee libertad de culto. El presidente de una gran potencia
tampoco tendrá una razón muy convincente si quiere decidir una in-
tervención humanitaria con la ocurrencia de que dicha orden le ha
sido revelada desde una realidad trascendente (volveré sobre el tema
al final del libro). Como presidente, su obligación es remitirse al Parlamento para obtener una justificación válida para todo el mundo y
eso significa que debe dejar a un lado sus consideraciones religiosas
personales. Pero, insisto, como ciudadano uno puede basar su conducta en planteamientos que para otros carezcan por completo de
relevancia, aunque quizá no sea muy sensato hacerlo.

Tampoco es un rasgo «intolerante» señalar a algunas personas
que sus argumentaciones son demasiado personales y poco convincentes para los que tienen otros puntos de vista. Y no guarda ninguna relación con el «respeto», pues no es un síntoma de respeto dejar
que los demás vayan aireando ideas que a uno le parecen absurdas
sin hacérselo saber. Por otro lado, las ideas no merecen ningún «respeto», tampoco la cultura o la religión (como parte de la cultura).

Soy consciente de que estoy tocando la fibra sensible de muchos,
porque está muy extendido el malentendido de que hay que respetar
la cultura de los demás y más concretamente su religión. Pero ¿por
qué? La religión y la cultura están en el mismo plano que la ideología
política o que una determinada posición científica. Lo que merece

respeto es la personalidad humana de cada individuo, pero nunca las ideas que esos individuos sostienen. Esas ideas se pueden (y se deben) comentar de forma crítica. Quien no quiera que se critique lo más íntimo que posee, lo más sagrado que tiene, que no lo exponga a la discusión social. Pero, desde el momento en que alguien elige llevar su religión al ámbito público, ya sea aduciendo argumentos a favor de sus motivos o bien llevando símbolos religiosos o haciendo profesión de su fe de cualquier otro modo, se estará exponiendo deliberadamente a la crítica. Las religiones, las ideologías, las teorías científicas y políticas pueden ser libremente debatidas.

5. EL ESTADO ACONFESIONAL NO PUEDE GENERAR UN SENTIMIENTO DE COHESIÓN SOCIAL

Hasta aquí los argumentos que se alegan en contra del laicismo. A juzgar por lo que hemos visto hasta ahora, podría pensarse que aún no se ha formulado ningún buen argumento en contra del laicismo, pero no sería justo. Personalmente opino que uno de los puntos de crítica más provocadores que se hace al Estado aconfesional es que en la práctica no puede generar un sentimiento profundo de cohesión social. Encontramos este argumento por ejemplo —al menos así lo parece— en Luc Ferry,[15] que, a diferencia de Gauchet,[16] sostiene que necesitamos el lenguaje religioso para referirnos a lo santo, aunque lo presentemos en una forma secular.

Se trata de un argumento importante. En cualquier caso, no está basado en una concepción deslustrada del laicismo, aunque eso no significa que sea cierto. ¿Es el laicismo insuficiente como ideal de ciudadanía? ¿Es cierto que necesitamos la mitología religiosa para proporcionar a los individuos un profundo sentimiento de arraigo a algo? Y ¿cómo se traduciría eso en la práctica? ¿Cuál es la mitología religiosa que se nos recomienda?

«La islámica», dicen los musulmanes. «La católica», responden los católicos. «La protestante», aseguran los protestantes.

Es especialmente en una situación de división religiosa como la nuestra cuando el laicista cuenta con las mejores cartas.

III

EL ESTADO ACONFESIONAL
EN ESTADOS UNIDOS

1. MADISON, JEFFERSON Y LOS «FEDERALIST PAPERS»

La clásica expresión estadounidense no sólo de la separación entre
Iglesia y Estado, sino también de todo el modelo de Estado democrático, está recogida en los *Federalist Papers* (1787).[1] Esos *Federalist Papers* conforman el primer comentario a propósito de la Constitución de Estados Unidos y un alegato en favor de su aprobación.
Sus autores, Madison, Hamilton y Jay, quieren reflexionar sobre un
nuevo (o relativamente nuevo) orden constitucional para Estados
Unidos.

Para el tema que nos ocupa es de gran relevancia el ensayo número 51, escrito por James Madison. En él, Madison hace algunas
«observaciones generales» que nos permiten hacernos una idea
bastante clara de los principios y la estructura de un orden constitucional estadounidense. Según Madison, un aspecto esencial para
la constitución estadounidense es la preservación de la libertad
(the preservation of liberty).

Se trata de una observación importante. No sólo porque nos
dice mucho de los antecedentes de la constitución estadounidense,
sino porque también nos enseña algo de las demás constituciones
modernas. Al parecer, el valor fundamental aquí es la libertad.[2] La
libertad del ciudadano. Y el Estado o el gobierno deben garantizar
esa libertad, propone Madison.

¿Cómo? He aquí el principal problema. Madison cree que debemos hacerlo reflexionando sobre la naturaleza humana y dice:

«¿Qué es el gobierno mismo sino la mayor de las reflexiones de la naturaleza humana?».[3]

Se trata de una afirmación que sorprenderá a algunos. El juez del Tribunal Supremo, Antonin Scalia, ha señalado en muchas conferencias y artículos que los jueces no deben ser filósofos.[4] Especular sobre la naturaleza humana, la naturaleza de la realidad y el sentido de la vida es algo que no le corresponde a un juez. Lo que quizá valga para los jueces no vale para los legisladores, quienes no pueden soslayar la naturaleza humana. Es preciso tener una visión al respecto antes de estar en disposición de hacer las leyes, habría dicho Madison. Supone una gran diferencia considerar que el ser humano tiende al bien o que, siguiendo la perspectiva de Thomas Hobbes o del *Catecismo de Heidelberg*, se le atribuya una propensión al mal.

Madison tiene una imagen del hombre prosaica. «Si los hombres fuesen ángeles, el gobierno no sería necesario», señala.[5] Al parecer quiere decir que si los hombres fuesen buenos por naturaleza, ni las leyes ni el gobierno serían necesarios. Si los hombres fuesen ángeles, podríamos abogar por el anarquismo.

Lamentablemente no es así. Los hombres no son ángeles y por eso mismo necesitan un gobierno. Ese Estado debe mantener el monopolio de la fuerza. El Estado tiene que estar en disposición de enseñar los dientes a los infractores de la ley. También podemos decirlo de esta forma: el Estado necesita tener poder. Tanto Hobbes como Maquiavelo se fijaron en este hecho.

Pero, en el instante en que el Estado adquiere el poder asignado, tenemos un nuevo problema. El Estado también puede hacer un mal uso de ese poder. Al fin y al cabo, los hombres que deben ser gobernados no son ángeles, pero los que gobiernan tampoco lo son. «Si los ángeles gobernaran sobre los hombres, no sería necesario someter al gobierno a un control externo e interno.»[6] Según parece, Madison es de la opinión de que se deben imponer ciertas limitaciones al Estado en el ejercicio del poder.

He aquí el dilema de la filosofía política y la teoría constitucional. Es el mismo dilema con el que se enfrenta el legislador, en especial el primer legislador (tarea que, en el caso de la primera Constitución estadounidense, recayó en la Convención de Filadelfia). Es el dilema de que el Estado debe poder ejercer el poder, pero a la vez debe poderse poner límites a ese poder. Madison lo formula con las siguientes palabras: «Al organizar un gobierno que ha de ser administrado por hombres y para los hombres, la gran dificultad estriba en esto: primeramente hay que capacitar al gobierno para mandar sobre los gobernados y luego obligarlo a que se regule a sí mismo».[7]

El controlador debe poder controlar y a la misma vez ser controlado. ¿Cómo se hace eso?

2. EL ESTADO DE DERECHO Y LA DEMOCRACIA

Para limitar al Estado en su ejercicio del poder, Madison señala dos instrumentos. En primer lugar se refiere a lo que él denomina el «control primario del gobierno» *(the primary control on the government)*, que consiste en una «dependencia del pueblo» *(a dependence on the people)*. El Estado o el gobierno deben ser dependientes del pueblo, de la ciudadanía. Eso es lo que hoy en día se llama democracia. Pero la democracia no es el único instrumento que podemos utilizar para poner coto al ejercicio del poder por parte del gobierno. Madison alude también a la necesidad de tomar algunas precauciones auxiliares *(the necessity of auxiliary precautions)*. Según parece, la democracia sola no basta.[8]

El segundo gran principio del desarrollo del Estado moderno es lo que hoy en día llamamos el «Estado de derecho». Es la limitación del poder del Estado mediante el derecho. En la doctrina estadounidense, al Estado de derecho ideal se le llama también *constitucionalismo*.[9] Un elemento fundamental de los *Federalist Papers* y del pensamiento constitucionalista estadounidense en general consistió en poner énfasis en este segundo principio.[10] Los estadounidenses creen que es un gran error pensar que el control democrático basta por sí mismo. Se trata de una idea que hallamos excelentemente explicada en otro ensayo de Madison. Me refiero a *Memorial y manifiesto contra los impuestos para la enseñanza de la religión (Memorial and Remonstrance Against Religious Assessments*, 1785).[11]

El *Memorial* data de 1785, año en el que Immanuel Kant publicaba en Alemania su *Fundamentación de la ética de las costumbres*. El *Memorial* de Madison es un vehemente alegato en favor de la libertad de culto y del principio que posteriormente se añadiría a la primera enmienda de la Constitución de Estados Unidos de la que Madison fue el padre ideológico. Pero el *Memorial* es también una poderosa defensa del Estado religiosamente neutral. Así pues, 1785 es el año en el que ven la luz dos de las ideas más importantes sobre las que versa este libro: la idea de la moral autónoma (Kant) y la idea del Estado neutral (Madison).

En el *Memorial*, Madison describe la libertad religiosa como «el derecho de todos los ciudadanos por igual para profesar libremente su religión obedeciendo los dictados de su conciencia».[12] Y dice que esa libertad religiosa es un don de la naturaleza *(the gift of nature)*.

Para la teoría del Estado democrático de derecho es importante que Madison contraste explícitamente este derecho con la democracia. En otras palabras, Madison señala claramente que la democracia por sí sola no basta para asegurar el buen funcionamiento del sistema político. Hay que poner una serie de limitaciones a la voluntad de la mayoría, como se pone de manifiesto en el poder legislador. Expresa la oposición entre el Estado de derecho y la democracia como si fuera un dilema retórico. O bien la voluntad de la legislatura es la única medida de su autoridad, y en la plenitud de dicha autoridad pueden erradicar todos nuestros derechos fundamentales, o están obligados a considerar este derecho particular intacto y sagrado.[13]

Este pasaje es crucial porque expone los peligros de una democracia ilimitada (lo que los estadounidenses llaman también *unlimited government*). Un demócrata radical podría asegurar que la voluntad de la mayoría siempre debe prevalecer.[14] Eso significaría, según Madison, que la mayoría podría pisotear nuestros derechos fundamentales. ¿Por qué? Sólo por el hecho de ser la mayoría. Esa mayoría podría limitar la libertad de prensa, abolir los juicios con jurados. Sí, incluso podría llegar a erradicar los derechos humanos. La asamblea legislativa podría transformarse en un gremio hereditario.

En suma, en una democracia ilimitada, el poder legislativo podría tomar toda clase de medidas espantosas. Y, como ejemplo de medida espantosa, Madison cita especialmente una ley que estableciera recursos para la enseñanza de la religión cristiana.[15]

Madison lo considera una idea monstruosa. Si el poder legislativo de Virginia aprobase realmente una ley así, sería un abuso peligroso de poder *(dangerous abuse of power)*.

Madison no se considera a sí mismo un ateo. Distingue algunas obligaciones que tenemos respecto a nuestro Creador *(duty which we owe to our Creator)*. Pero a continuación propone que sólo la razón y la convicción *(reason and conviction)* pueden marcar la directriz en cuestiones de fe, y no la fuerza y la violencia *(force or violence)*.[16] Dice que la religión de cada persona debe dejarse en manos de su convencimiento y su conciencia.

Más adelante, en 1791, ese alegato de Madison se convertiría en la primera enmienda a la constitución de Estados Unidos, que está expresada así:

> El Congreso no hará ley alguna por la que adopte una religión como oficial del Estado o prohíba practicarla libremente, o que coarte la libertad de palabra o de imprenta, o el derecho del pueblo para reunirse pacíficamente y para pedir al gobierno la reparación de agravios.[17]

Respecto al tema que aquí nos ocupa (esto es, la relación con la libertad religiosa y la postura del Estado frente a la religión), la primera enmienda consta de dos partes. La primera es la cláusula del libre ejercicio *free exercise-clause*. El ciudadano es libre de profesar su religión. Se trata de una parte que no nos resulta difícil de entender y que además hallamos en la mayoría de las constituciones actuales. Pero la primera enmienda contiene una segunda dimensión. El poder legislativo tampoco puede hacer leyes que establezcan una religión determinada *(no law respecting an establishment of religion)*. En Europa nos referiríamos a esto último como la «separación de la Iglesia y el Estado» y está relacionado con el principio francés del laicismo: ningún apoyo estatal para la religión.[18]

3. LOS PADRES FUNDADORES Y LA LIBERTAD DE RELIGIÓN

Para comprender bien los principios de Madison es importante conocer algo más sobre las ideas de otros de los padres fundadores de la república de Estados Unidos. A finales del siglo XVIII surgieron varios partidos políticos en Estados Unidos. James Madison (1751-1836) y Thomas Jefferson (1743-1826) eran los líderes de los demócratas. Alexander Hamilton (1757-1804), procedente de una posición más aristócrata, y John Adams (1735-1826) tenían cargos importantes con los federalistas. En la lucha por la competencia entre estos grupos también se recurría a veces a la religión. Hamilton llamaba ateo a Jefferson.

Si es o no responsable llamar ateo a Jefferson, depende de lo que uno entienda por este término. En cualquier caso, Jefferson era un deísta. Los deístas no creen en la divinidad de Jesucristo. Sí creen, en cambio, en un creador divino, pero éste no se ajusta a la idea que aparece en el cristianismo tradicional. El cosmos conserva las huellas de un gran arquitecto, pero, después de hacer el mundo, el creador no habría vuelto a intervenir en el proceso cósmico. Así pues, los deístas rechazan la idea de un dios personal.[19]

Después de la presidencia de ambos (Adams de 1797 a 1801 y Jefferson de 1801 a 1809) y una vez que su rivalidad política inicial se hubo enfriado un poco, surgió entre Jefferson y Adams una fluida correspondencia en la que los dos políticos se referían entre otras cosas a sus respectivas creencias religiosas. Los dos expresaban críticas fulminantes contra la religión católica. El 16 de julio de 1814, Adams le escribió a Jefferson: «El cristianismo cabalista, o sea, el cristianismo católico, que ha mandado durante 1500 años, ha recibido una herida mortal a consecuencia de la cual el monstruo acabará muriendo. No obstante, es tan fuerte que es posible que siga existiendo algunos siglos más antes de que expire».[20] A propósito de los jesuitas, Adams escribe: «No me gusta la reaparición de los jesuitas. Si ha habido algún grupo de hombres que mereciesen la condenación tanto en la tierra como en el infierno, es esa orden de Loyola».[21] No obstante, Adams reconocía que los jesuitas estaban en su derecho de reclamar tolerancia *(Nevertheless we are compelled by our system of religious toleration to offer them an asylum)*.[22] Adams no se preguntaba, como sucedía a menudo, si era posible un gobierno libre, sino si podía exitir un gobierno con la Iglesia católica.[23] Para el tema que nos ocupa, es especialmente importante la carta de Adams a Jefferson del 23 de enero de 1825 en la que denuncia la persecución de las creencias religiosas disidentes: «En todo el mundo cristiano existe una ley que acusa de blasfemia negar la inspiración divina o dudar de los libros del Antiguo y del Nuevo Testamento, desde el Génesis hasta el Apocalipsis». Señala también que la blasfemia es castigada con las penas más duras. En ese sentido, en Estados Unidos no están mejor que en otros sitios, porque también en el nuevo mundo la blasfemia es castigada con la prisión. ¿Qué queda de la libertad de investigación *(free inquiry)* cuando un escritor corre el riesgo de ser condenado a prisión si adopta una actitud crítica sobre los libros sagrados?»[24]

4. LA BIBLIA DE JEFFERSON

A pesar de que a lo largo de toda su vida Jefferson perteneció nominalmente a la iglesia anglicana, sus ideas sobre el cristianismo tradicional no eran menos disconformes que las de Adams. En su época, Jefferson fue tachado de «ateo ululante» *(howling atheist)*, un «infiel con el alma endurecida» *(hardened infidel)* y declarado un «enemigo de la religión» *(enemy of religion)*.[25] Y lo mismo se decía de Adams y de Madison. Que estos calificativos sean o no acertados dependerá de lo que se entienda por *infiel, ateo, religión* e, incluso, por *enemigo*. En cualquier caso, Jefferson creía tan poco como Adams en la divinidad de Jesucristo. Por otra parte, llama la atención que Jefferson concediera mayor valor al contenido moral de las enseñanzas de Jesús que muchos creyentes ortodoxos. Jefferson reescribió los evangelios de manera que las enseñanzas éticas de la doctrina de Cristo quedasen libres de toda clase de mitología inverosímil en torno a la figura de Jesús. Así fue como apareció la llamada «Biblia de Jefferson», que no es sino una selección de los evangelios.

En su correspondencia, Jefferson sostiene: «De todos los sistemas morales que he estudiado, tanto antiguos como modernos, ningún otro me parece tan puro como el de Jesús».[26] Jefferson le escribió a John Adams que los principios puros que enseñaba deberían ser salvados de las tergiversaciones a las que los sacerdotes las habían sometido. Jefferson estaba convencido de que las palabras originales de Jesús habían sido deformadas por los que él llamaba «platonistas». Consideraba su tarea preservar lo que fuese genuinamente de Jesús, separándolo de los disparates que sus biógrafos pudiesen haberse inventado.[27] Y así, nos llega un Jesús sin nacimiento inmaculado, sin resurrección, sin todo lo que, desde el período de la Ilustración, resultaba increíble. El resultado es una imagen de Jesús como maestro moral con un mensaje de amor y servicio absoluto *(absolute love and service)*.

El proyecto de Jefferson es por una parte ingenuamente infantil y, por otra, muy adelantado a su tiempo. Ingenuamente infantil en tanto que el método empleado por Jefferson es seriamente cuestionable. Con su filtro moral, eliminó todo lo que se le antojó increíble (léase *indeseable*) de los evangelios. En realidad, hizo lo que Kant y otros defensores de la ética autónoma decían que debía hacerse: valiéndose de sus propios criterios morales decidió lo que era aceptable del evangelio y lo que no. Pensemos en las palabras de Kant, que ya hemos citado antes, de que incluso la santidad del evangelio debe ser comparada primero con nuestro ideal de moralidad antes de poder reconocerla como tal.[28] Pero lo que no reconoció Jefferson, probablemente ni siquiera llegó a ser consciente de ello, es que, con su método, los evangelios se convertían en una gran pantalla blanca en la que él proyectaba su propia moral universal.

No obstante, Jefferson estaba muy por delante de su época, porque en realidad se limitó a hacer sin prejuicios y sin rodeos lo que también han hecho muchos hermeneutas liberales sin darse cuenta. Cuando estos hermeneutas liberales leen un pasaje de las escrituras que les parece inaceptable dicen: «No es posible que signifique eso». Y a continuación ofrecen una explicación que comulgue con sus ideas. Es precisamente lo mismo que los jueces y jurisconsultos liberales hacen con la Constitución: lo que a uno le parece bien lo considera la «esencia» del texto; por el contrario, lo que uno considera desfasado o inaceptable va en contra del «espíritu» de la Constitución.[29] Eso es también lo mismo que hacen los teólogos: so pretexto de explicar el evangelio, acaban reescribiéndolo. Además, eso sucede con la Biblia, con el Corán y con cualquier otro texto sagrado. Y eso es lo que Jefferson hace, sólo que él actúa abiertamente eliminando literalmente partes enteras de las Sagradas Escrituras donde un intérprete liberal diría: «Es cierto que estas partes están, pero no hay que tomarlas de forma literal». Mientras el creyente liberal reescribe la Biblia de forma implícita, Jefferson lo hace de forma explícita.[30]

Este mecanismo aparece claramente explicado por Holbach. Para leer el evangelio, hay que empezar por la fe; es decir, estar absolutamente dispuesto a creer ciegamente todo lo que el libro contiene. Para juzgar el evangelio también se necesita fe; es decir, estar absolutamente decidido a no encontrar nada que no sea santo y adorable.[31]

Por lo general, este pasaje no se toma muy en serio. A decir verdad, Holbach no goza de muy buena reputación como pensador. Es demasiado radical, demasiado provocador para la sensibilidad actual.[32] Sin embargo, Holbach escribe cosas muy atinadas; más de lo que la mayoría de la gente cree. Dice, por ejemplo, que para leer el evangelio hay que creer, sí, creer ciegamente. ¿Creer en qué? Creer que en ese texto sólo hallaremos cosas sagradas y valores que debemos perseguir.

Mucha gente lee los evangelios precisamente con ese talante. Y no sólo los evangelios, sino todos los textos sagrados, ya sean los judeocristianos o los islámicos. En realidad, muchas personas, y no sólo los creyentes, saben antes incluso de haber leído siquiera una página de la Biblia o del Corán que todo lo que van a encontrar allí es santo y digno de adoración. Y ciertamente lo encuentran. Eso explica que, cuando se confronta a un creyente con un pasaje del Corán o de la Biblia o de cualquier otro texto sagrado que no parece tan santo («*saint en adorable*», en palabras de Holbach), éste lo mire a uno con condescendencia para asegurarle a continuación que la mayoría de los creyentes ya no creen en eso. Pero si se le señala entonces que algunos individuos llevan a cabo determinadas prácticas amparándose en esos pasajes del texto sagrado, esa persona sostendrá que la gente que tiene esa conducta reprobable habría tenido una actitud parecida aunque no los hubiese leído. Y si se le pregunta cómo lo sabe, la respuesta suele ser: «Porque lo sé». Lo sabe a priori. No es algo que haya aprendido mediante la experiencia, por el comportamiento de los creyentes, sino que lo sabe antes de toda experiencia y, por eso mismo, es en sentido filosófico un «conocimiento apriorístico».

El proyecto de Jefferson es acometido con ese mismo espíritu. No es de extrañar que Jefferson cuente hoy en día con una multitud de fieles admiradores. Uno de los fanáticos entusiastas actuales, Eyler Robert Coates, redactor de un sitio web con material sobre la Biblia de Jefferson, nos aconseja leerlo todo sin preguntarnos qué es lo que Jefferson ha eliminado.[33]

Jefferson aparece aquí como una suerte de Moisés moderno. Y sus seguidores actuales no parecen tener ningún inconveniente al respecto. El jeffersonianismo como una nueva secta cristiana. El propio Jefferson es tenido ahora por el santo que es capaz de distinguir el verdadero Jesús del falso.

Jefferson fue además muy cauto a la hora de expresar sus ideas religiosas en público. En realidad, no conocemos esas ideas a través de los textos que publicó en vida. En las *Notas sobre el estado de Virginia* (*Notes on the State of Virginia*, 1787), la obra que publicó en vida, sólo dejaba entrever que no debemos subestimar los peligros del fanatismo religioso. En un conocido pasaje, dice que no debería suponer ningún perjuicio para nadie decir que hay veinte dioses o que no hay ninguno *(to say there are twenty gods, or no god)*.[34] En realidad, las reflexiones más sinceras a propósito de la religión se hallan en su correspondencia privada.

Al igual que muchos otros filósofos de la Ilustración, Jefferson sentía una profunda aversión por el dogmatismo religioso. Contataba que los seres humanos siempre habían estado divididos a causa de los dogmas religiosos, todo lo contrario de lo que ocurría con los principios morales.[35] También se nos asegura que en todos los tiempos y lugares, los religiosos se han mostrado hostiles hacia la libertad. Los religiosos siempre se ponen de parte del déspota. Jefferson le escribe a Alexander von Humboldt que la historia no ofrece ningún ejemplo de una sociedad gobernada por religiosos que haya mantenido un gobierno civil libre.[36]

Como legislador y gobernador del estado de Virginia, Jefferson llevó a cabo la separación de Iglesia y Estado al rechazar la Iglesia anglicana como la Iglesia oficial *(disestablishment)*. En *Acta para establecer la libertad religiosa (A Bill for Establishing Religious Freedom)* propone que Dios ha creado el alma humana libre.[37] La presunción de los legisladores y gobernantes, ya sean religiosos o seculares, de que pueden juzgar sobre la fe de los ciudadanos constituye una forma de altivez que carece de toda justificación.[38] Nuestros derechos civiles deben ser completamente independientes de nuestras creencias religiosas.[39] Jefferson está convencido de que la verdad es grande y prevalecerá si se la deja actuar por sí misma *(«Truth is great and will prevail if left to herself»)*.[40]

En 1776, Madison y Jefferson consiguieron separar la Iglesia anglicana del estado de Virginia. La Iglesia dejó de recibir apoyo económico del erario público y fue privada de su estatus oficial. En 1784, el clero intentó recuperar el terreno perdido con el apoyo de Patrick Henry y George Washington a través de un *«bill establishing a provision for teachers of the Christian religion»* (proyecto de ley para establecer una provisión para los maestros de religión cristiana), que ya había existido antes. Madison escribe su *Memorial*, y la ley que pretendía reintroducir el apoyo estatal a la Iglesia no fue aprobada. Lo que la asamblea legislativa sí hizo fue aprobar el Acta de libertad religiosa de Jefferson *(Religious Freedom Act)*. De esta manera, se aseguró la separación de Iglesia y Estado en Virginia. Posteriormente, este principio sería añadido a la Constitución en la forma de primera enmienda.

EPÍLOGO

Quiero acabar este libro con una breve reflexión sobre la situación del Estado aconfesional en el mundo. Debo decir que no es nada halagüeña.

Por ejemplo, es bastante triste que en Estados Unidos, con G. W. Bush como presidente, se adoptara una actitud frente a la religión completamente distinta de la que se establecía en los *Federalist Papers* o en el *Memorial* de Madison. Lo que Thomas Jefferson denominó el muro de separación, *wall of separation,* la separación de Iglesia y Estado, no resultaba en absoluto inspirador para el presidente Bush.[1] En toda clase de encuentros oficiales, Bush se hacía eco de sus creencias religiosas. De ese modo sentaba las bases para un desencuentro entre Estados Unidos y el mundo islámico. En el mundo islámico se tenía la impresión de que la invasión de Iraq era una suerte de cruzada para propagar el cristianismo. En ese sentido, el teniente general estadounidense William Boykin formuló explícitamente lo que se intuía implícitamente en las manifestaciones del presidente. Boykin reconoció lo que, en su opinión, hacía superior al ejército estadounidense en contra del islam. A propósito de su adversario islámico dijo: «Sabía que mi Dios era más grande que el suyo». Boykin sabía que el Dios cristiano era el dios verdadero y que el de los musulmanes era un mero ídolo.[2]

Susan Jacoby, autora de un libro sobre el liberalismo estadounidense, señala que los discursos políticos de Bush no se diferencian en nada de un sermón.[3] Alan Dershowitz, un conocido abogado estadounidense de origen judío y profesor de la Universidad Harvard, subraya que Bush peroraba sin cesar sobre el Padre, el Hijo y el Espíritu Santo, Jesucristo y otros elementos típicamente cristianos.⁴ El mensaje que Bush predicaba, dice Dershowitz, es que Estados Unidos es una nación cristiana.⁵

Una crítica parecida podría hacérsele al primer ministro británico Tony Blair. Blair reconoció que estaba convencido de que Dios se encargaría de juzgar si había tomado la decisión correcta o no respecto a Iraq.⁶ Hizo esta declaración en una entrevista en la televisión con Michael Parkinson, durante la cual el primer ministro británico dijo también que en su conciencia pugnaba esta cuestión. Un comentador británico señala: «Fue la admisión más sincera que el señor Blair había hecho hasta la fecha sobre cómo sus creencias religiosas influían en sus decisiones políticas, sobre todo, en las decisiones de vida o muerte implícitas en la acción militar».⁷ Blair reconoció asimismo que tomaba las decisiones sobre el gobierno consultando con su conciencia y que su conciencia estaba guiada por su fe cristiana. Blair no pretendía ir tan lejos como Bush, que había llegado a decir que la decisión de invadir Iraq era una misión de Dios, *a mission from God*, pero está claro que tampoco está muy alejado de la mentalidad del ex presidente estadounidense.

El periodista George Jones manifiesta que, a pesar de que Blair va regularmente a la iglesia, siempre se muestra reservado a la hora de hablar de religión y de política, porque teme que se le tenga por una especie de evangelista, como al presidente norteamericano. Alistair Campbell, antiguo *spin doctor* (término peyorativo para referirse a la persona encargada de prensa) de Blair, dijo: «Nosotros no hablamos de Dios», «*We don't do God*». Cabe preguntarse, sin embargo, si los *spin doctors* de Blair lograron asesorar lo suficiente bien al político al que debían aconsejar. Un ex periodista vinculado con la revista *Time Magazine*, David Aikman, asegura en un libro sobre George W. Bush que Blair y Bush rezaron juntos antes de tomar la decisión de invadir Iraq.

¿Qué debemos pensar de eso? Muchos se sentirán inclinados a concluir que las creencias de cada cual son un asunto personal. Y están en lo cierto. Pero la cosa cambia cuando se trata de una clase de creencia que constituye la legitimación para importantes decisiones morales. Y es completamente distinta cuando se trata de decisiones morales que no sólo tienen repercusión para la vida del que toma la decisión, sino para las vidas de muchas otras personas. Eso es precisamente lo que sucede con políticos influyentes como Bush y Blair.

Ya he mencionado antes la opinión de Peter Singer, que sostiene que las diferencias entre Bush (y también podríamos incluir a Blair), por una parte, y las del mundo islámico ortodoxo, por otra, son más pequeñas de lo que cabría pensar y esperar.

Quizá pueda ilustrar esta afirmación con el ejemplo de Irán. Mostafa Azmayesh, un iraní especialista en sufismo afincado en París, dice que la ciudad santa de Qom está en poder de un movimiento apocalíptico,[8] al que supuestamente también pertenece el presidente Ahmadineyad. Este movimiento, fundado por cinco ayatolás, cree en la inminente venida de Jesús y el «imán oculto» a Qom.[9] En la carta que Ahmadineyad le escribió al presidente Bush, Azmayesh creyó percibir el rumor de la esperanza de esa llegada inminente. Ahmadineyad gobernaría pues siguiendo la «lógica del Apocalipsis». Los fieles podrían acelerar la llegada del fin de los tiempos sembrando el caos a propósito.

Según Azmayesh, Ahmadineyad habría reconocido en el presidente Bush un espíritu afín. Después de todo, los cristianos occidentales creen en el regreso de Jesús. En la carta de Ahmadineyad a Bush podría leerse una invitación para acelerar la segunda venida de Jesús.

¿Qué podemos sacar en claro de todo esto? En Occidente, la carta de Ahmadineyad se vio como un mensaje críptico que no se sabía cómo interpretar. Aunque quizá pueda decirse lo mismo de los comentarios que los terroristas religiosos hacen de su ideología; los analistas occidentales «no comprenden» con qué se las están viendo.

Lamentablemente no puede excluirse que Blair, Bush y el presidente iraní tomaran decisiones políticas de gran trascendencia influidos por sus creencias religiosas. Se trata además de unas ideas religiosas que no son bien conocidas y, por eso mismo, no son susceptibles de ser criticadas. Es un dato inquietante que esa clase de ideas puedan ejercer semejante influencia.

En los últimos años he oído a menudo a gente que se muestra de acuerdo con mi diagnóstico (en las circunstancias actuales, una moral fundamentada en la religión constituye un problema), pero no con mi terapia (debemos apoyar una moral desvinculada de la religión). «Efectivamente, es peligroso que la gente encauce sus actos morales y políticos en función de sus sentimientos religiosos y de textos antiguos que reflejan ese sentimiento.» «Pero —suelen añadir a continuación— eso no cambiará. Si esa relación entre moral y religión lleva ya miles de años existiendo, las probabilidades de que eso pueda cambiar son ínfimas.» En ese sentido, mi alegato a favor de un esperanto moral y de una justificación de la moral y la política que no invoquen la religión es una utopía.

Me parece que ese comentario expresa una peligrosa clase de sensatez. Es una forma de realismo que, en las presentes circunstancias, ya no nos podemos permitir. El esperanto moral deberá tener éxito para hacer posible la convivencia humana en la sociedad eminentemente pluriforme del futuro. En el caso de que no sea posible, la convivencia será difícil.

Repito: todo el mundo es libre de creer en uno o en más dioses. Todo el mundo es libre de creer en brujas, duendes, elfos, hadas, sirenas, en el amor, en la *ratio essendi* última o el *Ganz Andere* (lo totalmente diferente), pero, cuando los líderes mundiales inician guerras basándose en mensajes que creen haber recibido de otro mundo o los eruditos islámicos llaman al asesinato de escritores y dibujantes blasfemos, tenemos un problema muy serio.

NOTAS

PREFACIO

1. «Irán también quiere rebajar la tensión por las caricaturas», nota de prensa aparecida en *NRC Handelsblad*, 21 de enero de 2006.

2. «Islamic court in India issues death sentence to cartoonists» («Un tribunal islámico de la India condena a muerte a los dibujantes»), en Agence France Press, 20 de febrero de 2006.

3. Véase Jessica Stern, *Terror in the Name of God. Why Religious Militants Kill*, HarperCollins, Nueva York, 2003, y el ya clásico artículo de Bernard Lewis, «The Roots of Muslim Rage», publicado en *The Atlantic Monthly*, septiembre de 1990.

Bernard Lewis, *From Babel to Dragomans. Interpreting the Middle East*, Weidenfeld & Nicholson, Londres, 2004, pp. 319-331.

4. Esta tesis ha sido argumentada por David Sloan Wilson, *Darwin's Cathedral. Evolution, Religion, and the Nature of Society*, The University of Chicago Press, Chicago y Londres, 2002.

5. Daniel C. Dennet, *Breaking the Spell. Religion as a Natural Phenomenon*, Allen Lane, Penguin Books, Nueva York, 2006. (Ed. en español: *Romper el hechizo. La religión como un fenómeno natural*, Katz Barpal Editores, Madrid, 2007.)

PRIMERA PARTE: LA ÉTICA RELIGIOSA

I. LA TEORÍA DEL MANDATO DIVINO

1. Marc van Dijk, «Jóvenes de la emisora evangélica reciben a Balkenende con una ovación», noticia aparecida en el diario *Trouw* el 13 de junio de 2005.

2. Kai Nielsen, «Ethics without Religion», en Michael Peterson, William Hasker, Bruce Reichenbach, David Basinger (eds.), *Philosophy of Religion. Selected Readings*, Oxford University Press, Nueva York y Oxford, 1996, pp. 536-544, p. 538: «The considerations for and against an ethics not rooted in a religion are complex and involuted; a fruitful discussion of them is difficult, for in considering the matter our passions, our anxieties, our ultimate concerns (if you will) are involved, and they tend to blur our vision, enfeeble our understanding of what is at stake».

3. M.K. Gandhi, *Ethical Religion*, traducido del hindi por A. Rama Iyer, S. Ganesan Publisher, Triplicane, Madrás, 1922, p. 38: «As a matter of fact, no religion can exist without morality».

4. N. Hartmann, *Ethik*, 3.ª ed., Walter de Gruyter, Berlín, 1949 (1925), p. 67: «Mythos und Religion sind immer Träger einer geltenden Moral. Sie enthalten die ältesten, ehrwürdigsten Zeugnisse ethischer Tendenzen des Menschengeschlechts, sie sind die Sprache des sittlichen Bewusstseins. [...] Fast alle geltende Moral ist in der Form religiöser Weltanschauung aufgetreten».

5. Gandhi, ibíd., p. 33: «There are [...] many people in Europe and in America who are avowedly opposed to all religion. They argue that the enormous volume of wickedness and vice in the world is sure evidence of the falsity of religion».

6. Gandhi, ibíd., p. 34: «They rightly fear that, if religion were to lose its hold on men's minds, the whole world would go to rack and ruin; and they make men tread the path of morality».

7. Contrasta con otras definiciones de religión, por ejemplo la de Rudolf Otto (1869-1937), para quien lo religioso es algo que inspira veneración y causa estupor. Otto se opone a las concepciones teístas de la definición de religión. Véase Otto, Rudolf, *Das Heilige. Über das Irrationale in der Idee des Göttlichen und sein Verhältnis zum Rationalen*, C.H. Beck, Múnich, 1997 (1917). (Ed. en español: *Lo santo: lo racional y lo irracional en la idea de Dios*, Alianza Editorial, Madrid, 2005.)

8. Gandhi, ibíd., p. 34: principles of morality that are eternally binding on all men and women in the world».

9. Thomas Mautner, *The Penguin Dictionary of Philosophy*, Penguin Books, Londres, 2000 (1996), p. 579: «Universalism [in ethics], the view that all human beings are morally equal in the sense that membership of a certain tribe, class, caste, nation, race, etc. as such neither justifies special consideration nor excuses lack of consideration».

10. Véase Matthew Gibney (ed.), *Globalizing Rights, The Oxford*

Amnesty Lectures 1999, Oxford University Press, Oxford, 2003 (ed. en español: *La globalización y los derechos humanos*, Editorial Crítica, Barcelona, 2004) y Michael Freeman, «Universality, Diversity and Difference: Culture and Human Rights», en ídem, *Human Rights. An Interdisciplinary Approach*, Polity, Cambridge, 2003, pp. 101-131.

11. William H. Shaw, *Contemporary Ethics. Taking Account of Utilitarianism*, Blackwell, Malden (Mass.), Oxford, 1999, p. 7 y ss.

12. Arnold Toynbee, *Experiences*, Oxford University Press, Nueva York, Toronto, 1970 (1967), p. 125: «Religion means for me a human being's relation to an ultimate reality behind and beyond the phenomena of the Universe in which each of us awakes to consciousness». (Ed. en español: *Experiencias*, Emecé, Barcelona, 1972.) El elemento trascendente que todavía aparece en Toynbee es a menudo obviado por los sociólogos y teólogos actuales. Cualquier clase de compromiso incondicional, sea de la naturaleza que sea, se califica ahora de «religioso».

13. John D. Caputo, *On Religion*, Routledge, Londres y Nueva York, 2001, p. 1. (Ed. en español: *Sobre la religion*, Editorial Tecnos, Madrid, 2005.)

14. «Religion is ethics heightened, enkindled, lit up by feeling"; «Religion is morality tinged with emotion.» Cita extraída de William P. Alston, «Religion», en Paul Edwards (ed.), *The Encyclopedia of Philosophy*, vol. 7, MacMillan & The Free Press, Nueva York y Londres, 1967, pp. 140-145.

15. George Santayana, *Interpretations of Poetry and Religion*, Harper Torchbooks, Nueva York, 1957 (1900) (ed. en español: *Interpretaciones de poesía y religion*, Ediciones Cátedra, Barcelona, 2003): «Poetry is called religion when it intervenes with life, and religion, when it merely supervenes upon life, is seen to be nothing but poetry». Sobre el tema de la religión véase George Santayana, «A general Confession», en Paul Arthur Schilpp (ed.), *The Library of Living Philosophers*, La Salle, Open Court, Illinois, 1951 (1940), pp. 3-30, p. 7.

16. Ernst Haeckel, *Die Welträtsel. Gemeinverständliche Studien über monistische Philosophie*, con introducción de Olof Klohr, Akademie-Verlag, Berlín, 1961 (1899), p. 354: «Gott und Welt sind zwei verschiedene Wesen. Gott steht der Welt gegenüber als deren Schöpfer, Erhalter und Regierer. Dabei wird Gott stets mehr oder weniger menschenähnlich gedacht, als ein Organismus, welcher dem Menschen ähnlich (wenn auch in höchst volkommener Form) denkt und handelt».

17. Friedrich Nietzsche, *Die fröhliche Wissenschaft*, en *Sämtliche*

Werke, 1882, vol. 3, edición crítica de Giorgio Colli y Mazzino Montinari, Deutscher Taschenbuch Verlag, De Gruyter, Múnich, 1999, pp. 343-653. (Ed. en español: *La gaya ciencia*, Ediciones Akal, Madrid, 1987.)

18. Véase Eduard von Hartmann, *Die Religion des Geistes, Zweiter systematischer Teil der Religionsphilosophie*, 2.ª ed. Wilhelm Friedrich, Leipzig, 1882, p. 6.

19. Richard Swinburne, *Faith and Reason*, 2.ª ed., Clarendon Press, Oxford, 2005 (1981), p. 233: «God has intervened in history to do certain things and to reveal certain truths».

20. Seyyed Hossein Nasr, *The Heart of Islam. Enduring Values for Humanity*, Harper Collins, San Francisco, 2004, p. 3: «At the heart of Islam stands the reality of God, the One, the Absolute and the Infinite, the Infinitely Good and All-Merciful, the One Who is at once transcendent and immanent, greater than all we can conceive or imagine, yet, as the Quran, the sacred scripture of Islam, attests, closer to us than our jugular vein». (Ed. en español: *El corazón del islam*, Editorial Kairós, Barcelona, 2007.)

21. De ahí que a menudo se subraye que el islam es más consecuente en su monoteísmo que el cristianismo, pues carece de la noción de la Trinidad. Véase Haeckel, ibíd., p. 363.

22. Pierre Blackburn, «L'appèl au commandement divin et ses critiques», en Pierre Blackburn, *L'ethique. Fondements et problèmatiques contemporaines*, Éditions du Renouveau Pédagogique, Saint Laurent, 1996, pp. 115-133, p. 116: «Ainsi, ce qui est bien, c'est que la divinité recommande; ce qui est mal, c'est ce que la divinité interdit».

23. Harry J. Gensler, «Supernaturalism», en *Ethics*, Routledge, Londres y Nueva York, 1998, pp. 33-46, p. 34.

24. Janine Marie Idziak, «Divine Command Morality: A Guide to the Literature», en ídem, *Divine Command Morality: Historical and Contemporary Readings*, The Edwin Mellen Press, Nueva York y Toronto, 1979, pp. 1-38, p. 1: «Generally speaking, a "divine command moralist" is one who maintains that the content of morality (i. e., what is right and wrong, good and evil, just and unjust, and the like) is directly and solely dependent upon the commands and prohibitions of God».

25. James Rachels, «Does Morality Depend on Religion?», en ídem, *The Elements of Moral Philosophy*, 4.ª ed., McGraw-Hill Inc., Nueva York, 2003 (1986), pp. 48-63, p. 50.

26. Louis P. Pojman, *Ethics. Discovering Right and Wrong*, 2.ª ed., Wadsworth, Belmont, California, 1995, p. 236.

27. También podríamos citar la historia de Job, a quien Dios puso a prueba tratándolo como si fuese el diablo, escribe Jack Miles. Dios lo pone a prueba igual que hace con Abraham. «That is, he tempts him by speaking to him in the tones of merciless power. Job passes the test precisely as Abraham did.» Véase Jack Miles, *God. A Biography*, Alfred A. Knopf, Nueva York, 1995, p. 322. (Ed. en español: *Dios. Una biografía*, Editorial Planeta, Barcelona, 2006.)

28. Génesis 22, 1-13.

29. Miles, ibíd., p. 59.

30. Véase Norman Kretzmann, «Abraham, Isaac, and Euthyphro: God and the Basis of Morality», en Eleonore Stump y Michael J. Murray (eds.), *Philosophy of Religion: the Big Questions*, Blackwell Publishers, Malden y Oxford, 1999, pp. 417-427.

31. Corán 37, 99-113.

32. Thomas Carlyle, «The Hero as a Prophet», en ídem, *On Heroes and Hero-Worship*, *The World's Classics*, Oxford University Press, 1904 (1841), pp. 55-101, p. 73: «that we must *submit* to God». (Ed. en español: *Los héroes*, Grupo Axel Springer, Madrid, 1985).

33. Carlyle, ibíd., p. 74: «not questioning it, obeying it as unquestionable».

34. Romanos 4, 9.

35. Gálatas 3, 6.

36. Hans Küng, *Das Judentum. Die religiöse Situation der Zeit*. Piper, Múnich y Zúrich, 1999 (1991), p. 33: «Grundlegend ist der unbedingt vertrauende Glaube». (Ed. en español: *El judaísmo: pasado, presente y futuro*, Editorial Trotta, Madrid, 1998.)

37. Küng, ibíd., p. 33.

38. Chaim Potok, *Wanderings. History of the Jews*, Fawcett Crest, Nueva York, 1978, p. 52: «a chilling act of faith that will be told through the ages and affect all the future of his descendents».

39. «Abraham Commits Attempted Murder —and Is Praised», en Alan M. Dershowitz, *The Genesis of Justice. Ten Stories of Biblical Injustice that Led to the Ten Commandments and Modern Law*, Warner Books, Nueva York, 2000.

40. Véase John L. Esposito, *What Everyone Needs to Know About Islam*, Oxford University Press, Oxford, 2002, p. 23 (ed. en español: *El islam: 94 preguntas básicas*, Alianza editorial, Madrid, 2004); Daniel Ali y Robert Spencer, *Inside Islam. A Guide for Catholics*, Ascension Press, West Chester, Pennsylvania, 2003, p. 34.

41. Keith E. Yandell, *Philosophy of Religion. A Contemporary Introduction*, Routledge, Londres y Nueva York, 1999, p. 303: «Religious traditions sanction religious values».

42. George Bernard Shaw, *The Crime of Imprisonment*, Greenwood Press Publishers, Nueva York, 1969 (1946), p. 28.

43. David Pannick, *Judges*, Oxford University Pres, Oxford, 1987, p. 2: «the voices of infallibility, by a narrow majority».

44. En esta tradición se encuentran otros autores, como Erik Wolf, *Rechtsgedanke und biblische Weisung* (1948) y Jacques Ellul, *Le fondement théologique du droit* (1946). Para una visión contemporánea inspirada en la enseñanza bíblica, véase Werner Wolbert, *Was sollen wir tun? Biblische Weisung und ethische Reflexionen*, Herder, Friburgo y Viena, 2005.

45. En el Deuteronomio 5, 6-21, aparece también la lista de los Diez Mandamientos. La división en diez mandamientos es posterior. Para un interesante comentario actual sobre los Diez Mandamientos véase Fernando Savater, *Los diez mandamientos del siglo XXI: tradición y actualidad del legado de Moisés*, Editorial Debate, Barcelona, 2004.

46. Norman Aldus Kretzmann, «Abraham, Isaac, and Euthyphro: God and the Basis of Morality», en Eleonore Stump y Michael J. Murray (eds.), *Philosophy of Religion: the Big Questions*, Blackwell Publishers, Malden y Oxford, 1999, pp. 417-427, p. 423.

47. C.S. Lewis, «The Moral Law Is from God», en Harry J. Gensler et al. (ed.), *Ethics: Comtemporary Readings*, Routledge, Nueva York y Londres, 2004, pp. 69-76, p. 70.

48. C.S. Lewis, «The Moral Law Is from God», p. 74: «inside ourselves as an influence or a command trying to get us behave in a certain way».

49. Véase Owen Chadwick, *The Counter-Reformation*, Penguin Books, Harmondworth, 1964, p. 296: «Mysticism may broadly be defined as the direct apprehension of the divine by a faculty of mind or soul». Véase también F.C. Happold, *Mysticism: A Study and an Anthology*, Penguin Books, Harmondsworth, 1979 (1963), p. 18.

50. Según Chadwick, ibíd., p. 296.

51. Esto es lo que las religiones del libro tienen en común. Véase Niels Kastfelt (ed.), *Scriptural Politics. The Bible and the Koran as Political Models in the Middle East and Africa*, Hurst & Company, Londres, 2003; Khaled Abou El Fadl, *Speaking in God's Name, Islamic Law, Authority and Women*, One World, Oxford, 2001.

52. Aquí he seguido a W. Montgomery Watt, *Muhammed. Prophet and Statesman*, Oxford University Press, Oxford y Nueva York, 1974 (1961), p. 15.

53. A pesar de que también podríamos calificar de tradición «democrática» a una cultura en la que todo el mundo pueda experimientar una revelación directa de Dios (la tradición mística, por tanto) y obtenga el reconocimiento de los demás. Sea como fuere, difiere claramente de una cultura en la que unos cuantos intérpretes del mensaje divino ocupan una posición más elevada jerárquicamente.

54. Bernard Lewis, *The Crisis of Islam. Holy War and Unholy Terror*, Weidenfeld & Nicolson, Londres, 2003, p. 7: «no priestly mediation between God and the believer, no ordination, no sacraments, no rituals that only an ordained clergy can perform».

55. Véase Emma Goldman, «The Philosophy of Atheism», en *The Philosophy of Atheism and the Failure of Christianity*, Mother Earth Publishing Association, Nueva York, 1916, concretamente pp. 1-7.

56. Goldman, ibíd.: «In other words, the God idea is growing more impersonal and nebulous in proportion as the human mind is learning to understand natural phenomena and in the degree that science progressively correlates human and social events».

57. Gore Vidal, «Monotheism and its Discontents», en *United States: Essays 1952-1992*, Random House, Nueva York, 1993, pp. 1048-1054. Las ideas de Vidal están también plasmadas en su novela *Julian. A Novel*, Vintage Books, Nueva York, 1992 (1962). (Ed. en español: *Juliano el Apóstata*, Edhasa, Barcelona, 1983.)

58. Bernard Shaw, *The Religious Speeches of Bernard Shaw*, editado por Warren Sylvester Smith, con prólogo de Arthur H. Nethercot, The Pennsylvania State University Press, University Park, Pensilvania, 1963, p. 31: «We use a sort of Oriental religion as the nucleus of our religion — a lot of legends that we must get rid of».

59. Bernard Shaw, *The Religious Speeches of Bernard Shaw*, p. 33: «We are gradually getting more and more rid of our idols, and in the future we shall have to put before the people religions that are practical systems, which on the whole we can perceive work out in practice, instead of resulting in flagrant contradictions as they do at present».

60. Hans Küng, *Das Christentum. Wesen und Geschichte*, Piper, Múnich y Zúrich, 1995, p. 80: «Sie will keine verschärfte Ethik des Gesetzesgehorsams sein». (Ed. en español: *El cristianismo. Esencia e historia*, Editorial Trotta, Madrid, 2006.)

61. Hallamos esta misma tesis en Friedrich Schiller, quien, el 17 de agosto de 1795, le escribe a Goethe que la característica del cristianismo (lo que lo distinguía de las otras religiones monoteístas) es la *Aufhebung des Gesetzes* (derogación de la ley). Frente a la orientación hacia la regularidad, como hallamos en Kant, el cristianismo pondría «freie Neigung» («libre inclinación»). De ahí que el cristianismo les guste tanto a las mujeres, apunta Schiller, que todavía no experimentan la carga de la sensibilidad actual sobre este tema. Véase Schiller/Goethe, *Der Briefwechsel zwischen Schiller und Goethe*, Paul Stapf (ed.), Emil Vollmer Verlag, Múnich, p. 83.

62. Mateo 25, 46.

63. Juan 6, 38.

64. Mateo 22, 36, 37, 38.

65. Mateo 22, 39.

66. Levítico 19, 18.

67. Mateo 5, 38-48, y Lucas 6, 27-36.

68. Y desde luego lo que sería específico para ella. John Stuart Mill ya apuntó las coincidencias entre la ética del evangelio y la de los filósofos de la Antigüedad en John Stuart Mill, *Three Essays on Religion*, Prometheus Books, Amherst, Nueva York, 1998 (1874). Este tema ha sido exhaustivamente estudiado por Joseph McCabe, *Sources of the Morality of the Gospels*, Watts & Co., Londres, 1914.

69. Mateo 5, 21-22.

70. Mateo 5, 27-28.

71. Michael Martin, *The Case Against Christianity*, Temple University Press, Filadelfia, 1991, p. 165.

72. Martin, ibíd., p. 165: «The idea that one should humble or lower one's self plays an important role in Jesus' ethical thought».

73. Mateo 6, 6.

74. Lucas 18, 14.

75. Friedrich Nietzsche, *Der Antichrist*, 1888-89, en *Sämtliche Werke*, vol. 6, ed. crítica de Giorgio Colli y Mazzino Montinari, Deutscher Taschenbuch Verlag, De Gruyter, Múnich, 1999, pp. 165-255. (Ed. en español: *El anticristo*, Alianza Editorial, Madrid, 1998.)

76. «He commands», llega a escribir Albert Schweitzer sobre Jesús en David F. Ford, y Mike Higton (eds.), *Jesus*, Oxford Readers, Oxford University Press, pp. 344-346.

77. Mateo 25, 41-46.

78. Lucas 8, 28-33.

79. Marcos 11, 12-14, 20-21.

80. Joseph McCabe, *Sources of the Morality of the Gospels*, Watts & Co., Londres, 1914.

81. Janine Marie Idziak, «Divine Command Morality: A Guide to the Literature», en ídem, *Divine Command Morality: Historical and Contemporary Readings*, The Edwin Mellen Press, Nueva York y Toronto, 1979, pp. 1-38, p. 3.

82. A.P. d'Entrèves, *Natural Law. An Introduction to Legal Philosophy*, Hutchinson's University Library, Nueva York, 1951, p. 68: «The vindication of the primacy of the will over the intellect led to the denial that ethical values can have any other foundation but the will of God that imposes them».

83. Véase la selección de la obra de Lutero que Idziak hace en su libro *Divine Command Morality: A Guide to the Literature*, p. 93 y ss.

84. Véanse los pasajes en Idziak, *Divine Command Morality: A Guide to the Literature*, p. 98 y ss.

85. Ibíd., p. 2. Para consultar una selección de sus obras, véase también el libro de Idziak. Muchos de estos autores son asismismo comentados en J.B. Schneewind, *The Invention of Autonomy: A History of Modern Moral Philosophy*, Cambridge University Press, Cambridge, 1998.

86. Ibíd., p. 7. Véase Patterson Brown, «Religious Morality», en *Mind*, 72 (1963), pp. 235-244; ídem, «Religious Morality: A Reply to Flew and Campbell», en *Mind*, 77 (1968), pp. 577-580.

87. Véase Emil Brunner, «The Divine Imperative», en James Rachels, *The Right Thing To Do. Basic Readings in Moral Philosophy*, McGraw-Hill, Nueva York, 1989, pp. 62-67. La perspectiva de Brunner comparte algunos rasgos con lo que se ha dado en llamar la «deontología del acto». A este respecto, véase Louis P. Pojman, *Ethics. Discovering Right and Wrong*, 2.ª ed., Wadsworth, Belmont, California, 1995, p. 134.

88. Brunner, ibíd., p. 63: «There is no Good save obedient behaviour, save the obedient will. But this obedience is rendered not to a law or a principle which can be known beforehand, but only to the free, sovereign will of God. The Good consists in always doing what God wills at any particular moment».

89. S. Kierkegaard, *The Kierkegaard Reader*, editado por Jane Chamberlain y Jonathan Rée, Blackwell, Oxford, p. 92 y ss. Sobre el autor véase Louis Pojman, *Kierkegaard's Philosophy of Religion*, International Scholars Publications, San Francisco y Londres, Bethesda, 1999.

90. Jean-Paul Sartre, *L'Existentialisme est un humanisme*, Nagel, París, 1970, p. 36: «Dostoïevky avait écrit: "Si Dieu n'existait pas, tout

serait permis". C'est là le point de départ de l'existentialisme». (Ed. en español: *El existencialismo es un humanismo*, Edhasa, Barcelona, 1992.)

91. C. Williamson, «The Ethics of Three Russian Novelists», en *The International Journal of Ethics*, abril de 1925, vol. XXXV, n.º 3, pp. 217-223, p. 223.

II. PROBLEMAS DE LA TEORÍA DEL MANDATO DIVINO

1. Véase David George Mullan, *Religious Pluralism in the West. An Anthology*, Blackwell, Malden, Oxford, 1998; Samuel P. Huntington, *Who are we? The Challenges to America's National Identity*, Simon & Schuster, Nueva York, Londres Toronto, Sydney, 2004, p. 4 y ss. (Ed. en español: *¿Quiénes somos? Los desafíos a la identidad nacional estadounidense*. Ediciones Paidós, Barcelona, 2004.)

2. Véase Felipe Fernández-Armesto, «Books of Truth: the idea of infallible Holy Scriptures», en ídem, *Ideas that changed the World*, Dorling Kindersley, Londres y Nueva York, 2003, pp. 106-107.

3. Samuel P. Huntington, *The Clash of Civilizations and the Remaking of World Order*, Simon & Schuster, Nueva York, 1996 (ed. en español: *El choque de civilizaciones y la reconfiguración del orden mundial*, Ediciones Paidós Ibérica, Barcelona, 2007); ídem, *Who are we? The Challenges to America's National Identity*, Simon & Schuster, Nueva York y Londres, Toronto, Sydney, 2004 (ed. en español: *Quiénes somos. Los desafíos a la identidad nacional estadounidense*, Ediciones Paidós Ibérica, Barcelona, 2004); ídem, «The Clash of Civilizations?» en *Foreign Affairs*, verano de 1993, pp. 22-49.

4. Ibídem, citado aquí en *The Clash of Civilizations? The Debate*, en *Foreign Affairs*, 1996, pp. 1-26, p. 24.

5. Idziak, *Divine Command Morality: A Guide to the Literature*, p. 73.

6. Leibniz, *Die Hauptwerke*, Alfred Kröner Verlag, Stuttgart, 1967, pp. 25-75. Véase también G. W. Leibniz, *Essais de théodicée, Sur la bonté de Dieu et la liberté de l'homme et l'origine du mal*, intr. J. Brunschwig, Garnier-Flammarion, París, 1969, p. 50.

7. Patrick Nowell-Smith, «Morality: Religious and Secular», en Eleonore Stump y Michael J. Murray (eds.), *Philosophy of Religion. The Big Questions*, Blackwell, Malden y Oxford, 2001 (1999), p. 403-412, p. 408: «For some Christians the fundamental sin, the fount and origin of all sin, is disobedience to God. It is not the nature of the act of murder or

of perjury that makes it wrong; it is the fact that such acts are transgressions of God's command».

8. Alban McCoy, *An Intelligent Person's Guide to Christian ethics*, Continuum, Londres y Nueva York, 2004, p. 5.

9. Ésa es, por ejemplo, la tesis de Delcambre, Anne-Marie, *L'Islam des Interdits*, Desclée de Brouwer, París, 2003.

10. Véase Andrew Pyle (ed.), *Agnosticism. Contemporary Responses to Spencer and Huxley*, Thoemmes Press, Bristol, 1995.

11. Jean-Paul Sartre, *L'Existentialisme est un humanisme*, Nagel, París, 1970, p. 30. (Ed. en español: *El existencialismo es un humanismo*, Edhasa, Barcelona, 1992.)

12. Para los fundamentalistas es, desde luego, muy fidedigna, pues constituye la base de su fe. Véase Amartya Sen, *Identity and Violence. The Illusion of Destiny*, W. W. Norton & Company, Nueva York y Londres, 2006, p. 109. Por eso no es del todo convincente cuando escribe: «The focus of enlightenment in Buddhism (the word "Buddha" itself means "enlightened") and the priority given to reading texts, rather than leaving it to priests, can help to encourage educational expansion». Esa «expansión educativa» sólo se produce cuando los creyentes han aprendido a relativizar el significado de los textos. Si el protestante cree tan firmemente en el texto como el católico en el papa, la cosa no cambia mucho. Más aún, el papa puede adaptar sus ideas a las exigencias de los tiempos, algo que resulta más difícil con el texto (*pace* el relativismo hermenéutico).

13. Véase C. J. den Heyer, *Opnieuw: wie is Jezus? Balans van 150 jaar onderzoek naar Jezus*, 5.ª ed. ampl., Meinema, Zoetermeer, 2002, p. 38. Otra obra de referencia sobre Reimarus es H. M. Kuitert, *Jezus: nalatenschap van het Christendom. Schets voor een christologie*, Ten Have, Baarn, 1998, p. 15 y ss.

14. Un resumen de la investigación sobre la credibilidad histórica de los evangelios aparece en Albert Schweitzer, *Geschichte der Leben-Jesu-Forschung*, 9.ª ed. (reimpresión de la 7.ª ed.), J. C. B. Mohr (Paul Siebeck), Tubinga, 1984 (1906).

15. Hallamos también un estudio histórico de los evangelios en Michael Grant, *Jesus. An Historian's Review of the Gospels*, Charles Schribner's Sons, Nueva York, 1977.

16. G. A. Wells, *Who was Jesus? A Critique of the New Testament Record*, Open Court, La Salle, Illinois, 1989; ídem, *The Historical Evidence for Jesus*, Prometheus Books, Buffalo, Nueva York, 1982.

17. Thomas Paine, *Common Sense*, Penguin Books, Harmonds-worth, 1976 (1776) o también ídem, *Common Sense*, 1776, en ídem, *Collected Writings*, The Library of America, Nueva York, 1995, pp. 5-59. (Ed. en español: *El sentido común y otros escritos*, Editorial Tecnos, Madrid, 1990.)

18. Ídem, *Rights of Man. Being an Answer to Mr. Burkes'Attack on the French Revolution*, 1791/1792, en ídem, *Collected Writings*, The Library of America, Nueva York, 1995, pp. 433-661. (Ed. en español: *Derechos del hombre. Respuesta al ataque realizado por el sr. Burke contra la Revolución Francesa*, Alianza editorial, Madrid, 1984.)

19. «Thomas Paine, the preeminent and much-admired literary propagandist of the Revolution, was the first American freethinker to be labelled an atheist, denigrated both before and after his death, and deprived of his proper place in American history», escribe Susan Jacoby en *Freethinkers. A History of American Secularism*, Henry Holt and Company, Nueva York, 2004, p. 5.

20. Paine tuvo pocos precursores que superasen su radicalismo, quizá sólo cabe destacar a Holbach. Sobre Holbach, véase Andrew Hunswick, «Introduction», en Baron d'Holbach, *Histoire Critique de Jesus Christ ou Analyse raisonnée des Evangiles*, edición crítica de Andrew Hunswick, Librairie Droz, Ginebra, 1997, pp. 13-92.

21. Thomas Paine, *The Age of Reason*, 1794, en ídem, *Collected Writings*, The Library of America, Nueva York, 1995, pp. 665-885, p. 668.

22. Lo que la investigación histórica ha demostrado es que los evangelios son en verdad «rumores» y no crónicas escritas por testigos oculares. Véase Th. M. van Leeuwen, *Van horen zeggen. Geschiedenis en uitleg van de Bijbel*, Rainbow Paperbacks, Amsterdam, 1997. Sobre el Corán: Ibn Warraq (ed. y tr.), *The Quest for the Historical Mohammad*, Prometheus Books, Buffalo, 2000; Ibn Warraq (ed.), *The Origins of the Koran. Classic Essays on Islam's Holy Book*, Amherst, Nueva York, 1998.

23. Paine, ibíd., p. 668.

24. Ibíd., p. 667: «I disbelieve them all».

25. Como en el cuarto libro, capítulo 8, del *Contrato Social*. Véase Jean-Jacques Rousseau, *Du contrat social*, (1762), en *Oeuvres complètes*, III, Pléiade, Gallimard, París, 1964, pp. 351-470, p. 460 y ss. (Ed. en español: *El contrato social*, Ediciones Alba, Barcelona, 1987.)

26. Como en el diccionario filosófico: Voltaire, *Dictionnaire Philosophique*, cronología y prefacio de René Pomeau, Garnier-Flammarion,

París, 1964 (1764) (Ed. en español: *Diccionario filosófico*, Ediciones Temas de Hoy, Madrid), o más explícita aún en Voltaire, *Examen important de Milord Bolingbroke ou le tombeau du fanatisme* (1736), en Voltaire, *Mélanges*, Prefacio de Emmanuel Berl, edición y notas de Jacques van den Heuvel, Gallimard, París, 1961, pp. 1001-1099.

27. El biógrafo John Keane lo formula así: «Attacks on Christianity were, of course, nothing new, but the plebeian style of Paine's text quickly frightened members of the clergy, who otherwise could live with the mannerly scepticism of a David Hume or an Edward Gibbon or polite deistical speculations in parlors and coffeehouses». Véase John Keane, *Tom Paine. A Political Life*, Bloomsbury, Londres, 1995, p. 393.

28. Paine, ibíd., p. 666.

29. D'Souza, Dinesh, *What's so great about Christianity?*, Regnery Publishing, Inc., Washington D. C., 2007, p. xii.

30. Al menos los creyentes ortodoxos, naturalmente los más liberales sí lo reconocen. Lo que ellos sin embargo no reconocen es que al hacerlo están tomando en realidad un punto de vista secular.

31. Mateo 10, 24.

32. Véase capítulo XIV, sobre «Christianity and Slavery» en Edward Westermarck, *Christianity and Morals*, Kegan Paul, Trench, Trubner & Co., Londres, 1939, pp. 282 y ss. Platón y Aristóteles tampoco se mostraban contrarios a la esclavitud, pero nadie afirma que los escritos de Platón y Aristóteles sean «sagrados», por mucho que los de este último adquirieran un estatus próximo por mediación, entre otros, de la Iglesia. Véase Bertrand Russell, *History of Western Philosophy. And its Connection with Political and Social Circumstances form the Earliest Times to the Present Day*, George Allen & Unwin, Londres, 1974 (1946), p. 173. (Ed. en español: *Historia de la filosofía occidental*, Espasa Calpe, Madrid, 1984.)

33. Charles Bradlaugh, «Humanity's gain from unbelief», 1889, en *North American Review*, 148, n.° 3 (marzo de 1889), pp. 294-306: «I am unaware of any religion in the world which in the past forbade slavery».

34. Sobre otros pasajes bíblicos véase Stanley Engerman, Seymour Drescher y Robert Paquette (eds.), *Slavery*, Oxford Readers, Oxford University Press, Oxford, 2001, p. 7 y ss.

35. Recordemos la cita de N. Hartmann, *Ethik*, 3.ª ed. Walter de Gruyter, Berlín, 1949 (1925), p. 67, mencionada con anterioridad, que establece que la religión y el mito siempre han sido portadores de una determinada moral.

36. Albert Einstein, *Mein Weltbild*, Querido Verlag, Amsterdam, 1934. (Ed. en español: *Mis ideas y opiniones*, Bon Ton, Barcelona, 2000.)

37. K. O. Meinsma, *Spinoza en zijn kring. Over Hollandsche Vrijgeesten*, HES Publishers, Utrecht, 1980 (1896); Goldstein, Rebecca, *Betraying Spinoza. The renegade Jew who gave us Modernity*, Nextbook, Schocken, Nueva York, 2006; Lewis White Beck, «Spinoza», en ídem, *Six secular Philosophers. Religious Thought of Spinoza, Hume, Kant, Nietzsche, William James and Santayana*, Thoemmes Press, Bristol, 1997, pp. 23-41.

38. Rudolf Otto, *Das Heilige. Über das Irrationale in der Idee des Göttlichen und sein Verhältnis zum Rationalen*, Verlag C.H. Beck, Múnich, 1997 (1917). (Ed. en español: *Lo santo: lo racional y lo irracional en la idea de Dios*, Alianza Editorial, Madrid, 2007.)

39. Frederick Copleston, *A History of Philosophy*, vol. 6, parte I, «The French Enlightenment to Kant», Image Books, Nueva York, 1960, p. 18. (Ed. en español: *Historia de la filosofía*, Editorial Ariel, Barcelona, 2004.)

40. Copleston, ibíd., p. 18.

41. Elisabeth Labrousse, *Bayle*, Oxford University Press, Oxford, 1983, p. 11: «Pierre Bayle belongs to the transitional group of French writers who unwittingly paved the way for the eighteenth-century Enlightenment».

42. Copleston, ibíd., p. 20: «Thus we come to the concept of the autonomous moral human being who stands in no need of religious belief in order to lead a virtuous life».

43. Entre otros Diderot. Véase el capítulo «Probity without Religion», en Carol Blum, *Diderot. The Virtue of a Philosopher*, Sheldon Press, Londres, 1974, pp. 3-31. Sobre Bayle y Diderot, Arthur M. Wilson, *Diderot*, Oxford University Press, Nueva York, 1972, p. 139 y ss.

44. Véase Marcelle Bottigelli-Tisserand: «La Mettrie est le premier des moralistes du XVIIIᵉ siècle à rejeter entièrement ces conceptions métaphysiques de l'homme et leurs conséquences idéalistes en morale, et à rappeler vigoureusement des vérités d'évidence qui seront les bases de la morale de d'Holbach, d'Helvétius, de Diderot et des encyclopédistes», en La Mettrie, *Textes Choisis. L'Homme-Machine, Histoire Naturelle de l'Ame, e.a.*, prefacio, comentarios y notas de Marcelle Bottigelli-Tisserand, Éditions sociales, París, 1974, p. 33.

45. Copleston, ibíd., p. 20.

46. Voltaire no sólo se mostraba contrario a las ideas de la existencia de Dios (o, mejor dicho, de su no existencia) de La Mettrie, sino que tampoco aprobaba su determinismo. Véase la carta de Voltaire a Federico el Grande del 23 de enero de 1738, en la que señala que él no escribe cartas a una máquina. Voltaire – Friedrich der Grosse, *Briefwechsel*, Hans Pleschinski (ed. y trad.), Deutscher Taschenbuch Verlag, Munich, 2004, p. 106.

47. Algo que Burke creía imposible: «It cannot prevail long», ésa era su opinión sobre la situación del ateísmo. Véase Edmund Burke, *Reflections on the Revolution in France*, 1790, ed. Conor Cruise O'Brien, Penguin Books, Harmondsworth, 1982, p. 188. (Ed. en español: *Reflexiones sobre la Revolución Francesa*, Centro de estudios políticos y constitucionales, Madrid, 1978.)

48. Un elocuente intérprete de esta postura es John Gray. Véase John Gray, *Al Qaeda and what it means to be modern*, Faber and Faber, Londres, 2003 (ed. en español: *Al Qaeda y lo que significa ser moderno*, Paidós, Barcelona, 2004); ídem, *Heresies. Against Progress and Other Illusions*, Granta Books, Londres, 2004. (Ed. en español: *Herejías. Contra el progreso y otras ilusiones*, Paidós, Barcelona, 2006.)

49. Encontramos reflexiones muy certeras al respecto en Stephen Law, *The War for Children's Minds*, Routledge, Londres y Nueva York, 2006, así como en Fernando Savater, *De waarde van het opvoeden. Filosofie van onderwijs en ouderschap*, Erven J. Bijleveld, Utrecht, 2001 (1997). (Orig. en español: *El valor de educar*, Editorial Ariel, Barcelona, 2004.)

50. Voltaire, *Commentaire sur le livre des délits et des peines*, 1766, en ídem, *Mélanges*, prefacio de Emmanuel Berl, ed. y notas de Jacques van den Heuvel, Gallimard, París, 1961, pp. 769-807.

51. Cesare Beccaria, *On Crimes and Punishments and Other Writings*, ed. de Richard Bellamy, Cambridge University Press, Cambridge (EE.UU.), 1995.

52. Véase al respecto la intrigante crítica de Theodore Dalrymple, *Our Culture, What's Left of It. The Mandarins and the Masses*, Ivan R. Dee, Chicago, 2005.

53. Que la violencia es un elemento incuestionable de las religiones ha sido argumentado por Charles Selengut, *Sacred Fury. Understanding Religious Violence*, Rowman & Littlefield Publishers, Walnut Creek, Lanham, Nueva York, Toronto y Oxford, 2003; Mark Juergensmeyer, *Terror in the Mind of God. The Global Rise of Religious Violence*,

3.ª ed. revisada y actualizada, University of California Press, Berkeley, Los Ángeles y Londres, 2003; Jack Nelson-Pallmeyer, *Is Religion Killing Us? Violence in the Bible and the Quran*, Trinity Press International, Harrisburg, 2003.

54. Véase Terry Eagleton, *The Illusions of Postmodernism*, Blackwell, Oxford, 1996; Ernest Gellner, *Postmodernism, Reason, and Religion*, Routledge, Londres y Nueva York, 1992, y John R. Searle, «Rationality and Realism, What is at stake?», en *Daedalus*, Journal of the American Academy of Arts and Sciences, otoño de 1993, vol. 122, n.º 4, pp. 55-83.

55. Ésta es la tesis de Mohammed Arkoun, «Rethinking Islam Today», en *Annals of the American Academy of Political and Social Science*, julio de 2003, pp. 18-39 y *L'islam. Approche critique*, 3.ª ed. revisada y ampliada, Jacques Grancher, París, 1992.

56. Véase Wilfried Röhrich, *Die Macht der Religionen. Glaubenskonflikte in der Weltpolitik*, Verlag C. H. Beck, Múnich, 2004.

57. Véase Mia Bloom, *Dying to Kill. The Allure of Suicide Terror*, Columbia University Press, Nueva York, 2005, pp. 1-18.

58. Véase John Donnelly (ed.), *Suicide. Contemporary Issues*, Prometheus Books, Buffalo, Nueva York, 1990.

59. Sobre el terrorismo religioso véase Walid Phares, *Future Jihad. Terrorist Strategies against the West*, Palgrave, Macmillan, Nueva York, 2005 (ed. en español: *La futura Yihad: estrategias terroristas contra Estados Unidos*, Gota a gota ediciones, Madrid, 2002); Walid Phares, *The War of Ideas: Jihadism against Democracy*, Palgrave, MacMillan, 2007. Excelentes estudios son Michael Gove, *Celsius 7/7*, Weidenfeld & Nicolson, Londres, 2006, y Meghnad Desai, *Rethinking Islam. The Ideology of the New Terror*, L. B. Taurus, Londres y Nueva York, 2007.

60. Las formas actuales de terrorismo entrañan por tanto un peligro mucho mayor que sus antecesoras de los siglos XI y XII. A ese respecto véase Bernard Lewis, *The Assassins. A Radical Sect in Islam*, con nuevo prefacio, Basic Books, 2003 (1967). (Ed. en español: *Los asesinos: una secta islámica radical*, Alba editorial, Barcelona, 2002.)

61. «Zelfmoordenaartje (10-13 jaar) pleegde aanslag» («Pequeño suicida (10-13 años) comete un atentado»), noticia aparecida en *Trouw*, 2 de noviembre de 2005.

62. R. A. Duff, *Trials & Punishments*, Cambridge University Press, Cambridge 1991 (1986), p. 20.

63. Ayaan Hirsi Ali, *Submission*, Reportaje emitido en el programa

«Zomergasten» el 29 de agosto de 2004. El texto, las reacciones y el contexto con la aportación de Betsy Udink, Editorial agosto, Amsterdam, 2004.

64. Jutta Chorus, y Ahmet Olgun, *In Godsnaam. Het jaar van Theo van Gogh*, Uitgeverij Contact, Amberes y Ámsterdam, 2005, p. 14.

65. Max Weber, *Staatssoziologie. Soziologie der rationalen Staatsanstalt und der modernen politischen Parteien und Parlamente*, introducción y notas de Johannes Winckelmann, 2.ª ed. revisada y ampliada, Duncker & Humblot, Berlín, 1966, p. 27: «Man kann [...] den modernen Staat soziologisch letztlich nur definieren aus einem spezifischen *Mittel*, das ihm, wie jedem politischen Verband, eignet: das der physischen Gewaltsamkeit». La frase de Trotski («Jeder Staat wird auf Gewalt gegründet», «todos los Estados se fundan sobre la violencia»), dice Weber, «ist in der Tat richtig» («es de hecho cierta»).

66. Ésa es, por ejemplo, la tesis de Alan Dershowitz, *Why Terrorism Works. Understanding the Threat, responding to the Challenge*, Yale University Press, New Haven y Londres, 2002. (Ed. en español: *¿Por qué aumenta el terrorismo?* Encuentro ediciones, Madrid, 2004.)

67. La etiología es el estudio de las causas de las enfermedades.

68. La declaración del asesino de Van Gogh durante su juicio celebrado del 25 de julio de 2005 puede consultarse en: http://www.nos.nl/nosjournaal/dossiers/terreurinnederland/verklaringbtekst.html.

69. Véase Pascal Bruckner, *La tyrannie de la pénitence: essai sur le masochisme occidental*, Bernard Grasset, París, 2006. (Ed. en español: *La tiranía de la penitencia: ensayo sobre el masoquismo occidental*, Ariel, Barcelona, 2008.)

70. E.R. Muller, R.F. J. Spaaij y A.G.W. Ruitenberg (en colaboración con M. van Leeuwen, A.C. Molenaar y N. Folkers), *Trends in terrorisme*, Kluwer, Alphen aan den Rijn, 2003, p. 9.

71. Muller et al., *Trends in terrorisme*, p. 17.

72. Véase Bernard Lewis, *The Crisis of Islam. Holy War and Unholy Terror*, Weidenfeld & Nicolson, Londres, 2003; Mark Gould, «Understanding Jihad», en *Policy Review*, febrero y marzo de 2005; Barry Cooper, *New Political Religions or An Analysis of Modern Terrorism*, University of Missouri Press, Columbia y Londres, 2004.

73. Muller et al., *Trends in terrorisme*, p. 25. Este tema ha sido exhaustivamente analizado por David Horowitz, *Unholy Alliance. Radical Islam and the American Left*, Regnery Publishing, Inc., Washington, 2004.

74. Véase Chadortt Djavann, *À mon corps défendant l'occident*, Flammarion, París, 2007; Mina Ahadi (y Sina Vogt), *Ich habe abgeschworen: warum ich für die Freiheit und gegen den Islam kämpfe*, Heyne, Múnich, 2008; Hans-Peter Raddatz, *Iran: Persische Hochkultur und irrationale Macht*, Herbig Verlagsbuchhandlung, Múnich, 2006.

75. Neil Horseley, *Understanding the Army of God*, www.christiangallery.com.

76. Citado en Charles Selengut, *Sacred Fury. Understanding Religious Violence*, Rowman & Littlefield Publishers, Walnut Creek, Lanham, Nueva York, Toronto y Oxford, 2003, p. 37: «the inner joy and peace that has flooded my soul since I have cast off the state's tyranny».

77. Montesquieu, *Oeuvres complètes*, II, ed. de Roger Caillois, Éditions Gallimard, París, 1951 (*De l'Esprit des lois*, cap. VI, «De la Constitution d'Angleterre»), pp. 396-407.

78. Véase Mohammed B., «Openbrief aan Hirshi Ali» (sic) en Ermute Klein (ed.), *Jihad. Strijders en strijdsters voor Allah*, Uitgeverij Byblos, Amsterdam, 2005, pp. 27-33.

III. BREVE HISTORIA DEL ASESINATO
    LEGITIMADO RELIGIOSAMENTE

1. Ernest van den Haag, *Punishing Criminals. Concerning a Very Old and Painful Question*, Basic Books, Inc., Publishers, Nueva York, 1975, p. 35.

2. Max Weber, *Staatssoziologie. Soziologie der rationalen Staatsanstalt und der modernen politischen Parteien und Parlamente*, introd. y notas de Johannes Winckelmann, 2.ª ed. revisada y ampliada, Duncker & Humblot, Berlín, 1966, p. 27, y Kranenburg (R. Kranenburg, *Algemeene Staatsleer*, H. D. Tjeenk Willink & Zoon, Haarlem, 1937, p. 12), que cita a Voltaire: «el primer rey fue un soldado afortunado».

3. John Gray, *Heresies. Against Progress and Other Illusions*, Granta Books, Londres, 2004, p. 97: «Better the Hobbesian clarity of Donald Rumsfeld than the unpredictability and bombast of Bill Clinton». (Ed. en español: *Herejías. Contra el progreso y otras ilusiones*, Ediciones Paidós, Barcelona, 2006.)

4. Gray, *Heresies*, p. 114. En este sentido véase también Francis Fukuyama, *State-Building. Governance and World Order in the Twenty-First Century*, Profile Books, Londres, 2004. (Ed. en español: *La cons-*

trucción del Estado: Hacia un Nuevo orden mundial en el siglo XXI, Ediciones B, Barcelona, 2004.)

5. Norberto Bobbio, *The Age of Rights*, Polity Press, Blackwell, Cambridge, 1996. (Ed. en español: *El tiempo de los derechos*, Editorial Sistema, Madrid, 1991.)

6. Paul Tillich, *Dynamics of Faith*, Harper Torchbooks, Nueva York, 1958, p. 45.

7. S.E. Finer, *The History of Government*, 3 vols., Oxford University Press, Oxford, 1999 (1997), p. 1262.

8. Finer, ibíd., p. 1262.

9. Finer, ibíd., p. 1263.

10. W.E.H. Lecky, *History of the Rise and Influence of Rationalism in Europe*, en dos vols., vol. I, Longman, Green, Longman, Roberts & Green, Londres, 1865, p. 8: «The credulity which Luther manifested on all matters connected with diabolical intervention, was amazing, even for his age».

11. Roland H. Bainton, *The Penguin History of Christianity*, vol. 2, Penguin Books, Harmondsworth, 1967 (1964), p. 106.

12. Richard Friedenthal, *Luther. Sein Leben und seine Zeit*, R. Piper & Co. Verlag, Múnich y Zúrich, 1983 (1967), p. 332.

13. Friedenthal, ibíd., p. 336: «Alle Welt ist Zeuge, daß die Papstgesetze und die von Menschen geschaffenen Lehren das Gewissen der Gläubigen aufs jammervollste verstricken, peinigen und martern».

14. «Habe ich übel geredet, so beweise mir, daß es übel sei».

15. Friedenthal, ibíd., p. 336: «Bringt Zeugnis, überführt mich des Irrtums, aus den Propheten und Evangelien! Wenn man mich daraus besser belehrt, will ich gerne widerrufen und als erster meine Schriften ins Feuer werfen».

16. MacCulloch, Diarmaid, *Reformation. Europe's House Divided*, 1490-1700, Penguin Books, Londres, 2004 (2003), p. 131.

17. «Daß unsere Gerechtigkeit und Weisheit vernichtet und ausgerottet werde aus unserem Herzen und aus dem selbstgefälligen Wesen unseres Innern, die sich vor unseren Augen breit machen.» Procedente de Martin Luther, *Studienausgabe*, ed. de Karl Gerhard Steck, Fischer Bücherei, Fráncfort del Meno, 1970, p. 36.

18. Lutero, ibíd., p. 36: «die nicht aus uns kommt und in uns ihren Ursprung hat, sondern die von anderswoher zu uns kommt; die auch nicht unserer Erde entsprießt, sondern vom Himmel kommt».

19. Lutero, ibíd., p. 36.

20. Calvino, *Instituties*, l., cap. VIII, una explicación de la ley moral.

21. Véase Peter Singer, *Rethinking Life & Death. The Collapse of Our Traditional Ethics*, Oxford University Press, Oxford etc., 1994. (Ed. en español: *Repensar la vida y la muerte: el derrumbe de nuestra ética tradicional*, Ediciones Paidós, Barcelona, 1997.)

22. Peter de Rosa, *Vicars of Christ*, Corgi Books, Londres, 1988, p. 171. (Ed. en español: *Vicarios de Cristo*, Mr. Ediciones, Madrid, 1989.)

23. Horst Fuhrmann, *Die Päpste. Von Petrus zu Johannes Paul II.*, Verlag C. H. Beck, Múnich, 2004 (1998), p. 161.

24. George Haven Putnam, *The Censorship of the Church of Rome and its Influence upon the Production and Distribution of Literature: A Study of the History of the prohibitory and expurgatory indexes, together with some consideration of the Effects of Protestant Censorship and of censorship by the State*, 2 partes, 1906-1907.

25. Diarmaid MacCulloch, *Reformation. Europe's House Divided*, 1490-1700, Penguin Books, Londres 2004 (2003), p. 280.

26. Véase Leopold von Ranke, *Die Romischen Päpste in den letzten vier Jahrhunderten*, Standard Verlag, Hamburgo, 1956, pp. 154-164, p. 156: «In seinen Meinungen war er ausserst hartnäckig».

27. Véase Andrew Wheatcroft, *Infidels. The Conflict between Christendom and Islam 638-2002*, Viking, Londres, 2003, pp. 3-38.

28. Algunos historiadores subrayan además que la bula papal de 1570 llegó de forma inesperada. J. C. H. Haveling, por ejemplo, escribe en *The Handle and the Axe. The Catholic Recusants in England from Reformation to Emancipation*, Blond & Briggs, Londres 1976, p. 52: «By 1570 Queen Elizabeth's government had good reason to feel that the real danger of major dissidence in England was passing, most probably for good. Catholicism was practically dying». También señala que no todos los católicos se sentían inclinados a seguir al papa (al parecer un fenómeno que no tiene sus raíces en el siglo XXI), «Except in the wilder parts of the North, the Catholic gentry had never given much credence to Pius V's Bull of 1570, and the more prominent of them had proferred a collective declaration of allegiance to Elizabeth as early as 1585», escribe John Bossy, *The English Catholic Community (1570-1850)*, Darton, Longman & Todd, Londres, 1975, p. 37.

29. John Cannon y Ralph Griffiths, *The Oxford Illustrated History of the British Monarchy*, Oxford University Press, Oxford y Nueva York, 1998 (1988), p. 340. El temor se desató muy especialmente después de la muerte de Guillermo de Orange, acaecida en 1584. «This crea-

ted panic among the English politicians who feared that Elizabeth, too, might fall victim», escribe Kenneth O. Morgan (ed.), *The Oxford History of Britain*, Oxford University Press, Oxford, 1999, p. 307.

30. Canon and Griffiths, ibíd., p. 340.

31. Ibíd., p. 344.

32. Una prestación política nada desdeñable. Véase también Paul Johnson sobre los desafíos con los que Isabel tuvo que enfrentarse en *The Offhore Islanders. A History of the English People*, Weidenfeld and Nicolson, Londres, 1992, p. 159: «The problem which faced Elizabeth on her accession was how to bring to a end the violent oscillations in the State religion, to de-escalate the rising frenzy of doctrinal killings, and, if possible, to take religion out of politics».

33. De Rosa, *Vicars of Christ*, p. 175: «The effect of the Bull was to turn English Catholics into traitors».

34. Ibíd, p. 175.

35. Ibíd, p. 176.

36. La idea del «islam politizado» fue elaborada por Bassam Tibi, *Der neue Totalitarismus. Heiliger Krieg und westliche Sicherheit*, Primus Verlag, Darmstadt, 2004; ídem, *Europa ohne Identität? Leitkultur oder Wertebeliebigkeit*, 2.ª ed., Siedler, Múnich, 2001 (1998); ídem, *Im Schatten Allahs. Der Islam und die Menschenrechte*, Ullstein, Düsseldorf, 2003.

37. De Rosa, *Vicars of Christ*, p. 176.

38. David Starkey, *Elizabeth. Apprenticeship*, Vintage, Londres, 2000, p. 322. La bula «branded Elizabeth as a heretic, declared her deposed and absolved her subjects from their allegiance».

39. Véase Luigi Sturzo, *Church and State*, introd. de A. Robert Caponigri, University of Notre Dame Press, dos volúmenes, Notre Dame, Indiana, 1962.

40. Exactamente como sucede con los partidarios del islam político. Véase Dominique Thomas, *Le Londonistan. Le djihad au Coeur de l'Europe*, Éditions Michalon, 2005, p. 104, sobre Omar Bakri y su «discours antiassimilation». Se propugna una jurisdicción universal de la sharia y una ruptura con la legislación del Estado-nación (Dominique, ibíd., p. 65, y también p. 109). Anthony McRoy, *From Rushdie to 7/7: The Radicalisation of Islam in Britain*, The Social Affairs Unit, Londres, 2006.

41. Acerca de Holbach y de la Ilustración radical véase Jonathan I. Israël, *Radical Enlightenment. Philosophy and the Making of Modernity 1650-1750*, Oxford University Press, Oxford y Nueva York, 2001, pp. 520-521; 716-719.

42. La revalorización de la figura de Holbach se debe en parte a la obra de Alan Kors. Véase Alan Charles Kors, «The Myth of the Coterie Holbachique», en *French Historical Studies*, vol. 9, n.º 4 (otoño de 1976), pp. 573-595, que posteriormente se amplió en varias monografías sobre Holbach y su círculo. También el escritor francés de tendencia nietzscheana Michel Onfray cita a menudo al barón ateo en términos positivos. Véase Michel Onfray, *Traité d'athéologie. Physique de la métaphysique*, Grasset, París, 2005, p. 265 y ss. (Ed. en español: *Tratado de ateología*, Editorial Anagrama, Barcelona, 2006.)

43. Véase también Ronald I. Boss, «The Development of Social Religion: A Contradiction of French Free Thought», en *Journal of the History of Ideas*, vol. 34, n.º 4 (oct.-dic. de 1973), pp. 577-589. En principio, distinguimos tres opciones: 1) Erastianismo, en el que el rey es a un tiempo el líder religioso y político del Estado, 2) separación de la autoridad temporal de la autoridad espiritual y 3) un equilibrio de poderes (que se traduce en una lucha perpetua).

44. Pierre Henri Dietrich baron d'Holbach, *Le Christianisme Dévoilé ou Examen des Principes et des Effets de la Religion Chrétienne*, 1761, en ídem, *Premieres Œuvres*, con prefacio y notas de Paulette Charbonnel, Éditions Sociales, París, 1971, pp. 94-138, p. 105: «il s'établit dans chaque État deux pouvoirs distincts». (Ed. en español: *El cristianismo al descubierto o examen de los principios y efectos de la religión cristiana*, Ediciones Laetoli, Pamplona, 2008.)

45. Ibíd., p. 119: «il s'établit deux législations opposées l'une à l'autre».

46. Ibíd., p. 123: «ils cherchèrent à soulever les peuples contre l'autorité la plus légitime; ils armèrent des fanatiques contre les souverains, travestis en tyrans pour n'avoir pas été soumis à l'Église».

47. Ibíd., p. 123.

48. Ibíd., p. 123: «l'État est ordinairement déchiré».

49. Kenneth O. Morgan (ed.), *The Oxford History of Britain*, Oxford University Press, Oxford, 1999, p. 301, escribe que Isabel no era una «conviction-politician», como sir Francis Walsingham, duque de Leicester. Su lema real fue «concordia» y su credo personal, ambiguo *(elusive)* (ibíd., p. 302).

50. David Starkey, *Elizabeth. Apprenticeship*, Vintage, Londres, 2000, p. 322.

51. Eichmann dijo:«die Hacken zusammenschlagen und 'Jawohl' sagen und eben dienen [...]. Ich habe gehorcht. Egal, was man mir befohlen hätte, ich hätte gehorcht. Sicherlich, ich hätte gehorcht. Ich habe ge-

horcht. Ich habe gehorcht — ich kann aus meiner Haut nicht heraus».
Extraído de: Mulisch, Harry, *De zaak 40/61. Een reportage*, De Bezige
Bij, Amsterdam, 1962, p. 124.

52. Robert Fruin, «De oude verhalen van den moord van prins Willem I», 1884, en *Verspreide Geschriften*, Martinus Nijhoff, 's — graven-
hage, 1901, pp. 65-117, p. 66.

53. Lisa Jardine, *The awful End of Prince William the Silent. The
First Assasination of a Head of State with a Handgun*, HarperCollins,
Londres, 2005, p. 51. (Ed. en español: *El atroz final del príncipe Guiller-
mo el Taciturno. El primer asesinato de un príncipe a punta de pistola*,
Siglo XXI de España editores, Madrid, 2008.)

54. Jardine, Ibid, p. 51: «This act of assassination was, it appeared,
the deed of a solitary fanatic, a loner with an intense commitment to
the Catholic Church and a faithful upholder of the legitimacy of the
rule of Philip II in the Netherlands, and so it was reported in the many
broadsheets and pamphlets which circulated the news rapidly across
Europe».

55. Ibíd., p. 60.

56. Todo el texto de la proclama de Felipe II ha sido tomado de Jardine, ibíd., p. 139.

57. Robert Fruin, «De oude verhalen van den moord van prins Willem I», 1884, en *Verspreide Geschriften*, Martinus Nijhoff, 's — Graven-
hage, 1901, pp. 65-117, p. 96.

58. Ibíd., p. 107.

59. Ibíd., p. 107.

60. Jardine, ibíd., p. 112.

61. Ibíd., p. 18.

62. Ibíd., p. 19.

63. Véase A. Álvarez, *De wrede god. Een studie over zelfmoord*, De
Arbeiderspers, Ámsterdam, 1974 (título otiginal: *The savage god*, Weidenfeld and Nicolson, Londres, 1971). (Ed. en español: *El dios salvaje: el
duro oficio de vivir*, Emecé editores, Barcelona, 2003.)

64. Con la perspectiva de las vírgenes y otros placeres de los que podrán disfrutar en el más allá. Walter Laqueur, *Krieg dem Westen. Terrorismus im 21. Jahrhundert*, Propyläen, Múnich, 2003, p. 130. (Ed. en español: *La guerra sin fin: Terrorismo en el siglo XXI*, Ediciones Destino,
Barcelona, 2003.)

65. Jonathan Israel, *The Dutch Republic. Its Rise, Greatness, and
Fall: 1477-1806*, Clarendon Press, Oxford, 1995, p. 148 y ss. (Ed. en es-

pañol: *La república holandesa y el mundo hispánico*, Editorial Nerea, San Sebastián, 1996.)

66. Montesquieu, *De l'Esprit des lois*, lib. xxix, cap. xvi, bij Fruin, ibíd., p. 68, en la versión de Gallimard: Montesquieu, *Oeuvres complètes*, II, present. y notas de Roger Caillois, Éditions Gallimard, 1951, p. 880: «Tout cela reverse également les idées de l'honneur, celles de la morale, et celles de la religion». (Ed. en español: *Del espírtu de las leyes*, Ediciones Altaya, Barcelona, 1993.)

67. Fruin, ibíd., p. 106.

68. Ibíd., p. 105.

69. Hallamos numerosos ejemplos en Jack Nelson-Pallmeyer, *Is Religion Killing Us? Violence in the Bible and the Quran*, Trinity Press International, Harrisburg, 2003.

70. Una pregunta a la que podrían responder perfectamente algunos intelectuales como Ted Honderich, *After the Terror*, Edinburgh University Press, Edimburgo, 2002.

71. Jardine, ibíd., p. 31.

72. Ibíd., p. 47.

73. Como hacen los intelectuales estadounidenses en la actualidad en Institute for American Values, «What we're fighting for: a letter from America», febrero de 2002, también en Jean Bethke Elshtain, *Just War Against Terror. The Burden of American Power in a violent World*, Basic Books, Nueva York, 2003, pp. 193-218.

74. La Yihad Islámica Palestina (PIJ) es una organización radical de fundamentalistas musulmanes, inspirada en la revolución iraní de 1979. Como en el caso de Hamás, el objetivo de la PIJ es la destrucción total de Israel.

75. Extraído de E.R. Muller, R.F.J. Spaaij, y A.G.W. Ruitenberg (con la colaboración de M. van Leeuwen, A.C. Molenaar y N. Folkers), *Trends in terrorisme*, Kluwer, Alphen aan den Rijn, 2003, p. 99.

76. Véase Kenneth Levin, *The Oslo Syndrome. Delusions of a People under Siege*, Smith and Kraus, Hanover, 2005.

77. Judith A. Boss, *Ethics for Life. A Text with Readings*, 2.ª ed., McGraw Hill, Boston etc., 2001, p. 156.

78. Walter Laqueur, *Krieg dem Westen. Terrorismus im 21. Jahrhundert*, Propyläen, München 2003, p. 174. (Ed. en español: *La guerra sin fin: terrorismo en el siglo XXI*, Ediciones Destino, Barcelona, 2003.)

79. Ibíd., p. 175.

80. Ibíd., p. 175.

81. Noticia del 7 de noviembre de 1995 en www.cnn.com.

82. Michael Karpin y Ina Friedman, *Murder in the Name of God: The Plot to Kill Jitschak Rabin*, Metropolitan Books, Nueva York, 1998.

83. Guilain Denoeux, «Book Review: Murder in the Name of God», en *Middle East Policy*, vol. VI, n.º 4, junio de 1999.

84. Denoeux en *Middle East Policy*, vol. VI, 4, junio de 1999: «Far from representing a 'lunatic fringe' living on the margins of Israëli society, he came out of a world and subculture that represents an important component of Israël and its body politic».

85. Karpin y Friedman, ibíd., pp. 105-107.

86. Selengut, ibíd., p. 72.

87. Véase Inez Polak, «Jigal doodde slechts misdadiger», en *Trouw*, 2 de noviembre de 2005.

88. Sobre los aztecas, véase Jacques Soustelle, *Daily Life of the Aztecs. On the Eve of the Spanish Conquest*, Phoenix, Londres, 2003 (1961), pp. 97-102, 145-146.

89. Charles W. Super, «Vicarious Justice», en *International Journal of Ethics*, vol. 15, n.º 4 (julio de 1905), pp. 444-456, p. 450.

90. Daniel Pipes, *The Rushdie Affair. The Novel, the Ayatollah, and the West*, 2.ª ed. con postfacio de Koenraad Elst, Transaction Publishers, New Brunswick (EE.UU.) y Londres, 2003.

91. Ibíd., p. 22.

92. Ibíd.

93. Una fetua es un edicto jurídico: la sentencia de un muftí fundamentada en su conocimiento de la sharia (las leyes islámicas). Véase Mehdi Mozaffari, *Fatwa: Violence & Discourtesy*, Aarhus University Press, Aarhus, 1998.

94. En inglés: «In the name of Him, the Highest. There is only one God, to whom we shall return. I inform all zealous Muslims of the world that the author of the book entitled *The Satanic Verses* —which has been compiled, printed, and published in opposition to Islam, the Prophet, and the Qur'an— all those involved in its publication who were aware of its content, are sentenced to death. I call on all zealous Muslims to execute them quickly, wherever they may be found, so that no one else will dare to insult the Muslim sanctities. God willing, whoever is killed on this path is a martyr.

»In addition, anyone who has access to the author of this book, but does not possess the power to execute him, should report him to the people so that he may be punished for his actions. May peace and the mercy

of God and His blessings be with you». Ruhollah al-Musavi al-Khomei-
ni, 25 Bahman 1367. Procede de Pipes, ibíd., p. 27.

95. Pipes, ibíd., p. 28.

96. Jardine, ibíd., p. 60.

97. Ibíd.

98. Pipes, ibíd., p. 28.

99. De Rosa, ibíd., p. 175: «The effect of the Bull was to turn English Catholics into traitors». Y más adelante: «Long after his pontifica-
te, Catholics found themselves caught between loyalty to church and to
country».

100. «As author of *The Satanic Verses*, I recognize that Muslims in
many parts of the world are genuinely distressed by the publication of my
novel. I profoundly regret the distress that the publication had occasio-
ned to sincere followers of Islam. Living as we do in a world of many
faiths, this experience has served to remind us that we must be conscious
of the sensibilities of others». Press Association, 18 de febrero de 1989.

101. Islamic Revolution News Agency, 19 de febrero de 1989: «Even
if Salman Rushdie repents and becomes the most pious man of (our)
time, it is incumbent on every Muslim to employ everything he has, his
life and his wealth, to send him to hell. If a non-Muslim becomes aware
of his whereabouts and has the ability to execute him quicker than Muslims, it is incumbent on Muslims to pay a reward or a fee in return for
this action».

102. «The ministers view those threats with the gravest concern.
They condemn this incitement to murder as an unacceptable violation of
the most elementary principles and obligations that govern relations
among sovereign states.» Aparecido en el *Daily Telegraph*, 21 de febrero
de 1989.

103. Elizabeth A. Livingstone (ed.), *The Concise Oxford Dictionary
of the Christian Church*, Oxford University Press, Oxford, 1977, p. 96.

104. Pascal, *Pensées*, Fragment 294 (editie Brunschvicg): «Trois de-
grés d'élévation du pôle renversent toute la jurisprudence, un méridien déci-
de de la vérité; en peu d'années de possession, les lois fondamentales chan-
gent». (Ed. en español: *Pensamientos*, Ediciones Altaya, Barcelona, 1994.)

105. «An arrow has been shot toward its target and it is now travel-
ling towards its aim.» Véase Reuters, 22 de febrero de 1989.

106. Press Association, 2 de marzo de 1989.

107. J. S. Mill, *On Liberty*, Penguin Books, Harmondsworth, 1977
(1859). (Ed. en español: *Sobre la libertad*, Alianza editorial, Madrid, 1997.)

108. Howe citado en Pipes, ibíd., p. 35.

109. Pipes, ibíd., p. 49.

110. *Prisma van de Islam*, Het Spectrum, Utrecht, 1995, p. 145.

111. Un proceso descrito con entusiasmo por Daniel C. Dennet, *Breaking the Spell. Religion as a Natural Phenomenon*, Allen Lane, Penguin Books, Nueva York, 2006. (Ed. en español, *Romper el hechizo. La religión como un fenómeno natural*, Katz Barpal Editores, Madrid, 2007.)

112. Pipes, ibíd., p. 56.

113. Ibíd., p. 62.

114. Véase Ibn Warraq (ed.), *The Origins of the Koran. Classic Essays on Islam's Holy Book*, Amherst, Nueva York, 1998; ídem, *What the Koran Really Says, Language, Text & Commentary*, trad. de Ibn Warraq, Prometheus Books, Amherst, Nueva York, 2002; ídem, *The Quest for the Historical Mohammad*, ed. y trad. de Ibn Warraq, Prometheus Books, Buffalo, 2000; Hans Jansen, *De historische Mohammed. De Mekkaanse verhalen*, De Arbeiderspers, Amsterdam, 2005.

115. John L. Esposito, *Unholy War. Terror in the Name of Islam*, Oxford University Press, Nueva York, 2002, p. 90 (ed. en español: *Guerras profanas. Terror en nombre del islam*, Ediciones Paidós, Barcelona, 2003); J. J. G. Jansen, *The Dual Nature of Islamic Fundamentalism*, Cornell University Press, 1977, p. 166. El muftí implicado fue identificado mucho tiempo después del asesinato: Dr. O. Abder Rahman.

116. Véase Paul Marshall, «Introduction: The Rise of Extreme Shari'a», en Paul Marshall (ed.), *Radical Islam's Rules. The Worldwide Spread of Extreme Shari'a Law*, Rowman & Littlefied Publishers, Inc., Lanham etc. 2005, pp. 1-17, que toma muchos ejemplos de víctimas menos conocidas. Sobre Mahfouz, Fauzi M. Najjar, «Islamic Fundamentalism and the Intellectuals: The Case of Naguib Mahfouz», en *British Journal of Middle Eastern Studies*, vol. 25, n.° 1 (mayo de 1998), pp. 139-168.

117. «Al Qaida bedreigt Elizabeth» («Al Qaeda amenaza a Isabel»), noticia publicada en *Het Parool*, 14 de noviembre de 2005.

118. Nota de los servicios de inteligencia holandeses (AIVD): Los activistas pro derechos de los animales en Holanda están entre la protesta pacífica y la enérgica, julio de 2004, p. 14.

119. Walter Laqueur, *Krieg dem Westen. Terrorismus im 21. Jahrhundert*, Propyläen, Múnich, 2003, p. 346: «Nach dreißig Jahren harter Arbeit ist noch immer keine allgemein anerkennte Definition des Terro-

rismus in Sicht». (Ed. en español: *La guerra sin fin. Terrorismo en el siglo XXI*, Ediciones Destino, Barcelona, 2003.)

SEGUNDA PARTE: LA ÉTICA AUTÓNOMA

1. Véase Arthur, Jr. Schlesinger, *The Disuniting of America. Reflections on a Multicultural Society*, ed. revisada y ampliada, W. W. Norton & Company, Nueva York y Londres, 1998 (1991); Amin Maalouf, *Les Identités meurtrières*, Grasset, París, 1998. (Ed. en español: *Identidades asesinas*, Alianza Editorial, Madrid, 1999.)

2. Lewis, *The Crisis of Islam*, p. xxviii.

I. LA ÉTICA AUTÓNOMA ANTIGUA Y LA CONTEMPORÁNEA

1. Platón, *Verzameld Werk*, Deel I, trad. de Xaveer de Win, De Nederlandsche Boekhandel/Amberes y Uitgeverij Ambo B.V./Baarn, 1978, p. 317.

2. Platón, *Eutifrón*, 4e. (Ed. en español: *Diálogos*, Editorial Gredos, Madrid.)

3. Ibíd., 7d.

4. Ibíd., 6e.

5. Ibíd., 10a.

6. Tomado de A. E. Taylor, *Plato. The Man and his Work*, Methuen & Co, Londres, 1977 (1926), p. 151.

7. Antes del siglo XIX, los libros sagrados también constituían una autoridad para esas disciplinas. Véase A. D. White, *A History of the Warfare of Science with Theology in Christendom*, dos vols., Dover Publications, Nueva York, 1960 (1896), y W. C. Dampier, *A History of Science and its Relations with Philosophy and Religion*, Cambridge University Press, Londres, 1977 (1929).

8. «A religion is founded in piety, which is the habit of submitting to divine commands.» Véase Roger Scruton, *The West and the Rest. Globalization and the terrorist Threat*, Continuum, Londres y Nueva York, 2002, p. 1.

9. Según W. K. C. Guthrie, *Socrates*, Cambridge University Press, Cambridge, Londres, Nueva York y Melbourne, 1979 (1969), p. 154. También

John Herman Randall, *Plato: Dramatist of the Life of Reason*, Columbia University Press, Nueva York, 1970; A.E. Taylor, *Plato. The Man and his Work*, Methuen & Co, Londres, 1977 (1926), cap. 2, pp. 14-23.

10. Platón, *Apologie*, 28e. (*Apología de Sócrates*, 28e.)

11. Para más información sobre el proceso, véase I.F. Stone, *The Trial of Socrates*, Little, Brown and Company, Boston y Toronto, 1988; Emily Wilson, *The Death of Socrates: Hero, Villain, Chatterbox, Saint*, Profile Books, Londres, 2007.

12. Platón, *Apologie*, 30d/e. (*Apología de Sócrates.)*

13. H.O. Mounce, «Morality and Religion», en Brian Davies (ed.), *Philosophy of Religion. A Guide tot the subject*, Cassell, Londres, 1998, pp. 253-286.

14. Mounce, ibíd., p. 253.

15. Paul Woodruff, *First Democracy. The Challenge of an ancient Idea*, Oxford University Press, Oxford, 2005.

16. W. Windelband, *History of Ancient Philosophy*, trad. de Herbert Ernest Cushman, Dover Publications, Nueva York, 1956 (versión alemana: 1900), p. 124.

17. J.V. Luce, *An Introduction to Greek Philosophy*, Thames and Hudson, Londres, 1992, p. 83.

18. La neutralidad es una quimera. La neutralidad es una clase especial de partidismo. La racionalidad no se considera una intermediaria entre distintas tradiciones; es en sí misma una tradición. Por tanto, no es una mediadora en la lucha, sino una de las contendientes de esa lucha. De ese modo, cualquier crítica se estanca en el relativismo de valores. Las tradiciones son, según dice, «inconmensurables». Una buena introducción a esta problemática es Brian Fay, *Contemporary Philosophy of Social Science, A Multicultural Approach*, Blackwell, Malden, Massachusetts, 1996.

19. Tomado de una antología reciente de Kurt Bayertz (ed.), *Warum moralisch sein?*, Ferdinand Schöningh, Paderborn, Múnich, Viena y Zúrich, 2002.

20. Mounce, ibíd., p. 276: «Here we have the philosophy which gives definitive expression to the modern view that morality is autonomous».

21. Entre otros en J.P. Moreland y Kai Nielsen, *Does God exist?, The debate between Theists and Atheists*, con la colaboración de Peter Kreeft, Anthony Flew, William Lane Craig, Keith Parsons, Dallas Willard, Prometheus Books, Buffalo, Nueva York, 1993; Kai Nielsen, «On being a Secularist all the Way down», en *Philo*, vol. 1, n.° 2, otoño/in-

vierno de 1998, pp. 6-21; ídem, «Morality and God: Some Questions for Mr. MacIntyre», en *The Philosophical Quarterly*, vol. 12, n.º 47 (abril de 1962), pp. 129-137; ídem, *Ethics without God*, ed. revisada, Prometheus Books, Buffalo, Nueva York, 1990.

22. Kai Nielsen, «Ethics without Religion», en Michael Peterson, William Hasker, Bruce Reichenbach y David Basinger (eds.), *Philosophy of Religion. Selected Readings*, Oxford University Press, Nueva York y Oxford, 1996, pp. 536-544.

23. Y en cierto modo también de Nietzsche. Véase Eric Von der Luft, «Sources of Nietzsche's 'God is Dead!' And its Meaning for Heidegger», en *Journal of the History of Ideas*, vol. 45, n.º 2 (abril-junio de 1984), pp. 263-276.

24. Patrick Nowell-Smith, «Morality: Religious and Secular», en Eleonore Stump y Michael J. Murray (eds.), *Philosophy of Religion. The Big Questions*, Blackwell, Malden y Oxford, 2001 (1999), pp. 403-412, p. 403.

25. Nowell-Smith, ibíd., p. 404: «Morality, on this view, is an affair on being commanded to behave in certain ways by some person who has a right to issue such commands; and, once this premise is granted, it is said with some reason that only God has such a right. Morality must be based on religion, and morality not so based, or one based on the wrong religion, lacks all validity».

26. Ibíd., p. 405.

27. Ibíd., p. 407.

28. Su ensayo fue publicado por primera vez en 1961 y desde entonces ha aparecido en numerosísimas antologías.

29. Norman Kretzmann, «Abraham, Isaac, and Euthyphro: God and the Basis of Morality», en Eleonore Stump y Michael J. Murray (eds.), *Philosophy of Religion: the Big Questions*, Blackwell Publishers, Malden y Oxford, 1999, pp. 417-427.

30. Kretzmann, ibíd., p. 421: «general thesis of religious morality».

31. Ibíd., p. 421.

32. Ibíd.

II. EL UTILITARISMO

1. Alexis de Tocqueville y Arthur de Gobineau, *Correspondence entre Alexis de Tocqueville et Arthur de Gobineau, 1843-1859*, publicado por L. Schemann, Librairie Plon, París, 1909, p. 7.

2. Alexis de Tocqueville, *L'ancien régime et la Révolution*, edición de J.-P. Mayer, ed. revisada y corregida, Gallimard 1967, p. 242: «On peut dire d'une manière générale qu'au XVIIIe siècle le christianisme aviat perdu sur tout le continent de l'Europe une grande partie de sa puissance». (Ed. en español: *El Antiguo Régimen y la revolución*, Alianza editorial, Madrid, 2004.)

3. Para una crítica a Tocqueville sobre este punto, véase Paul Cliteur, «A Secular Reading of Tocqueville», en Raf Geenens y Annelien de Dijn (eds.), *Reading Tocqueville: From Oracle to Actor*, Palgrave, MacMillan, Houndmills, Nueva York, 2007, pp. 112-132.

4. Véase J.H. Leopold, *Uit den tuin van Epicure*, W.L. y J. Brusse, Roterdam, 1920 (1910), y Epicuro, *De grondbeginselen van het goede leven. De brief aan Menoeceus en andere geschriften*, Uitgeverij Bert Bakker, Amsterdam, 2005. (Ed. en español: *Sobre la felicidad*, Editorial Debate, Barcelona, 2000.) Una antología de textos de Epicuro en inglés es John Gaskin (ed.), *The Epicurean Philosophers*, Everyman, J. M. Dent/Charles E. Tuttle, Londres y Vermont, 1995, y una en francés, Pierre Boyancé, *Épicure*, Presses Universitaires de France, París, 1969.

5. Se los considera los precedentes del grupo británico de Bloomsbury, que atrajeron sobre sí críticas parecidas. Véase Charles Freeman, *The Greek Achievement. The Foundation of the Western World*, Penguin Books, Nueva York, 1999, p. 364. Una buena imagen de la vida de los escritores y artistas del grupo de Bloomsbury aparece en la película *Carrington* (1995), dedicada especialmente a la vida de la pintora Dora Carrington y su relación con el escritor y crítico Lytton Strachey.

6. J.V. Luce, *An Introduction to Greek Philosophy*, Thames and Hudson, Londres, 1992, p. 146: «To be in the public eye is to be in a potentially stressful situation».

7. Luce, ibíd., p. 146.

8. Leopold, *Uit den tuin van Epicuro*, p. 5.

9. Eduard Zeller, *Outlines of the History of Greek Philosophy*, 13.ª ed. revisada por Wilhelm Nestle, trad. de L.R. Palmer, Dover Publications, Nueva York, 1980 (1931, G. 1883), p. 232. Sobre Lucrecio y su relación con Epicuro véase el capítulo «Das Lehrgedicht des Titus Lucretius Carus» en Friedrich Lange, *Geschichte des Materialismus und Kritik seiner Bedeutung in der Gegenwart*, 2 vols., ed. e intro. de Alfred Schmidt, Suhrkamp, Fráncfort del Meno, 1974 (1866), I, pp. 101-127.

10. John Stuart Mill, *Three Essays on Religion*, Prometheus Books, Amherst, Nueva York, 1998 (1874), p. 105. En su autobiografía, Mill

ofrece una visión más matizada del epicureísmo y reconoce que esta ideología guarda relación con el utilitarismo. «My fathers' moral convictions» —escribe sobre la educación que le dio su padre, James Mill— wholly dissevered from religion, were very much of the character of those of the Greek philosophers.» Respecto al ejemplo personal que Mill padre le daba a su hijo John Stuart, este último comenta: «His standard of morals was Epicurean, inasmuch as it was utilitarian, taking as the exclusive test of right and wrong, the tendency of actions to produce pleasure and pain». Véase John Stuart Mill, *Autobiography of John Stuart Mill*, Columbia University Library, prefacio de John Jacob Coss, Columbia University Press, Nueva York, 1924 (1873), p. 34. Naturalmente, las coincidencias entre el utilitarismo y el epicureísmo no han pasado desapercibidas a los comentadores. Para más información, véase Paul Elmer, *Hellenistic Philosophies*, vol. II de *The Greek Tradition*, Princeton University Press, Princeton, 1923, p. 63: «Under a new name the old philosophy of the Garden could teach Mill, as a utilitarian, to look for private happiness in devotion to the well-being of others, and, as a hedonist, to grade the kinds of pleasure by a scale of spiritual values which theoretically he denied».

11. En la era moderna, el epicureísmo ha sido defendido por autores como Pierre Gassendi (1592-1655) y la tradición que se conoce con el nombre de los libertinos. Véase *Libertins du XVIIe siècle*, II, edición y notas de Jacques Prévot, Gallimard, París, 2004. Un epicúreo contemporáneo es Michel Onfray, *Traité d'athéologie. Physique de la métaphysique*, Grasset, París, 2005. (Ed. en español: *Tratado de ateología*, Ediciones Anagrama, Barcelona, 2006.)

12. Para una introducción a la ética utilitarista, véase Anthony Quinton, *Utilitarian Ethics*, 2.ª ed., Londres, 1989 (1973); una introducción a la ética que dedica una especial atención al utilitarismo es William H. Shaw, *Contemporary Ethics. Taking Account of Utilitarianism*, Blackwell, Malden (Mass.), Oxford, 1999.

13. Jeremy Bentham, *An Introduction to the Principles of Morals and Legislation*, ed. de J.H. Burns y H.L.A. Hart, Methuen, Londres y Nueva York, 1982 (1789), p. 11: «Nature has placed mankind under the governance of two sovereign masters, *pain* and *pleasure*. It is for them alone to point out what we ought to do, as well as to determine what we shall do».

14. Ibíd.: «They govern us in all we do, in all we say, in all we think: every effort we can make to throw off our subjection, will serve but to demonstrate and confirm it».

15. Bentham, ibíd., p. 12: «By the principle of utility is meant that principle which approves or disapproves of every action whatsoever, according to the tendency which it appears to have to augment or diminish the happiness of the party whose interest is in question; or, what is the same thing in other words, to promote or to oppose that happiness».

16. John Stuart Mill, *Utilitarianism*, en ídem, *On Liberty and Utilitarianism*, Everyman's Library, Alfred A. Knopf, Nueva York, 1992, pp. 113-172, p. 118: «The creed which accepts as the foundation of morals, Utility, or the Greatest Happiness Principle, holds that actions are right in proportion as they tend to promote happiness, wrong as they tend to produce the reverse of happiness». (Ed. en español: *El utilitarismo*, Alianza editorial, Madrid, 2007.)

17. A.C. Grayling, *What is Good? The Search of the best Way to live*, Weidenfeld & Nicolson, Londres, 2003, p. 153.

18. Mill, ibíd., p. 123: «According to the Greatest Happiness Principle [...] the ultimate end, with reference to and for the sake of which all other things are desirable (whether we are considering our own good or that of other people), is an existence exempt as far a possible from pain, and as rich as possible in enjoyments, both in point of quantity and quality».

19. John Henry Newman, *The Idea of a University*, ed., introd. y notas de Martin J. Svaglic, University of Notre Dame Press, Notre Dame, Indiana, 1982 (1852), p. 74.

20. Mill, ibíd., p. 123: «This, being, according to the utilitarian opinion, the end of human action, is necessarily also the standard of morality; which may accordingly be defined, as the rules and precepts for human conduct, by the observance of which an existence such as has been described might be, to the greatest extent possible, secured to all mankind; and not to them only, but, so far as the nature of things admits, to the whole sentient creation».

21. Peter Singer, «Animal Liberation», en James Rachels (ed.), *Moral Problems. A Collection of Philosophical Essays*, 3.ª ed., HarperCollins, Nueva York, 1979, pp. 83-101; ídem *Animal Liberation*, 2.ª ed., Londres, 1990 (1975). (Ed. en español: *Liberación animal*, Ediciones Trotta, Madrid, 1999.) Sobre las implicaciones de esto para nuestra concepción del mundo, James Rachels, *Created from Animals. The Moral Implications of Darwinism*, Oxford University Press, Oxford etc., 1991.

22. Andrew Reck, «The Enlightenment in American Law I: The Declaration of Independence», en *The Review of Metaphysics*, 1991, 44,

pp. 549-573; Carl L. Becker, *The Declaration of Independence. A Study in the History of Ideas*, Vintage Books, Random House, Nueva York 1970 (1922).

23. Lucrecio traducido por Leopold, *Uit den tuin van Epicuro*, p. 34. (Trad. al español de José Marchena, Librería de Hernando y Compañía, 1918.)

24. Esta idea fue defendida posteriormente con gran éxito por William James. Véase William James, «The Will to Believe», en ídem, *Writings 1878-1899*, The Library of America, 1984, pp. 457-479. (Ed. en español: *La voluntad de creer: un debate sobre la ética de la creencia*, Editorial Tecnos, Madrid, 2003.)

25. John Stuart Mill, *Three Essays on Religion*, Prometheus Books, Amherst, Nueva York, 1998 (1874), p. 70.

26. Ibíd., p. 74: «It is [...] perfectly conceivable that religion may be morally useful without being intellectually sustainable».

27. Ibíd., p. 70.

28. Ibíd.: «to abstain from expressing any doubts they feel, since a fabric of importance to mankind is so insecure at its foundations, that men must hold their breath in its neighbourhood for fear of blowing it down».

29. Ibíd., p. 75: «These odious consequences [...] do not belong to religion in itself, but to particular forms of it».

30. Daniel Benjamin y Steven Simon, *The Age of Sacred Terror. Radical Islam's War Against America*, Random House, Nueva York, 2003 (2002). También Malise Ruthven, *A Fury for God. The Islamist Attack on America*, Granta Books, Londres y Nueva York, 2002, y el espectacular libro de Sam Harris, *The End of Faith. Religion, Terror, and the Future of Reason*, The Free Press, Londres, 2005. (Ed. en español: *El fin de la fe. La religion el terror y el futuro de la razón*, Editorial Paradigma, Madrid, 2007.)

31. Mill, *Three Essays on Religion*, p. 82: «social morality was extremely independent of religion».

32. Salman Rushdie, «A 4-Year Death Sentence», artículo publicado en *The New York Times* el 7 de febrero de 1993: «He wouldn't be much of a God if He could be rocked on his throne by a book».

33. Mill, *Three Essays on Religion*, p. 70.

34. Cita de David Allen Williams, *A Celebration of Humanism and Freethought*, ed. ilustrada con grabados, Prometheus Books, Amherst, Nueva York, 1995, p. 215.

35. Helvecio también aparece a menudo mencionado en relación con este asunto. Véase Edmund Burke, *Further Reflections on the Revolution in France*, ed. de Daniel E. Ritchie, Liberty Fund, Indianapolis, 1992, p. 55. (Ed. en español: *Reflexiones sobre la Revolución Francesa*, Centro de estudios políticos y constitucionales, Madrid, 1978.) Acerca de Voltaire y Helvecio «and the rest of that infamous gang». Sobre la relación entre la Ilustración y la Revolución Francesa véase también el clásico estudio de J. L. Talmon, *The Origins of totalitarian Democracy*, Penguin Books, Harmondsworth, 1986 (1952).

36. Edmund Burke, *Selected Letters of Edmund Burke*, ed. e introd. de Harvey C. Mansfield, Jr., The University of Chicago Press, Chicago y Londres, 1984, p. 268.

37. Joseph de Maistre, *Du Pape*, 2.ª ed., J. Casterman, Tournai, 1820, p. 264.

38. Véase por ejemplo Voltaire, *Examen important de Milord Bolingbroke ou le tombeau du fanatisme* (1736), en ídem, *Mélanges*, prefacio de Emmanuel Berl, ed. y notas de Jacques van den Heuvel, Gallimard, París, 1961, pp. 1001-1099.

39. Algo que no es en absoluto reconocido por John Gray, *Voltaire. Voltaire and Enlightenment*, Phoenix, Londres, 1998.

40. Voltaire, *Dictionnaire Philosophique*, cronología y prefac. de René Pomeau, Garnier-Flammarion, París, 1964 (1764), art. «Theist».

41. *Oeuvres complètes de Voltaire*, ed. de Louis Moland, Garnier, París, 1877-1885, tomo 10, pp. 402-405.

42. «Que le sage l'annonce, et que les rois le craignent.»

43. Véase también Voltaire, «Athée, athéisme», en *Dictionnaire Philosophique*, con introd., variantes y notas de Julien Benda, ed. de Raymond Naves, Éditions Garnier Frères, París (1764), pp. 36-44, p. 40.

44. Jacques Attali, *Blaise Pascal ou le génie Française*, Fayard, París, 2000, p. 432.

45. Pascal, *Pensées*, 1670, frag. 233 en la edición de Brunschvicg, frag. 418 en la edición de Lafuma. (Ed. en español: *Pensamientos*, Alianza Editorial, Madrid, 1996.) Lo hallamos también en numerosas antologías dedicadas a la filosofía de la religión. Por ejemplo, Pascal, «The Wager», en Louis Pojman (ed.), *Philosophy of Religion. An Anthology*, Wadworth Publishing Company, Belmont, California, 1994, pp. 420-422; Pascal, «The Wager», en Michael Peterson et al. (ed.), *Philosophy of Religion. Selected Readings*, Oxford University Press, Nueva York y Oxford, 1996, pp. 63-65.

46. George H. Smith, *Atheism. The Case Against God*, Prometheus Books, Buffalo, Nueva York, 1989 (1979), p. 183.

47. Leopold, ibíd., p. 6.

48. Ibíd.

49. Ibíd.

50. Ibíd.

51. Ibíd., p. 12.

52. Elie Halévy, *The Growth of Philosophic Radicalism*, Faber and Faber, Londres, 1972 (1928).

53. Peter Singer construye un fuerte contraste entre religión y ética. Véase especialmente Peter Singer, *How Are We to Live? Ethics in an Age of Self-Interest*, Prometheus Books, Amherst, Nueva York, 1995 (1993).

54. James Rachels, *The Elements of Moral Philosophy*, 4.ª ed., McGraw-Hill Inc., Nueva York etc., 2003 (1986), p. 118: «greatest woman philosopher in history».

55. G.E.M. Anscombe, «Mr. Truman's Degree», 1957, en ídem, *The Collected Papers of G.E.M. Anscombe*, vol. 3, Ethics, Religion and Politics, Basil Blackwell, Oxford, 1981, pp. 62-72.

56. Rachels, ibíd., p. 118: «Her ethical views, especially, reflected traditional Catholic teachings».

57. Anders Piltz, *The World of Medieval Learning*, trad. de David Jones, Basil Blackwell, Oxford, 1981, p. 31; F.C. Copleston, *A History of Mediaval Philosophy*, Methuen & Co., Londres, 1972, p. 30.

58. La heteronomía viene determinada por los preceptos o leyes de otro o depende de ellos. Está en contra de la autonomía. Así pues, la teonomía es, en sentido estricto, una forma de heteronomía.

59. Véase James E. Crimmins, «Bentham on Religion: Atheism and the Secular Society», *Journal of the History of Ideas*, vol. 47, n.º 1 (enero-marzo de 1986), pp. 96-110.

60. Von Hartmann, *Die Religion des Geistes*, p. 59. Véase también Eduard von Hartmann, *Die Selbstzersetzung des Christenthums und die Religion der Zukunft*, 2.ª ed., Carl Ducker's Verlag, Berlín, 1874.

61. El término *kantismo* se utiliza en el sentido específicamente filosófico en relación con aquella corriente de la nueva filosofía que postula el regreso a los principios de Kant. El filósofo O. Liebmann así lo constataba en su obra *Kant und die Epigonen* (1865): «es muss auf Kant zurückgegangen werden». Dentro del kantismo surgieron también corrientes como la escuela de Marburgo, con destacados representantes como Cassirer y Natorp, y la escuela de Baden, entre los que cabe señalar a

Windelband y Rickert. Aquí no emplearé *kantismo* con ese significado específico, sino que el término engloba todas las formas de filosofía orientadas hacia la perspectiva que Kant defendía. En ese sentido, también podríamos considerar el pensamiento de John Rawls una forma de kantismo. Sobre los antecedents kantianos de la teoría de Rawls véase John Rawls, *Lectures on the History of Moral Philosophy*, ed. de Barbara Herman, Harvard University Press, Cambridge (Mass.), Londres, 2000.

III. EL KANTISMO

1. El ensayo de Kant y las contribuciones de sus contemporáneos sobre este tema aparecen recogidos en Erhard Kant, Hamann, Herder, Lessing, Mendelssohn, Riem, Schiller, Wieland, *Was ist Aufklärung? Thesen und Definitionen*, ed. de Ehrhard Bahr, Philipp Reclam Stuttgart, 1974. Sobre el período de la Ilustración, véase Wilhelm Dilthey, «Friedrich der Grosse und die Deutsche Aufklärung», en ídem, *Studien zur Geschichte des deutschen Geistes, Gesammelte Schriften*, t. III, B.G. Teubner Verlag y Vandenhoeck & Ruprecht, Stuttgart y Göttingen, 1976, pp. 83-210; Roy Porter, *Enlightenment. Britain and the Creation of the Modern World*, Penguin Books, Londres, 2000; Jonathan I. Israël, *Radical Enlightenment. Philosophy and the Making of Modernity 1650-1750*, Oxford University Press, Oxford y Nueva York, 2001.

2. C.D. Broad, *Five Types of Ethical Theory*, Routledge & Kegan Paul, Londres 1930, p. 117: «Nothing is intrinsically good but a good will».

3. Gulyga, ibíd., p. 180: «Der Grundbegriff der Kantischen Ethik ist der gute autonome Wille».

4. Immanuel Kant, *Grundlegung zur Metaphysik der Sitten* (1785), en *Werkausgabe*, t. VII, ed. de W. Weischedel, Suhrkamp, Fráncfort del Meno, 1981, pp. 11-102, p. 18. (Ed. en español: *Fundamento de la metafísica de las costumbres*, Editorial Ariel, Barcelona, 1996.)

5. Ése es naturalmente un punto controvertido. De eso trata precisamente la lucha entre kantianos y utilitaristas.

6. Robert Fruin, «De oude verhalen van den moord van prins Willem I», en *Verspreide Geschriften*, Martinus Nijhoff, 's-Gravenhage, 1901, pp. 65-117, p. 74.

7. Fruin, ibíd., p. 74.

8. Según Calvin O. Schrag, «Note on Kierkegaard's Teleological Suspension of the Ethical», en *Ethics*, vol. 70, n.º 1 (octubre de 1959), pp. 66-68, p. 66.

9. Broad, *Five Types*, p. 117.

10. Ibíd, p. 119: «A categorical principle would be one that is accepted on its own merits, and not as a rule for gaining some desired end».

11. Kant, *Grundlegung*, p. 43: «Der categorische Imperativ würde der sein, welcher eine Handlung als für sich selbst, ohne Beziehung auf einen andern Zweck, als objektiv-notwendig vorstellte».

12. Ibíd., p. 13.

13. Ibíd., p. 25.

14. Ibíd., p. 51.

15. Ibíd., véase también: «handle so, als ob die Maxime deiner Handlung durch deinen Willen zum allgemeinen Naturgesetz werden sollte».

16. Para un análisis de esta idea, véase Mary Ann Warren, *Moral Status. Obligations to Persons and Other Living Things*, Oxford University Press, Oxford, 1997.

17. Kant, *Grundlegung*, p. 60.

18. Ibíd., p. 61: «Handle so, daß du die Menschheit, sowohl in deiner Person, als in der Person eines jeden andern, jederzeit zugleich als Zweck, niemals bloß als Mittel brauchest».

19. Karl Vorländer, *Immanuel Kant. Der Mann und das Werk*, 3.ª ed., con bibliogr. de Rudolf Malter, Marix Verlag, Wiesbaden, 2004, p. 167 (libro 1): «Man muß sie selbst lesen, um die Mischung von behaglicher Ironie, keckem Witz und heiterer, ja übermütiger Laune zu empfinden, die der Stimmung siegesgewisser Überlegenheit entspringt». Kant fue también un gran admirador de los grandes estilistas como Montaigne, Montesquieu, Bayle, Shaftesbury y Voltaire. Véase ibíd., p. 376.

20. Josiah Royce, *The Spirit of Modern Philosophy. An Essay in the Form of Lectures*, Dover Publication, Inc., Nueva York, 1983 (1892), p. 107. Véase también Friedrich Schiller, uno de los admiradores de Kant, que habla de lo que podría llamarse «greuliche Form, die man einen philosophischen Kanzleistil». Véase la carta de Schiller a Goethe del 22 de septiembre de 1797 en Schiller/Goethe, *Der Briefwechsel zwischen Schiller und Goethe*, ed. de Paul Stapf, Emil Vollmer Verlag, Múnich, p. 363.

21. Arsenij Gulyga, *Immanuel Kant*, prólogo de Arsenij Gulyga, trad. y postfacio de Sigrun Bielfeldt, Suhrkamp, Fráncfort del Meno, 1981 (Russ. 1977), p. 178.

22. Gulyga, ibíd., p. 179: «Räsoniert, soviel Ihr wollt und worüber Ihr wollt, aber gehorcht».

23. Immanuel Kant, «Rezension zu Johann Heinrich Schulz», en ídem, *Schriften zur Anthropologie, Geschichtsphilosophie, Politik und Pädagogik*, 2, Werkausgabe XII, W. Weischedel, Suhrkamp, Fráncfort del Meno, 1981, pp. 773-778, p. 776: «alles menschliche Tun und Lassen in blosses Marionettenspiel verwandelt».

24. Kant, «Rezension zu Johann Heinrich Schulz», p. 777: «da ist die Freiheit eine notwendige praktische Voraussetzung und eine Idee, unter der ich allein Gebote der Vernunft als gültig ansehen kann».

25. Kant, «Rezension», p. 777: «Selbst der hartnäckigste Skeptiker gesteht, daß, wenn es zum Handeln kommt, alle sophistische Bedenklichkeiten wegen eines allgemein täuschenden Scheins wegfallen müssen».

26. Ibíd.: «jederzeit so handeln, als ob er frei wäre». Esas palabras «como si» seguirían siendo objeto de debate y de inspiración en la interpretación de Kant. El filósofo Hans Vaihinger (1852-1933), estudioso de la obra kantiana (*Kommentar zu Kants Kritik der reinen Vernunft*, tomo 2, 1881) y fundador de la sociedad kantiana (1904) escribió una obra muy leída: *Die Philosophie des Als Ob* (1911, 10.ª impresión, 1927), en la que decía que los ideales eran ficciones necesarias tanto para la vida como para la moral.

27. Kant, «Rezension», p. 778.

28. Dos asuntos que por lo demás no están necesariamente relacionados entre sí. Escritores como Jean Paul Sartre y otros manifiestan que el teísmo lleva implícito el determinismo (Dios todo lo ve, por consiguiente todo está fijado); así pues, el ateísmo es necesario para hacer posible la libertad humana. Esa es también la teoría de Eduard von Hartmann, *Die Selbstzersetzung des Christenthums und die Religion der Zukunft*, 2.ª ed., Carl Ducker's Verlag, Berlín, 1874.

29. Kant, Immanuel, *Die Religion innerhalb der Grenzen der bloßen Vernunft*, 1793 (ed. en español: *La religión dentro de los límites de la mera razón*, Alianza Editorial, Madrid, 2001), en Immanuel Kant, *Die Metaphysik der Sitten*, obras completas, t. VIII, ed. de Wilhelm Weischedel, Suhrkamp, Fráncfort del Meno, 1981, pp. 649-879. (Ed. en español: *La metafísica de las costumbres*, Editorial Tecnos, Madrid, 1989.)

30. Kant, ibíd., p. 861: «Dass einem Menschen, seines Religionsglaubens wegen, das Leben zu nehmen unrecht sei, ist gewiß».

31. Thomas Paine, *The Age of Reason*, 1794, en ídem, *Collected Writings*, The Library of America, Nueva York, 1995, pp. 665-885, p. 668.

32. Kant, ibíd., p. 861: «dass hier ein Irrtum vorwalte».

33. Immanuel Kant, *Der Streit der Fakultäten*, 1798, en ídem, *Schriften zur Anthropologie, Geschichtsphilosophie, Politik und Pädagogik*, 1, obras completas, t. XI, ed. de W. Weischedel, Suhrkamp, Fráncfort del Meno, 1981, pp. 267-393. (Ed. en español: *El conflicto de las facultades*, Alianza Editorial, Madrid, 2003.)

34. Ibíd., p. 333.

35. Ibíd.

36. Ibíd. Véase también Ernest Bloch, *Atheismus im Christentum. Zur Religion des Exodus und des Reichs*, Suhrkamp, Fráncfort del Meno, 1968, p. 121.

37. Jueces 11, 29.

38. Jueces 11, 38.

39. Voltaire, *Extrait des sentiments de Jean Meslier*, en ídem, *Mélanges*, prefacio de Emmanuel Berl, ed. y notas de Jacques van den Heuvel, Gallimard, París, 1961, pp. 458-501, p. 487.

40. Chateaubriand, *Génie du Christianisme ou Beautés de la Religion Chrétienne*, ed. de Maurice Regard, Gallimard, París, 1978 (1802), p. 469: «ne pas prouver que le christianisme est excellent, parce qu'il vient de Dieu; mais qu'il vient de Dieu, parce qu'il est excellent». (Ed. en español: *El genio del cristianismo*, Ciudadela Libros, Madrid, 2008.)

41. Gulyga, ibíd., p. 187: «Kant gehört in die Reihe der ersten Denker, die den selbständigen Wert der menschlichen Persönlichkeit, unabhängig von rassischer, nationaler, ständischer Zugehörigkeit, verkündet haben».

42. Véase Blandine Kriegel, *Philosophie de la République*, Plon, París, 1998.

43. Mario Vargas Llosa, en *El País*: «Je sust een leeuw niet met vers vlees» («No se aplaca a los tigres echándoles corderos»), en *NRC Handelsblad*, 6 de junio de 2006.

44. Véase Jean Baubérot, *Histoire de la laïcité en France*, Presses Universitaires de France, París, 2000; Guy Haarscher, *La Laïcité*, Presses Universitaires de France, París, 2004 (1996); *Laïcité et République, Rapport au Président de la République*, La Documentation française, París, 2004.

45. Véase Kai Nielsen, «Ethics without Religion», en Michael Peterson, William Hasker, Bruce Reichenbach y David Basinger (eds.), *Philosophy of Religion. Selected Readings*, Oxford University Press, Nueva York y Oxford, 1996, pp. 536-544, p. 542: «Morality requires that we

attempt to distribute happiness as evenly as possible. We must be fair: each person is to count for one and none is to count for more than one. Whether we like a person or not, whether he is useful to his society or not, his interests and what will make him happy, must be considered in any final decision as to what ought to be done. The requirements of justice make it necessary that each person be given equal consideration. I cannot justify my neglect of another person in some matter of morality simply on the grounds that I do not like him, that he is not a member of my set or that is not a productive member of society».

46. Peter Singer, *Practical Ethics*, 2.ª ed., Cambridge University Press, Cambridge etc., 1993 (1979), p. 11. (Ed. en español: *Ética práctica*, Editorial Ariel, Barcelona, 1995.)

47. Anthony Quinton, *Utilitarian Ethics*, 2.ª ed., Londres, 1989 (1973), p. ix.

48. R.M. Hare, *Freedom and Reason*, Oxford University Press, Oxford 1963.

49. Ídem, *Moral Thinking. Its Levels, Method, and Point*, Clarendom Press, Oxford, 1981.

50. Gulyga, ibíd., p. 190: «Bestimme dich selbst, sei durchdrungen vom Bewußtsein der moralischen Pflicht, folge ihr immer und überall, trage selbst die Verantwortung für deine Handlungen — das ist die Quintessenz der Kantische Ethik: streng und kompromißlos».

51. Immanuel Kant, *Beantwortung der Frage: Was ist Aufklärung?* (1784), en *Schriften zur Anthropologie, Geschichtsphilosophie, Politik und Pädagogik*, 1, ed. de W. Weischedel, Suhrkamp, Fráncfort del Meno, 1981, pp. 53-61. (Ed. en español: *¿Qué es la Ilustración?*, Editorial Tecnos, 2002.)

52. Sobre el contexto cultural del ensayo de Kant véase James Schmidt, «The Question of Enlightenment: Kant, Mendelssohn, and the Mittwochsgesellschaft», en *Journal of the History of Ideas*, vol. 50, n.º 2 (abr.-jun. de 1989), pp. 269-291.

53. Citado aquí en la edición inglesa: Paul Hazard, *The European Mind 1680-1715*, trad. de Lewis May, Penguin University Books, Harmondsworth, 1973 (Fr. 1935).

54. Jonathan I. Israël, *Radical Enlightenment. Philosophy and the Making of Modernity 1650-1750*, Oxford University Press, Oxford y Nueva York, 2001.

55. Israël, ibíd., p. 7.

56. *L'Encyclopédie, Textes choisis*, introd. y notas de Albert Soboul,

Éditions Sociales, París, 1976. Véase también Philipp Blom, *Encyclopédie. The Triumph of Reason in an unreasonable Age*, Fourth Estate, Londres y Nueva York, 2004. (Ed. en español: *Encyclopédie*, Editorial Anagrama, Barcelona, 2007.)

57. Chateaubriand, *Essai historique, politique et moral sur les révolutions anciennes et modernes, considérées dans leur rapports avec la Révolution française*, ed. de Maurice Regard, Gallimard, París, 1978 (1797), p. 358.

58. Chateaubriand, ibíd., p. 259.

59. Benjamin Constant, «De la Religion considérée dans la Source, ses Formes et ses Développements», en ídem, *Œuvres*, ed. de Alfred Roulin, Éditions Gallimard, París, 1957, pp. 1365-1395, p. 1.370.

60. Extraído de William James, «Remarks on Spencer's Definition of Mind as Correspondence», en ídem, *Writings 1878-1899*, The Library of America, Nueva York, 1992, pp. 893-909, p. 893: «Je vous délivre d'une bête féroce, et vous me demandez par quoi je la remplace».

61. Véase J. L. Talmon, *The Origins of totalitarian Democracy*, Penguin Books, Harmondsworth, 1986 (1952).

62. John Gray, *Al Qaeda and what it means to be modern*, Faber and Faber, Londres, 2003 (ed. en español: *Al Qaeda y lo que significa ser moderno*, Ediciones Paidós, Barcelona, 2004); ídem, *Black Mass. Apocalyptic Religion and the Death of Utopia*, Allen Lane, Penguin Books, Londres, 2007.

63. «Le vrai esprit des Encyclopédistes était une fureur persécutante de systèmes, une intolérance d'opinions, qui voulait détruire dans les autres jusqu'à la liberté de penser.» Véase Chateaubriand, ibíd., p. 398. Era una «secte athée» (p. 399).

64. Para un estudio actual sobre este tema, véase Alister McGrath, *The Twilight of Atheism. The Rise and Fall of Disbelief in the Modern World*, Doubleday, Nueva York etc. 2004, p. 21 y ss. Así, la Revolución francesa significó un paso hacia la revolución rusa, de manera que los filósofos ilustrados tienen en última instancia la responsabilidad del archipiélago Gulag. Véase al respecto J.L. Talmon, *The Origins of totalitarian Democracy*, Penguin Books, Harmondsworth, 1986 (1952) y William Henry Chamberlein, «The Jacobin Ancestry of Soviet Communism», en *Russian Review*, vol. 17, n.° 4, (octubre de 1958), pp. 251-257.

65. Uno de los admiradores actuales de Kant en este tema K. R. Popper, «Immanuel Kant. Der Philosoph der Aufklärung», en Joachim Kop-

per y Rudolf Malter (eds.), *Immanuel Kant zu ehren*, Suhrkamp, Fráncfort del Meno, 1974, pp. 335-347.

66. Véase Susan Neiman en un artículo dedicado a Immanuel Kant publicado en *Die Zeit*, 31 de diciembre de 2003.

67. Heinrich Heine, «Zur Geschichte der Religion und Philosophie in Deutschland», en ídem, *Beiträge zur deutschen Deutsche Ideologie*, Ullstein, Fráncfort del Meno, 1971, p. 76: «es entstand bei uns der Aberglaube, daß man kein Philosoph sei, wenn man gut schriebe». (Ed. en español: *Sobre la historia de la religión y la filosofía en Alemania*, Alianza Editorial, Madrid, 2008.)

68. Véase Karen Jespersen y Ralf Pittelkow, *Islamisten en naïvisten. Een aanklacht*, con introd. de Afshin Ellian, Nueva Amsterdam, Amsterdam, 2007.

69. Sobre este concepto, véase Gilles Kepel, *Fitna. Guerre au coeur de l'islam*, Gallimard, París, 2004. (Ed. en español: *Fitna. Guerra en el corazón del islam*, Ediciones Paidós, Barcelona, 2004.)

70. Sobre esta situación, véase Afshin Ellian, «Criticism and Islam», en *The Wall Street Journal*, 31 de marzo de 2008.

71. Petra de Koning, «EU-landen wijzen 'fitna' af» («Los países de la UE rechazan Fitna»), noticia publicada en *NRC Handelsblad*, 29 de marzo de 2008.

72. Tzvetan Todorov, *L'Esprit des Lumières*, Robert Laffont, París, 2006, p. 59.

73. John Stuart Mill, *On Liberty*, 1859, *With the Subjection of Women and Chapters on Socialism*, ed. de Stefan Collini, Cambridge University Press, Cambridge, 1989, p. 20. (Ed. en español: *Sobre la libertad*, Alianza Editorial, Madrid, 1984.)

74. «Kabinet moet Fitna verbieden» («El gobierno debe prohibir Fitna»), aparecido en *De Volkskrant*, 25 de marzo de 2008.

75. «Jami ziet af van animatiefilm tegen Islam» («Jami renuncia a la película de animación contra el islam»), noticia aparecida en *De Volkskrant*, 1 de abril de 2008.

76. Véase Salman Rushdie, «An Interview with Salman Rushdie», John Ball, 1988, en Michael Reder (ed.), *Conversations with Salman Rushdie*, University Press of Mississippi, Jackson, 2000, pp. 101-109, p. 108.

77. Véase Bury, *A History of the Freedom of Thought*, Thornton Butterworth, Londres, 1932 (1913).

78. Chris Kijne, «Zo schrijf je een boek. Salman Rushdie over de onzin van sommige interpretaties van Shalimar de Clown» («Así se escribe

un libro. Salman Rushdie sobre algunas interpretaciones disparatadas de *Shalimar el payaso*»), noticia aparecida en *NRC Handelsblad*, 20 y 21 de agosto de 2005.

79. Procede de Roger Kimball, *Tenured Radicals. How Politics Has Corrupted Our Higher Education*, Elephant Paperbacks, Ivan R. Dee Publisher, Chicago, 1998 (1991), p. 88. Sobre esta cuestión véase Alan Charles Kors y Harvey A. Silvergate, *The Shadow University. The Betrayal of Liberty on America's Campuses*, HarperPerennial, The Free Press, 1998; Paul Berman (ed.), *Debating P.C. The Controversy over Political Correctness on College Campuses*, Bantam, Nueva York, 1992; Dinesh D'Souza, *Illiberal Education. The Politics of Race and Sex on Campus*, The Free Press, Nueva York etc., 1991, y *The End of Racism. Principles for a Multiracial Society*, The Free Press, Nueva York etc., 1995.

80. Durante una celebración en el Central Park de Nueva York en 1944, donde estaban presentes muchos nuevos estadounidenses, Learned Hand dijo: «What do we mean when we say that first of all we seek liberty? I often wonder whether we do not rest our hopes too much upon constitutions, upon laws and upon courts. These are false hopes; believe me, these are false hopes. Liberty lies in the hearts of men and women; when it dies there, no constitution, no law, no court can even do much to help it. While it lies there it needs no constitution, no law, no court to save it». Véase al respecto Ronald Dworkin, *Freedom's Law. The Moral Reading of the American Constitution*, Harvard University Press, Cambridge (Mass.), 1996, pp. 163-261, p. 334.

81. Elsbeth Etty, «De stelling van Irshad Manji: Islam is gebaat bij keiharde religiónkritiek» («La opinión de Irshad Manji: El islam se beneficia de las críticas duras a la religión»), en *NRC Handelsblad*, 8 de julio de 2006. Irshad Manji, *The Trouble with Islam. A Muslim's Call for Reform in Her Faith*, St. Martin's Press, Nueva York, 2003.

82. Ayaan Hirsi Ali, *Infidel*, The Free Press, Londres, 2007.

83. Taslima Nasreen, *Selected Columns*, trad. de Debjani Sengupta, Srishti Publishers & Distributors, Nueva Delhi, 2004.

84. Nonie Darwish, *Now they call me Infidel: Why I renounced Jihad for America, Israel, and the War on Terror*, Sentinel, Penguin Books, Londres, 2007.

85. Mina Ahadi (con Sina Vogt), *Ich habe abgeschworen: warum ich für die Freiheit und gegen den Islam kämpfe*, Heyne, Múnich, 2008.

86. Seyran Ates, *De Multikulti-Irrtum: Wie wir in Deutschland besser zusammenleben können*, Ullstein, Berlín, 2007.

87. Véase George Weigel, *Faith, Reason, and the War against Jihadism: A Call to Action*, Doubleday, Nueva York, 2007.

88. John M.E. McTaggart, *Human Immortality and Pre-existence*, Edward Arnold, Londres, 1915, reimpr. de caps. 3-4, o *Some Dogma's of Religion*, con introd. de C.D. Broad, Thoemmes Press, Bristol, 1997 (1906).

89. Procedente de Walter Laqueur, *Krieg dem Westen. Terrorismus im 21. Jahrhundert*, Propyläen, Múnich, 2003, p. 130. (Ed. en español: *La guerra sin fin. Terrorismo en el siglo XXI*, Editorial Destino, Barcelona, 2003.)

90. Derek Parfit, *Reasons and Persons*, Clarendon Press, Oxford, 1984, pp. 453-454. (Ed. en español: *Personas, racionalidad y tiempo*, Editorial Síntesis, Madrid, 2004.)

91. Además, me parece una afirmación algo exagerada. Para un estudio sobre el ideario pagano de la Antigüedad, véase Charles Freeman, *The Closing of the Western Mind. The Rise of Faith and the Fall of Reason*, William Heineman, Londres, 2002; también Gilbert Murray, *Five Stages of Greek Religion*, Watts & Co., Londres, 1935; ídem, *Hellenism and the Modern World*, George Allen & Unwin, Londres, 1953; ídem, *Stoic, Christian and Humanist*, C.A. Watts & Co. LTD, George Allen & Unwin, Londres, 1946 (1940). Sobre el mundo no occidental, véase Finngeir Hiorth, *Introduction to Atheism*, Indian Secular Society, Pune, 1995; ídem, *Introduction to Humanism*, Indian Secular Society, Pune, 1996.

TERCERA PARTE: EL ESTADO ACONFESIONAL

1. Espero que no parezca una idea demasiado exaltada. Naturalmente es posible ir muy lejos en las expectativas del Estado. Véase Johann Jakob Bachofen, «Das Naturrecht und das geschichtlichen Recht in ihren Gegensätzen», en Arthur Hübscher, *Deutsche Geisteswelt. Von Schopenhauer bis Heisenberg*, Verlag Werner Dausien, Hanau, 1986, pp. 72-93, p. 79, que en relación con el Estado dice: «Er ist nicht Erfindung eines verdorbenen Geschlechts, nicht der Deckmantel unserer Schadhaftigkeit; er ist vielmehr die Verkörperung der besseren Menschennatur [...]». Es retórica romántica, pero eso no quita que el Estado tenga la función de salvaguardar determinada actitud vital pública del Estado de derecho, la democracia y los derechos humanos.

I. CINCO MODELOS DE RELACIÓN
ENTRE EL ESTADO Y LA RELIGIÓN

1. Véase al respecto Winfried Brugger, «Varianten der Unterscheidung von Staat und Kirche», en *Archiv des öffentlichen Rechts*, 2007, pp. 4-43. Brugger distingue además no cinco, sino seis modelos.

2. Sobre el índice de libros prohibidos, consúltese George Haven Putnam, *The Censorship of the Church of Rome and its Influence upon the Production and Distribution of Literature: A Study of the History of the prohibitory and expurgatory indexes, together with some consideration of the Effects of Protestant Censorship and of censorship by the State*, 2 vols, 1906-1907. Sobre la Inquisición, Philippe Valode, *Cinq siècles d'inquisition: le bilan*, Éditions Trajectoire, París, 2007.

3. Karl Marx, *Zur Kritik der Hegelschen Rechtsphilosophie*, 1843-1844, en Karl Marx, Friedrich Engels, *Ausgewählte Werke*, Dietz Verlag, Berlín, 1977, pp. 9-25, p. 9. (Ed. en español: *Crítica de la filosofía del Estado de Hegel*, Biblioteca Nueva, Madrid, 2002.)

4. Marx, ibíd., p. 10.

5. Ludwig Feuerbach, *Das Wesen des Christentums*, postfacio de Karl Löwith, Philipp Reclam Stuttgart, 1978 (1841). (Ed. en español: *Escritos en torno a la esencia del cristianismo*, Editorial Tecnos, Madrid, 1993.)

6. Richard Dawkins, *The God Delusion*, Bantam Press, Londres y Johannesburgo, 2006.

7. Sam Harris, *The End of Faith. Religion, Terror, and the Future of Reason*, The Free Press, Londres, 2005. (Ed. en español: *El fin de la fe: la religión, el terror y el futuro de la razón*, Editorial Paradigma, Madrid, 2007.)

8. Christopher Hitchens, *God is not Great. How Religion Poisons Everything*, Twelve, Nueva York, Boston, 2007. (Ed. en español: *Dios no es bueno: alegato contra la religión*, Editorial Debate, Barcelona, 2008.)

9. Daniel C. Dennett, *Breaking the Spell. Religion as a Natural Phenomenon*, Allen Lane, Penguin Books, Nueva York, 2006. (Ed. en español: *Romper el hechizo: La religión como un fenómeno natural*, Katz Barpal Editores, Madrid, 2007.)

10. B.P. Vermeulen, *Vrijheid, gelijkheid, burgerschap: over verschuivende fundamenten van het Nederlandse minderhedenrecht en — beleid: immigratie, integratie, onderwijs en religie*, SdU Uitgever, La Haya, 2007, p. 11.

11. Novalis, *Die Christenheid oder Europa*, 1799, Reclam, Ditzingen, 1984, o Novalis, *De Christenheid of Europa*, un fragmento comentado, traducido y anotado por Elsa van Wezel, Kok/Agora, Kampen, 1989. (Ed. en español: *La cristiandad o Europa*, Centro de Estudios Políticos y Constitucionales, Madrid, 1977.)

12. Véase B.C. Labuschagne, *Recht en religión: de civiele dimensie van godsdiensten als geestelijke grondslag van de democratische rechtsstaat*, Boom Juridische Uitgevers, La Haya, 2007.

13. J.H.H. Weiler, *Een christelijk Europa. Een verkennend essay*, *Publicaties van de Rechts— en bestuurskundige afdeling van het Thijmgenootschap*, introd. y trad, de Leonard Besselink y Thomas Mertens (original en italiano), Deventer, Kluwer, 2004.

14. Naturalmente hay diversidad de opiniones al respecto. Para una relativización de la influencia cristiana, véase Joseph McCabe, *Sources of the Morality of the Gospels*, Watts & Co., Londres, 1914. McCabe intenta demostrar que la moral del evangelio estaba mucho más difundida al principio de nuestra era de lo que generalmente se cree. En otras palabras: no fue el evangelio lo que cambió el mundo, sino que la moral del mundo fue a parar al evangelio.

15. Véase Madawi Al-Rasheed, *Contesting the Saudi State: Islamic Voices from a New Generation*, Cambridge University Press, Cambridge, 2007. Una imagen desde dentro: Carmen Bin Laden, *Het gesloten koninkrijk*, Mouria, Amsterdam, 2003.

16. Véase Khomeini, *Islam and Revolution, Writings and Declarations of Imam Khomeini*, trad. y notas de Hamid Algar, Mizan Press, Contemporary Islamic Thought, Persian Series, 1981, pp. 27-169.

17. Tzvetan Todorov, *L'Esprit des Lumières*, Robert Laffont, París, 2006, p. 59.

18. Véase Luigi Sturzo, *Church and State*, introd. de A. Robert Caponigri, 2 vols., University of Notre Dame Press, Notre Dame, Indiana, 1962.

19. Will Kymlicka, *Multicultural Citizenship. A Liberal Theory of Minority Rights*, Clarendon Press, Oxford, 1995. (Ed. en español: *Ciudadanía multicultural*, Paidós, Barcelona, 1996.)

20. Charles Taylor, «The Politics of Recognition», en Charles Taylor, *Multiculturalism. Examining the Politics of Recognition*, ed. e introd. de Amy Gutman, Princeton University Press, Princeton, Nueva Jersey, 1994, pp. 25-75. (Ed. en español: *Multiculturalismo. La política del reconocimiento*, Fondo de Cultura Económica de España, Madrid, 2003.)

21. Bhikhu Parekh, *Rethinking Multiculturalism. Cultural Diversity and Political Theory*, MacMillan Press, Houndmills y Londres, 2000. (Ed. en español: *Repensando el multiculturalismo: Diversidad cultural y teoría política*, Ediciones Istmo, Madrid, 2005.)

22. Véase por ejemplo Dinesh D'Souza, *Illiberal Education. The Politics of Race and Sex on Campus*, The Free Press, Nueva York etc., 1991, y Brian Barry, *Culture & Equality. An Egalitarian Critique of Multiculturalism*, Polity, Cambridge, 2001. (Ed. en español: *La justicia como imparcialidad*, Ediciones Paidós, Barcelona, 1997.)

23. Véase Günter Lachmann, *Tödliche Toleranz. Die Muslime und unsere offene Gesellschaft*, Piper, Múnich y Zúrich, 2004.

24. Esta afirmación es de Arthur Jr. Schlesinger, *The Disuniting of America. Reflections on a Multicultural Society*, ed. revisada y ampliada, W. W. Norton & Company, Nueva York y Londres, 1998 (1991).

25. Blandine Kriegel, *Philosophie de la République*, Plon, París, 1998.

26. Melanie Phillips, *Londonistan. How Britain is Creating a Terror State Within*, Gibson Square, Londres, 2006; Dominique Thomas, *Le Londonistan. Le djihad au Coeur de l'Europe*, Éditions Michalon, 2005; Munira Mirza, Abi Senthilkumaran y Zein Ja'far, *Living Apart Together: British Muslims and the Paradox of Multiculturalism*, Policy Exchange, Londres, 2007.

27. «Muslims 'must accept' free speech», en «BBC News» 26 de febrero de 2006.

28. «Mayor's BNP outburst at Phillips», en «BBC News», 1 de septiembre de 2006.

29. Y en Yasmin Alibhai-Brown, *After Multiculturalism*, The Foreign Policy Centre, Londres, 2000; ídem, *Who do you think we are? Imagining the New Britain*, Penguin Books, Londres, 2001 (2000).

II. EL ESTADO ACONFESIONAL EN FRANCIA

1. Jacques Chirac, «Discours Relatif au Respect du Principe de Laïcité dans la République», Palais de l'Élysée, 17 de diciembre de 2003, en *Guide Républicain. L'idée républicaine aujourdhui*, Délagrave Édition, París, 2004, pp. 9-19.

2. Marc Chavannes, «John Kerry's versie van God; De strijd om de gelovige kiezer is geopend» («La versión de Dios de John Kerry: la lucha

por el elector creyente ha empezado»), en *NRC Handelsblad*, 31 de julio de 2004.

3. Extraído de Bernard Lewis, «The Roots of Moslim Rage», en *The Atlantic Monthly*, septiembre de 1990, también en Bernard Lewis, *From Babel to Dragomans. Interpreting the Middle East*, Weidenfeld & Nicolson, Londres, 2004, pp. 319-331, p. 331.

4. Henri Pena-Ruiz, *Histoire de la laïcité. Genèse d'un idéal*, Gallimard, París, 2005, p. 36.

5. Victor Hugo, «La Liberté de l'enseignement», 15 de enero de 1850, en Victor Hugo, *Œuvres complètes*, Politique, pres. de Jean-Claude Fizaine, Robert Laffont, París, 1985, pp. 217-227.

6. Véase sobre este autor Charles Freeman, *The Closing of the Western Mind. The Rise of Faith and the Fall of Reason*, William Heineman, Londres, 2002, pp. 159-165.

7. Sobre Juliano, véase la espléndida novela de Gore Vidal, *Julian. A Novel*, Vintage Books, Nueva York 1992 (1962). (Ed. en español: *Juliano el apóstata*, Ediciones Orbis, Barcelona, 1988.)

8. Gilles Kepel, *La Revanche de Dieu: Chrétiens, juifs et musulmans à la reconquête du monde*, Le Seuil, París, 1991. (Ed. en español: *La revancha de Dios*, Anaya y Mario Muchnik, Madrid, 1991.)

9. Ése es el talante de Alister McGrath, *The Twilight of Atheism. The Rise and Fall of Disbelief in the Modern World*, Doubleday, Nueva York etc., 2004; en la misma línea, Henri de Lubac, *Le Drame de l'humanisme athée*, Ed. Spes, París, 1959. (Ed. en español: *El drama del humanismo ateo*, Encuentro Ediciones, Madrid, 1997.)

10. Timothy Garton Ash, «Our media must give Muslims the chance to debate with each other», en *The Guardian*, 9 de febrero de 2006.

11. Sobre la situación en Inglaterra véase Dominique Thomas, *Le Londonstan. Le djihad au Coeur de l'Europe*, Éditions Michalon, 2005; para Holanda, Emerson Vermaat, *De Hofdstadgroep. Portret van een radicaal-islamitisch netwerk*, Aspekt, Soesterberg, 2005; para Francia, Caroline Fourest, *La tentation obscurantiste. Essai*, Grasset, París, 2005.

12. Félicité de Lamennais, *Paroles d'un Croyant*, 1834, introd. y notas de Louis Le Guillou, Flammarion, París, 1973.

13. Véase Marcel Gauchet, *Le désenchantement du monde. Une histoire politique de la religion*, Gallimard, París, 1985 (ed. en español: *El desencantamiento de la democracia: una historia política de la religión*, Editorial Trotta, Madrid, 2005); ídem, *La religion dans la démocratie*.

Parcours de la laïcité, Gallimard, París, 1998. (Ed. en español: *La religión en la democracia*, El Cobre Ediciones, Barcelona, 2003.)

14. Sobre el grupo de pensadores estadounidenses que creen que los funcionarios públicos pueden dar muestras de sus creencias religiosas (confundiendo así lo privado con lo público), E. J. Dionne, Jr., Elshtain Bethke, Drogosz Jean, M. Kayla (eds.), *One Electorate under God? A Dialogue on Religion & American Politics*, Brookings Institution Press, Washington D. C., 2004.

15. Analizado en Luc Ferry, *L'homme-Dieu ou le Sens de la vie*, Grasset, París, 1996 (ed. en español: *El hombre-Dios o el sentido de la vida*, Tusquets editores, Barcelona, 1997) y posteriormente en Luc Ferry, *Qu'est-ce qu'une vie réussie?*, Bernard Grasset, París, 2002. (Ed. en español: *¿Qué es una vida realizada?* Ediciones Paidós, Barcelona, 2003.)

16. Para una discusión entre Ferry y Gauchet, *Le religiónux après la religion*, Grasset & Fasquelle, París, 2004. (Ed. en español: *Lo religioso después de la religión*, Anthropos, Barcelona, 2007.)

III. EL ESTADO ACONFESIONAL EN ESTADOS UNIDOS

1. Las ediciones más corrientes son Alexander Hamilton, John Jay, y James Madison, *The Federalist*, The Gideon Edition, ed. de Liberty Fund, Indianapolis, 2001; *Federalist papers*, James Madison, Alexander Hamilton y John Jay, ed. de Isaac Kramnick, Penguin Books, Harmondsworth, 1987.

2. Véase también Eric Foner, *The Story of American Freedom*, Papermac, Londres, Basingstoke, Oxford, 2000 (1998).

3. «But what is government itself, but the greatest of all reflections on human nature?»

4. Entre otros en Antonin Scalia, «Modernity and the Constitution», en E. Smith (ed.), *Constitutional Justice under Old Constitutions*, Kluwer Law International, La Haya, Londres y Boston, 1995, pp. 313-318.

5. «If men were angels, no government would be necessary.»

6. «If angels were to govern men, neither external nor internal controls on government would be necessary.»

7. «In framing a government which is to be administered by men over men, the great difficulty lies in this: you must first enable the government to control the governed; and in the next place oblige it to control itself.»

8. «Experience has taught mankind the necessity of auxiliary precautions.»

9. Scott Gordon, *Controlling the State. Constitutionalism from Ancient Athens to Today*, Harvard University Press, Cambridge (Mass.) y Londres, 1999; C.M. Zoethout, *Constitutionalisme. Een vergelijkend onderzoek naar het beperken van overheidsmacht door het recht*, Gouda Quint, Arnhem, 1995.

10. Véase al respecto C.J. Friedrich, *Limited government. A Comparison*, Prentice-Hall, Inc., Englewood Cliffs, Nueva Jersey, 1974.

11. James Madison, *Memorial and Remonstrance Against Religious Assessments*, 1785, en ídem, *Writings*, The Library of America, Nueva York, 1999, pp. 29-39.

12. Madison, *Memorial*, p. 35: «the equal right of every citizen to the free exercise of his Religion according to the dictates of conscience».

13. Ibíd, p. 36: «Either then, we must say, that the Will of the Legislature is the only measure of their authority; and that in the plenitude of this authority, they may sweep away all our fundamental rights; or, that they are bound to leave this particular right untouched and sacred: Either we must say, that they may controul the freedom of the press, may abolish the Trial by Jury, may swallow up the Executive and Judiciary Powers of the State; nay that they may despoil us of our very right of suffrage, and erect themselves into an independent and hereditary Assembly or, we must say, that they have no authority to enact into law the Bill under consideration».

14. Paine tiende a esta posición. Véase Thomas Paine, *Rights of Man. Being an Answer to Mr. Burkes'Attack on the French Revolution*, 1791, en ídem, *Collected Writings*, The Library of America, Nueva York, 1995, pp. 433-661. (Ed. en español: *Los derechos del hombre. Respuesta al ataque realizado por el Sr. Burke a la Revolución Francesa*, Alianza Editorial, Madrid, 1984.)

15. «A Bill establishing a provision for Teachers of the Christian Religion», Madison, *Memorial*, p. 29.

16. Madison, *Memorial*, p. 30.

17. «Congress shall make no law respecting an establishment of religion, or prohibiting the free exercise thereof; or abridging the freedom of speech, or of the press; or the right of the people peaceably to assemble, and to petition the government for a redress of grievances.»

18. Véase *Laïcité et République, Rapport au Président de la République*, La Documentation française, París, 2004; Guy Haarscher, *La Laïcité*, Presses Universitaires de France, París, 2004 (1996); Jean Baubé-

rot, *Histoire de la laïcité en France*, Presses Universitaires de France, París, 2000; Marcel Gauchet, *La religion dans la démocratie. Parcours de la laïcité*, Gallimard, París, 1998. (Ed. en español: *La religión en democracia*, El Cobre Ediciones, Barcelona, 2003.)

19. Véase al respecto Paul Edwards, «God and the Philosophers. Part I: From Aristotle to Locke», en *Free Inquiry*, vol. 18, n.º 3, 1998.

20. «Cabalistic Christianity, which is Catholic Christianity, and which has prevailed for over 1,500 years, has received a mortal wound, of which the monster must finally die. Yet so strong is his constitution that he may endure for centuries before he expires.»

21. «I do not like the reappearance of the Jesuits. If ever there was a body of men who merited damnation on earth and in Hell, it is this society of Loyola's.»

22. Carta de Adams a Jefferson fechada el 5 de mayo de 1816.

23. «Can a free government possibly exist with the Roman Catholic religion?», Carta de Adams a Jefferson del 19 de mayo de 1821.

24. Véase Norman Cousins, *In God We Trust. The Religious Beliefs and Ideas of the American Founding Fathers*, Harper & Brothers, Nueva York, 1958, pp. 106-107.

25. James A. Haught, *2000 Years of Disbelief. Famous People with the Courage to Doubt*, Prometheus Books, Amherst, Nueva York, 1996, p. 91.

26. Véase Eyler Robert Coates en «The Jefferson Bible. The Life and Morals of Jesus», www.angelfire.com/co/JeffersonBible. «Of all the systems of morality, ancient or modern, which have come under my observation, none appear to me so pure as that of Jesus.»

27. Véase Marilyn Mellowes, «Jesus' Many Faces», en www.pbs.org./wgbh/pages/frontline/shows/religion/jesus/jefferson. «...abstracting what is really his from the rubbish in which it is buried, easily distinguished by its lustre from the dross of his biographers, and as separate from that as the diamond from the dung hill.»

28. Kant, *Grundlegung*, p. 36: «Selbst der Heilige des Evangelii muß zuvor mit unserm Ideal der sittlichen Vollkommenheit verglichen werden, ehe man ihn dafür erkennt».

29. Véase R.H. Bork, «Neutral Principles and Some First Amendment Problems», en *Indiana Law Journal*, vol. 47, 1971, pp. 1-35; Hugo LaFayette Black, *A Constitutional Faith*, Alfred Knopf, Nueva York, 1969. Y sobre el enfoque «liberal», Sanford Levinson, *Constitutional Faith*, Princeton University Press, Princeton, 1988.

30. A lo que Jefferson podría añadir a modo de justificación que lo mismo hizo la iglesia durante el concilio de Nicea, en el que se eligieron unos pocos manuscritos de entre todos los que tenían y se reconocieron como los cuatro evangelios. Véase al respecto el incisivo comentario de Ernst Haeckel, *Die Welträtsel. Gemeinverständliche Studien über monistische Philosophie*, con introd. de Olof Klohr, Akademie-Verlag, Berlín, 1961 (1899), p. 396.

31. Holbach, *Histoire critique de Jésus-Christ*, en Holbach, *Premières œuvres*, pref. y notas de Paulette Charbonnel, Les Classiques du Peuple, Éditions Sociales, París, 1971, pp. 176-198, p. 179: «Pour lire l'Évangile, il faut commencer par avoir la foi, c'est-à-dire être disposé à croire aveuglément tout ce que ce livre contient. Pour examiner cet Évangile, il faut encore de la foi, c'est-à-dire être fermement résolu à n'y trouver rien que de saint et d'adorable».

32. Aunque no para Michel Onfray, que se lamenta de que Holbach hubiese publicado tan pocas obras. Véase el epílogo bibliográfico de Michel Onfray, *Traité d'athéologie. Physique de la métaphysique*, Grasset, París, 2005. (Ed. en español: *Tratado de ateología*, Editorial Anagrama, Barcelona, 2006.)

33. Véase Coates, ibíd., p. 2: «The editor suggests that the Jefferson Bible be read as Thomas Jefferson intended, without even thinking about what was left out or moved from one place to another. His purpose was to present a code of morals, suitable for instruction in ordinary living, not a code of religious dogmas and supernatural beliefs».

34. En la filosofía actual ha sido conocida (o continuada) por Richard Rorty. Véase Richard Rorty, «The Priority of Democracy to Philosophy», en ídem, *Objectivism, Relativism, and Truth, Philosophical Papers*, vol. 1, Cambridge University Press, Cambridge, Nueva York etc., 1991, pp. 175-197. (Ed. en español: *Objetividad, relativismo y verdad: escritos filosóficos*, Ediciones Paidós, Barcelona, 1996.)

35. Carta de Jefferson a Archibald Cary en 1816: «On the dogmas of religion, as distinguished from moral principles, all mankind, from the beginning of the world to this day, have been quarrelling, fighting, burning and torturing one another, for abstractions unintelligible to themselves and to all others, and absolutely beyond the comprehension of the human mind».

36. «History, I believe, furnishes no example of a priest-ridden people maintaining a free civil government», le escribe Jefferson el 6 de diciembre de 1813 al Barón Alexander von Humboldt.

37. Thomas Jefferson, *A Bill for Establishing Religious Freedom*, en ídem, *Writings*, The library of America, Nueva York, N.Y., 1984, pp. 346-348, p. 346.

38. Ibíd., p. 346.

39. Ibíd., p. 347: «The opinions of men are not the object of civil government, nor under its jurisdiction», escribe Jefferson, en la misma línea que lo que Madison había defendido en su *Memorial*.

40. «We the General Assembly of Virginia do enact that no man shall be compelled to frequent or support any religious worship, place, or ministry whatsoever, nor shall be enforced, restrained, molested or burthened in his body or goods, nor shall otherwise suffer, on account of his religious opinions or belief; but that all men shall be free to profess, and by argument to maintain, their opinions in matters of religion, and that the same shall in no wise diminish, enlarge, or affect their civil capacities.»

EPÍLOGO

1. Sobre este tema, véase Brannnon Howse, *One Nation under Man? The worldview war between Christians and the Secular Left*, Broadman & Holman Publishers, Nashville, Tennessee, 2005.

2. «I knew that my God was bigger than his.» Procede del *International Herald Tribune*, 27 de agosto de 2004. Para un comentario al respecto, véase Amartya Sen, *Identity and Violence. The Illusion of Destiny*, W.W. Norton & Company, Nueva York y Londres 2006, p. 13. (Ed. en español: *Identidad y violencia: la ilusión del destino*, Katz Barpal Editores, Madrid, 2007.)

3. Susan Jacoby, *Freethinkers. A History of American Secularism*, Henry Holt and Company, Nueva York, 2004, p. 2.

4. Alan M. Dershowitz, «Bush Starts Off by Defying the Constitution», en *Los Angeles Times*, 24 de enero de 2001; Alan Dershowitz, *Shouting Fire. Civil Liberties in a turbulent Age*, Little, Brown and Company, Boston, Nueva York y Londres, 2002, p. 201.

5. Peter Singer, *The President of Good and Evil. Taking George W. Bush seriously*, Granta Books, Londres, 2004, p. 104. (Ed. en español: *El presidente del bien y del mal: las contradicciones éticas de George W. Bush*, Tusquets Editores, Barcelona, 2004.)

6. George Jones, «Blair: God will judge me on Iraq», aparecido en *Telegraph.co.uk*, 4 de marzo de 2006.

7. Jones, ibíd.: «It was the frankest admission Mr Blair has yet made about how his religious beliefs influence his actions as Prime Minister, particularly the life and death decisions involved in military action».

8. En una entrevista publicada en *Trouw*: «Iran wacht op Jezus en imam» («Irán espera a Jesús y al imán»), entrevista con Seyed Azmayesh, por Eildert Mulder, en *Trouw*, 24 de mayo de 2006.

9. Véase Daniel Ali y Robert Spencer, *Inside Islam. A Guide for Catholics*, Ascension Press, West Chester, Pensilvania, 2003, p. 46.

Para la composición del texto se han utilizado tipos de la familia Sabon,
a cuerpo 11,5 sobre 13,5. Diseñada por Jan Tschichold en 1967,
esta fuente se caracteriza por su magnífica legibilidad y sus formas muy clásicas,
pues Tschichold se inspiró para sus diseños en la tipografía creada
por Claude Garamond en el siglo XVI.

Este libro fue maquetado en los talleres Gama, sl.
Fue impreso y encuadernado para Los libros del lince por Thau, S.L.,
con papel offset ahuesado de 80 gramos, mano 1,5, de la Papelera del Oria,
Guipúzcoa, en Barcelona, marzo de 2009.

Impreso en España / *Printed in Spain*